U0106882

周易平解

譚家哲

責任編輯　胡瑞倩
裝幀設計　麥梓淇
排　　版　肖　霞
印　　務　龍寶祺

周易平解

作　　者　譚家哲
出　　版　商務印書館（香港）有限公司
香港筲箕灣耀興道三號東滙廣場八樓
http://www.commercialpress.com.hk
發　　行　香港聯合書刊物流有限公司
香港新界荃灣德士古道二二〇至二四八號荃灣工業中心十六樓
印　　刷　中華商務彩色印刷有限公司
香港新界大埔汀麗路三十六號中華商務印刷大廈
版　　次　二〇二四年五月第一版第一次印刷
© 2024 商務印書館（香港）有限公司
ISBN 978 962 07 4697 0
Printed in Hong Kong
版權所有　不得翻印

目次

《易》卦解讀

序

《易》似難解，原因有二：一由被視為占卜之言、二因傳統把《易》文辭只關連於如雷風山澤等卦象閱讀，鮮從文辭本身理解。因卦象非一有意義系統，如此關連只使文辭意思更加晦隱，不會致於明朗。《易》書寫法純然意象，與卦象及占卜無關。若從意象閱讀，《易》意想不到地精彩，亦單純為道理之書。雖如此遠古，然始終系統並平實地理性，絲毫無所晦澀。

《易》道理切入點為個體自身，非後來經學及儒學傳統人性之道，不過，作為道理，始終與後者一致。道理本身無窮盡，《易》《詩》《書》《論》《孟》只作者從生命相關體驗，以各自方式把道理構架為一完整系統作品。我們可想像，面對當今西方思想影響下之世界，實可再有一對道理完整之論述；作為道理雖千古一致，然觀點立場之改變使其將為獨立作品。當然，能達至完整而系統實不易，亦道理能成為經所以困難之原因。更難的是，這些作者都不希望以道理強人，故都間接表述：《易》以意象、《詩》以詩、《書》以事、《論語》以語錄、《孟子》以故事，達成其對道理構架之隱藏，此其所以深邃。道理因本無窮，若非構架，無以成作品，此作品共通之道。差別只在，是對道理構架，抑只是對個人思想或事實構架，如此而已。

我常問自己，人類思想究竟應怎樣運用？若從神之圓善作為起點，自必可構架出一世界圖象，同樣地，以一現實事實為起點，若具備嚴謹推理及理解力，亦可構架出另一幅圖象。但人類應如此思想？正如見世界現實之惡而求諸公平正義，這樣訴求自必正確。但作為道理或思想，這已足夠？以刑罰對立邪惡，若這能有所真實，那人類刻意對禁限越度之心又怎樣解釋？道理非能由惡而明白，更需其他努力。思想亦不能止於為體系之洞見，更應以道理真實為本。我很喜愛並感動於孟子〈離婁上〉最後兩章，一從仁義禮智之實、另一從舜為天子角度，討論：若天下太平、存在已達其極致，那時，仁義禮智將是甚麼、有怎樣的用？同樣，作為天子之舜，那時又會作甚麼？……甚麼才是真正道理？若社會再無不公義，公平正義仍是道理嗎？此時是否有更重要、更為真實的價值？我們之被現實與時代困限、只知面對不公義，這一切看似對當，但這就是道理或代表我們自己已真實無妄？針對特殊現象而作之系統思想與觀法已為真正價值或真理？思想應作怎樣努力？中國古代所教人道理是在這樣意義下而真確，再非困限於時代或現實。對抗惡當然勇敢，但若人類再無惡而能純然自由無規限時，人類究竟能達至怎樣最高善與境界？這始是中國精神真正所在。道理對我而言顛撲不破，亦人生命真正成就。唯藉道理，人始能不受限於時代。

能從《易》再次體會此點，對我而言萬幸。甚至，在寫作過程中能與如此遠古心靈接觸，見人心真誠如一，這是生命難得之意義。《易》每一字、每一意象，在明白後都深深打動我，無法想像何以道理能如此以純粹意象表達，這是在詩意象外，古人境界匪夷所思所在。

公元二零一五年八月十八日

論《易》之構成

一、《易》之閱讀法

《易》解讀所以困難，主要有兩原因：一為《易》卦爻文字似無法有意義地理解，因而引至人以其內容純為占卜之事；二為人以雷風山澤等卦象對《易》本已隱晦之文字作解釋，使其文字內容更為扭曲，使《易》成為一毫不可理解之典籍。若我們隨意舉一例：如對〈坤〉「上六，龍戰于野，其血玄黃」，來知德解說：「六陽為龍，坤之錯也，故陰陽皆可以言龍，且變艮綜震，亦龍之象也。變艮為剝，陰陽相剝，戰之象也。戰于卦外，野之象也。血者龍之血也。堅冰至者，所以防龍戰之禍于其始。龍戰野者，所以著堅冰之至于其終。○上六，陰盛之極，其道窮矣。窮則其勢必爭，至與陽戰，兩敗俱傷，故有此象，凶可知矣。」(《易經來註圖解》)。像這樣以卦象虛構解釋，使《易》晦暗至再無所意思，更使人執迷於卦象之遊戲，毫無幫助。這樣閱讀法，實首見於《易傳》本身，如〈坤文言〉便說：「陰疑於陽必『戰』，為其嫌於無陽也，故稱『龍』焉。

猶未離其類也，故稱『血』焉。夫『玄黃』者，天地之雜也。天玄而地黃」。〈象上〉：「『龍戰于野』，其道窮也。」像這樣思辨，為後人盲目倣效，致以雷風山澤、或〈說卦〉之「乾為天、為圜、為君、為父、為玉、為金、為寒、為冰、為大赤、為良馬、為老馬、為瘠馬、為駁馬、為木果」等毫無依據亦毫無意義之卦象聯想，以成就一自身思辨世界之可能。除非完全擺脫這類錯謬，否則無以對《易》有絲毫理解之可能。

唯一可能進路因而是：擺開卦象及其錯綜遊戲，亦不先入為主地以其文辭為占卜之辭，在《易傳》之傳統外，單純回歸《易》文辭本身，看是否能整理出意思。

《易》之所以困難，因其書寫方式於人類中史無前例：《易》之書寫純然意象甚至形象化，然其意象非如詩般有比興上之關連。雖純為意象，然其意象始終與平素體驗有關。《易》之為「象」，正確應從意象解。上引〈坤〉上六之「龍」「血」「玄黃」均為意象，〈夬〉九四：「臀无膚，其行次且。牽羊悔亡，聞言不信」等亦全然為意象，《易》文辭幾近全為意象，這點從〈乾〉首先用「龍」便應十分明顯。本來，若為意象，閱讀更應力求還原其所指，從而見正常意思。然傳統卦象之閱讀法相反，把本已無正常及明顯意義之意象關連於更沒有意義的另一意象系統求解釋，故把〈屯〉關連於〈震〉下〈坎〉上、〈蒙〉關連於〈坎〉下〈艮〉上等等，把文句中意象關連於由八卦構成毫無意義之意象系統作解說，使《易》文辭得不到真正解釋與明白。如是以《易》先為卦爻結構，非為文字，使閱讀朝向卦爻結構之思辨、求卦爻之推算，加深《易》文辭意象之無意義性，造成解說上連串錯誤。

對《易》之理解，因而只能直以之為意象，還原其背後意義，不再關連於八卦及相關意象系統以明。而此，必須從六爻文辭整體揣摩以明卦名所指對象，又從卦名所指點對象以明每爻中意象之用意，甚至藉着相關另一卦相互對比地理解，求見所言意義與真實。讓我們舉上述〈坤〉上六爻為例。

《易》因兩兩卦為一組，或相反相對、甚或只相關，對〈坤〉之明白故必須相對〈乾〉而言。若〈乾〉所言為上達之德，〈坤〉則為承輔之德。六爻所言，為承輔者種種面相，上六所言為承輔之德其極端情況，「龍戰于野，其血玄黃」之意思因而單純是：作為對上達之德者（龍）其輔助，承輔者其德行之極致體現在：若龍有所戰，承輔者可以生命全然付出，至死而後已地步。「血」所指故為坤之生命，其死亡。「玄黃」確如傳統解釋，象徵天與地，即坤如此付出，實有天地之氣度，此其德行極致所在。「血」一意象在其他卦中，意思雖視情況而定，然基本上仍應一致，故〈屯〉上六之「泣血漣如」、〈需〉之「需于血」、〈渙〉之「渙其血，去逖出」，其中「血」一意象，都從生命（死亡）解：或因生命之序最終為老、病、死，或因生命所需之求索有如生命付出，或以生命犧牲（耗盡），為使逖人離去等等。「血」之為生命意象，故基本上一致同一。此《易》意象之一致簡明，由是而文字意思始得以明朗。這是讀《易》唯一正確方法，從中始見其書之深義。

二、《易》之為書與六爻體例

《易》作為書雖史無前例地運用意象書寫，但撇開這點，其中文字風格實相當現代，與《論語》等典籍文字相承接，無更古訓意之必須。其中內容，亦與儒學或經學傳統一致並先後相承，唯一差別在：《易》所論述道理，較後來禮樂「文」之傳統及儒者德行更原始、更接近一般百姓日用之事，其道理更聯繫於一原始世界心態，從好壞切入，亦從如命之種種境況教誨勸說，沒有標舉君子仁義禮智等德性、亦沒有離開個體自身之好壞言，此其與《論》《孟》道理之差異。從這點言，《易》之道理更貼近日常、更只是個人自己與世界間之事，連儒學視為至基本如孝悌等人倫之道也沒有標示出，故又似與《論》《孟》等道理在方向上相遠。《論》《孟》道理承自《詩》《書》，以君王與人民百姓間關係落實於個體而言。正因如此，人倫及仁義禮智等道理均為存在之根本，其立場本於君王。《易》反是。《易》從一極明智而深察之個體觀點發出，如一思想者那樣，一切道理只環繞個體自身之世界與觀點，非如君王先關懷並以人民百姓此「他者」之立場與觀點為本。雖然如此，作為深邃思想家，《易》作者仍有相當德行，其對現象觀察並總結之角度仍不離德行，此其中所有價值。

《易》一書之道理怎樣構成？《易》六十四卦兩兩一組。此成對之卦，或對其事二分、或兩者相關。每一道理（每一卦）又分別為六個層次或面相，以窮盡其事而非只以本質之勾勒說明。六爻所代表之層次，使見同一事或同一道理之具體體現，因而有着在不同處境或情況下之變化，使其事更形真實。這六爻，非如後來視為由八卦①中二卦上下地構成，如〈蒙〉由〈艮〉上〈坎〉下構成那樣，反映着山與水之象。並非如此。六爻並非三三地反映八卦中其二，而是兩爻兩爻地分為三組：初與二、三與四、五與上各為一組，故可說，作為卦，《易》卦先成於六爻，先直為六十四卦，非由三爻之八卦重疊以成六十四。於《易》中，八卦毫無根本性或優先性，只為六十四卦其中八者而已。後來之閱讀因而在這點上錯誤。如〈巽〉只為〈兌〉之反、為喜悅一現

① 即以三爻為單位。

象或道理之對反，換言之，為憂戚一事，與後來以〈巽〉為順、為入、為風等無關。

六爻這下中上三組，有着以下兩種意思：或為一事之基本（下）、進一步狀態（中）、及其理想與過度（上）；或代表人自身（未入世前）（下）、其於現實一般（中）、及其達至上位顯貴者時（上）之三種處境；或由基本至理想而再過、或由自身潛藏處境至其居於上位①；或由內至外、或由下至上、或由本至末、甚或只單純是一事之六種面相。六爻之分組因而標示一事其發展與變化，及其落實於存在中之處境與樣態。

對六爻此先在差異性之體會重要，舉〈蠱〉為例。撇開價值斷語，〈蠱〉六爻內容實不斷重複，似無多大分別：初六為「幹父之蠱，有子考」，九二為「幹母之蠱」，九三為「幹父之蠱」，六四為「裕父之蠱」，六五為「幹父之蠱」，上九為「不事王侯，高尚其事」。如此極簡內容，若知配合爻兩兩一組之層次始見其意義：初六與九二之父與母從家庭內部境況言；九三與六四則為父處於外時其自身之作為，作為外在，故再無母之蠱：九三標示着父親個人之自身、六四更從其事業之成就言，故為「裕父」；六五雖再重複為「幹父之蠱」，然其位已為上位者，故對其匡正

① 處境境況之變化。

只能用「用譬」，與之前各爻帶有衝突性之匡正不同，後者故有厲、悔、吝。上九最後甚至離開父子關係，從人與外在他者之匡正言。而外在他者之極致，在王侯與事王侯這關係上，這較其他外在關係更難、更有匡正過度之可能。從這「上九，不事王侯」又可想而見，六五「幹父之蠱」中之父實已有尊貴性，甚至即此王侯本身，唯以父子內在關係言而已，非如上九之非父子關係。上九越過父子之內在性，說出人對外在者不匡正之可能：若見對方不是，縱使為「王侯」，仍可「不事」而自「高尚其事」。如此六爻內容文字雖表面重複，然所說情況或對象完全不同。六爻分為三組這一構造，故對爻辭意象之理解不可或缺。如上〈坤〉卦之六五與上六，都清楚顯示此時具有承輔之德者其地位之居上，故為「黃裳」及「（輔龍）戰」。反顯六三與六四之未有位故只「含章」與「括囊」。六三雖提及「或從王事」，然「或」字及「從」字已表示：此時處境可不必然如此，縱使有關，也只「從」而已，非如在位之「黃裳」與「戰」。多閱讀六爻之分組越可清晰見其差異。六爻始終只二二二地分，非為三三，故與八卦絲毫無關，亦見六十四卦之為原出。

此外，六爻之最上（上九、上六）往往有過度或竭盡而變之處境，最低限度有別於前五爻之情況，縱使較前五爻為理想，其理想再非是平常一般，如〈大有〉上九之「自天祐之，吉，无不利」或〈大畜〉上九之「何天之衢」，都已提及天而極致，故非平常一般，其過從此言。在一般情況下，若事為正面，其至善或至理想狀態，多在第五爻，第六爻已因過而極端。此第五、第六兩爻之意義。

三、《易》之斷語

從《易》卦爻所言實已為情境之道理，《易》之編訂固然仍可用於占卜，然作為道理可與占卜無關，亦可不如是用。當明白一事其各情況之道理後，便可直行，無須占卜。故《易》中之斷語，都直接與其道理相一致，非占問時偶然之指示。《易》中價值斷語應理解如下：

元、亨、利、貞。四字應讀為「元亨」、「利貞」。「元」只言大而已，如「元吉」只為大吉那樣，非一獨立特性。「亨」從事之客觀面言，多指其事之通達，此其正面意義。然「亨」非必從正面言，亦可只為其事之能發展甚或改變，甚至單純因其事為普遍普及而「亨」，如欲望便是。①無論是通達、可改變、抑只單純普及，「亨」都就其事之客觀面言，故相反及相對「貞」。「貞」言

① 見〈噬嗑〉。

事於人自身主觀之一面，言人於其事中應自守、自持自身而不順承事與處境而改變、變化。「貞」若負面時，如「貞凶」，多指一種執持，因執持而凶，仍是就人自身之主觀面言。「貞」無須讀為「占」，道理與占卜兩者間無必然關係，讀為「占」只使道理落為命之偶然而已，非教人由道理而知所應行或怎樣行。況且，讀為「占」使〈蠱〉之「幹母之蠱，不可貞」及〈節〉之「苦節不可貞」變得再無意義。「貞吉」「貞凶」「貞厲」「貞吝」等，故應讀為自守則吉、執持則凶或對自守一事為凶、自守艱厲、自守狹吝，為其事凶、吝程度之顯示，甚或為自守一事之艱厲。「亨」與「貞」故窮盡一事其客觀與主觀兩面。「利」如「元」非獨立有所指，非言利益，只「宜」或「宜於」之意而已。

除「亨」與「貞」外，價值斷語主要亦為吉凶、咎悔、厲吝三組。「吉凶」最為一般廣泛，為指好與壞。然吉不必只從好處言，若於德性有所幫助，也可為吉，更多時甚至應讀為善。「咎」多從人或其事有所錯誤言，然若錯誤與己無關（非由於己），仍可「无咎」。「悔」指有所後悔，如「悔亡」即誡人對失去一切（亡）應有所憂、不應事後始懊悔。「厲」則多從其事對人有所艱難、艱厲言，縱使為對，然仍可艱難。「吝」則形容如有所狹隘時之狀態：或其人之狹隘、或其事與作為之狹隘。

至於其他價值斷語，如「元吉」、「无譽」、「光亨」、「无眚」、「无成」、「不利君子貞」、「大有得」、「有功」等等，因只隨其事更貼近而細微地述說其好與壞之方面，無須視為基本，亦非普遍性斷語。

《易》所言事或道理，因必相關對錯好壞言，故自然引致改變。一切改變，無論好壞，都為作為。《易》因以意象表達，故對作為也意象化為「往」。「有攸往」故指有所作為，亦包含對其事本身之作為(改變)；相對地，「居」指守其目前所是、守其分內事，不應有更進之作為，甚至往往有安定之意；而「利建侯」亦對反「利有攸往」指對自身有所建立，不應向外另有所圖(作為)。至於「(利)涉大川」，只為「(利)有攸往」之更進一步，指作大事或難事，非真言涉川遠行。這些意象，可能與古代有所作為者必須遠行有關，故以「往」、「有攸往」、「涉大川」等言。至於「征」，更不必與征伐事有關，其人未必有位，其事亦未必與王公事有關。若為征伐事，可如〈謙〉之「利用行師，征邑國」地明確指示。「征」作為大作為，包含一切非正面之事，征伐與戰事便是其一。如此等事，於其人亦必有意志，故對等志或意氣之事。有關作為之普遍語，基本上亦僅只此而已。

四、《易》爻辭修正

作為道理，《易》文辭本與卦圖無關。每卦中文辭雖分為六層次，然因無必須扣緊卦爻之陰陽，故《易》本初甚至可能無「初九」「九二」「九三」等標示，而為連成一體之文章，如「乾，元亨、利貞。潛龍勿用。見龍在田，利見大人。君子終日乾乾，夕惕若，厲，无咎。或躍在淵，无咎。飛龍在天，利見大人。亢龍有悔。見羣龍无首，吉。」等等。非說無六層次，而是無「初九」「九二」「九三」等標示。使文辭以「初九」「九二」「九三」等分斷，應為後來之事，為占卜之用，亦為我們今日所見版本。之所以有這樣質疑，因六十四卦中唯〈乾〉〈坤〉有「用九」與「用六」之辭。「用九」之「見羣龍无首，吉」仍可說①，然「用六」之「利永貞」則非有所內容，連於上六而為「龍戰于野，其血玄黃，利永貞」更似完整。編者是否因〈乾〉有「用九」而於〈坤〉亦硬使文辭分斷

① 上達之人過於孤高（「亢龍」）雖有悔，然如此之人確然再無需領導者，故吉，與「飛龍在天」者之仍「利見大人」故相反。「見羣龍无首」若不如此解，其獨立較不見意義所在。若如是，不只〈坤〉，連〈乾〉亦實無需「用九」。〈乾〉上九應為：「亢龍有悔。見羣龍无首，吉。」

為「龍戰于野，其血玄黃。用六：利永貞」則不可得知。

此外，更嚴重的是：《易》文辭正常應先言事，後作價值斷語。然在下列十五卦中，則往往見相反或例外。這些分斷上之錯誤，若修正後其意義更明白而合理，如下：

〈謙〉「九三：勞謙，君子有終，吉。六四：无不利，撝謙。」應修正為「九三：勞謙，君子有終，吉，无不利。六四：撝謙。」

〈豫〉「九四：由豫大有得，勿疑，朋盍簪。六五：貞疾，恆不死。」應修正為「九四：由豫大有得，勿疑，朋盍簪，貞。六五：疾，恆不死。」

〈无妄〉「六三：无妄之災。或繫之牛，行人之得，邑人之災。九四：可貞，无咎。」應修正為「六三：无妄之災。九四：或繫之牛，行人之得，邑人之災。可貞，无咎。」

〈咸〉「九三：咸其股，執其隨往，吝。九四：貞吉，悔亡。憧憧往來，朋從爾思。」應修正為「九三：咸其股，執其隨往，吝。貞吉，悔亡。九四：憧憧往來，朋從爾思。」

〈恆〉「初六：浚恆，貞凶，无攸利。九二：悔亡。九三：不恆其德，或承之羞，貞吝。」

應修正為「初六：浚恆，貞凶，无攸利，悔亡。九二：不恆其德。九三：或承之羞，貞吝。」

〈大壯〉「初九：壯于趾，征凶，有孚。九二：貞吉。」應修正為「初九：壯于趾，征凶。九二：有孚，貞吉。」

「九三：小人用壯，君子用罔，貞厲。羝羊觸藩，羸其角。九四：貞吉，悔亡，藩決不羸，壯于大輿之輹。」應修正為「九三：小人用壯，君子用罔，貞厲。羝羊觸藩，羸其角，貞吉，悔亡。九四：藩決不羸，壯于大輿之輹。」

〈晉〉「九四：晉如鼫鼠，貞厲。六五：悔亡，失得勿恤，往吉，无不利。」應修正為「九四：晉如鼫鼠，貞厲，悔亡。六五：失得勿恤，往吉，无不利。」

〈睽〉「睽：小事吉。初九：悔亡。喪馬勿逐，自復，見惡人，无咎。」應修正為「睽：小事吉，悔亡。初九：喪馬勿逐，自復，見惡人，无咎。」

「九四：睽孤遇元夫，交孚，厲，无咎。六五：悔亡。厥宗噬膚，往何咎。」應修正為「九四：睽孤遇元夫，交孚，厲，无咎，悔亡。六五：厥宗噬膚，往何咎。」

〈解〉「解：利西南。无所往，其來復，吉。有攸往，夙吉。初六：无咎。」應修正為「解：

利西南。无所往，其來復，吉。初六：有攸往，夙吉，无咎。」

〈損〉「初九：已事遄往，无咎。酌損之。九二：利貞，征凶，弗損益之。」應修正為「初九：已事遄往，无咎。酌損之，利貞。九二：征凶，弗損益之。」

〈升〉「六五：貞吉，升階。」應修正為「六五：升階，貞吉。」

〈革〉「九三：征凶，貞厲，革言三就，有孚。九四：悔亡。有孚改命，吉。」應修正為「九三：征凶，貞厲，革言三就，有孚，悔亡。九四：有孚改命，吉。」

〈巽〉「九三：頻巽，吝。六四：悔亡，田獲三品。九五：貞吉，悔亡，无不利，无初有終。先庚三日，後庚三日，吉。」應修正為「九三：頻巽，吝，悔亡。六四：田獲三品，貞吉，悔亡，无不利。九五：无初有終。先庚三日，後庚三日，吉。」

〈小過〉「九三：弗過防之，從或戕之，凶。九四：无咎，弗過遇之，往厲，必戒勿用，永貞。」應修正為「九三：弗過防之。從或戕之，凶，无咎。九四：弗過遇之，往厲，必戒勿用，永貞。」

〈未濟〉「六三：未濟，征凶。利涉大川。九四：貞吉，悔亡。震用伐鬼方三年，有賞于大國。六五：貞吉，无悔。君子之光有孚，吉。」應修正為「六三：未濟，征凶。利涉大川，貞吉，悔亡。九四：震用伐鬼方三年，有賞于大國。貞吉，无悔。六五：君子之光有孚，吉。」

若以上之說明及修正更為合理，這表示，《易》原初可只有辭無圖，最低限度，無「初九」「九二」「九三」等標示，致使今本編者之分斷有誤。事實上，《左傳》提及《易》文辭時，未見有如「初九」「九二」「九三」等標示，故對如〈屯〉之「初九」，只能以如「遇〈屯〉之〈比〉」這樣方式標出，〈屯〉與〈比〉其差異唯在「初九」而已：〈屯〉為初九、〈比〉為初六。「初九」「九二」「九三」等文字分斷，應為後加。

《易》文辭雖可配以卦圖，然文字始終為基本，非圖為本。每卦代表一現象，由卦名顯示，為卦、爻辭所分析。文辭意思之完整甚至體系性，使文辭本身獨立，無須相關於卦圖理解，更非只是卜筮文辭之彙集。文辭本身未見絲毫對卦爻圖之指點，兩者（文與圖）之不見絲毫關連，造成後來對卦圖與文辭間思辨之原因。

無論如何，《易》文辭本身於意思上完整，此亦對《易》理解唯一正確及必然途徑。

五、《易》一書構成之猜想

若我們上面分析正確，《易》一書之形成可能如下：

作為占卜雖是事實，然若《易》其內容本以道理為主，而因道理與占卜本格格不入，那抒述道理而又以占卜形式為體裁，可能是作者刻意之作為。

人為何占卜？人類生存必有疑惑甚至大迷惘，從百姓個體至國家君王亦無例外，只迷惘之層次不同而已：或為個體自身、或與國家存在有關。本來，人只需依道而行活便是，如貧仍可以樂忘憂、老也可發憤至不知老之將至、甚或仁者安仁地無憂、世無道而退隱或斯已而已矣等等。然人多不依道理而行活，於迷惘前只求助於神明，占卜其力量由是而產生。若是百姓，其問題因只屬個人而小，若為君主決策之迷惘其問題則大。而君主因其權力之大又往往不聽納道理建議之真實，故唯從其占卜中，始有對君主力量左右之可能。無論真與假，占卜最低限度有如是意義，為針對不理智者最後之方法。

作為道理之書是《易》之本然。然作者確知以純然道理呈現無助不理智者之虛妄，故把其道理以占卜文辭與體裁形式寫成，成六十四卦之辭，使占卜者亦可用。若用為占卜，所得文辭仍只道理之正，如是作為仍無誤導，更為撥亂反正最後手段。這大概是《易》作者成書之美意，非真為卜筮，而只為道理而已。此其純用意象及占卜判語之原因。作者所唯不知，為後世來者不解其意象，又為逢迎權勢而對文辭妄說，造成更大曲解扭曲，陷人於虛妄。

這大概即《易》之成書。《易》之為書，故應是：摹擬卜筮辭而作之道理書寫。

六、《易》卦旨結構

如我們所說，《易》以兩兩卦為一組，或對反、或相關。然這三十二組卦，若非反覆觀察，表面不易見有所排列。三十二組卦之組織，是一推盪式前進結構：從基本至具體、從一般至微細、甚至從平常至有所特殊與極端。這三十二組卦，收納於五大分組下，這五大分組為：一、個體存在之本；二、現實存在基本事實；三、現實存在中與人有關面相；四、現實存在之好壞與意義；五、前各內容之總結。我們把這五大分組與卦旨陳列如下：

一、個體存在之本

個體之德行（兩種至基本德行）

乾：上達之德

坤：承輔之德

個體之原始

屯：生命之序

蒙：蒙昧

二、現實存在基本事實

生存之事

需：求索

訟：爭訟

人共體關係

師：軍事

比：結盟、結合

存在處境之事實

小畜：貧窮

履：行作、為事

存在處境之道

泰：安定

否：否定

國家處境之理想

同人：人和

大有：（國家）豐盛富有

三、現實存在中與人有關面相

平素心態心境

謙：謙虛

豫：逸豫、安閑

自我心志之態與價值

　隨：追隨（順人）

　蠱：匡正（逆人）

認知之兩面

　臨：臨視

　觀：觀見

教化

　噬嗑：欲望

　賁：文飾與文化表現

道之喪與復

　剝：腐敗

　復：道之復還

存在理想

　无妄：無虛妄而真實

現實之光明與晦暗

晉：得位、得勢

明夷：晦中求明

人與人之好與壞（親與背離）

家人：家

睽：背離

作為所遇境況之好壞

蹇：災難

解：解、釋

事物之得失與餽贈

損：損益

益：贈益

五、前各內容之補充性總結

艮：背向（人不知）

女性與生命之總結

漸：女性之人生

歸妹：婚嫁

男性與極致欲求之總結

豐：豐榮

旅：戰事

心況之總結

巽：憂戚

兌：喜悅

行為、作為之總結

渙：耗盡

節：節制

心實情之總結

中孚：心懷
小過：過失
能力之總結
既濟：有成
未濟：未有成

首先是個體存在之本。本組主要分為兩方面：從個體而言之德行、及個體本身之原始。前者為個體上進之德（〈乾〉）及其承輔之德（〈坤〉），兩者既為一切德行之兩大類型、亦為從個體言存在之立所依據德行之兩面。如後來仁義禮智等德行，都可化歸為上達與輔助、或對己與對人這兩面，因而可為〈乾〉與〈坤〉所涵蓋。至於個體本身之原始，亦有兩面：其生命基本歷程（〈屯〉）、及其本然無知之狀態（〈蒙〉）。以〈屯〉〈蒙〉為個體之原始，這是《易》對個體獨特之關懷，以生命必有其客觀歷程，更始於一蒙昧狀態；生命與智思，故為人原始之兩面。存在之一切，因而始於〈屯〉〈蒙〉，亦相對地其真實性見於〈乾〉〈坤〉二德。〈乾〉〈坤〉〈屯〉〈蒙〉四者即為天地存在之原始：其德行、其生命之序、甚至其蒙昧事實。

第二大分組為現實存在基本事實，由〈需〉至〈大有〉十卦構成。在這分組中，因所關涉為

〈需〉〈訟〉〈師〉〈比〉等事，故可視為首次對存在其基本之論述。〈需〉從求索言、〈訟〉從有所爭言，二者為生存事實。同樣，生存事實亦可見於人之間、甚至於國與國之間，形成軍事（〈師〉）與結盟（〈比〉）等人間之生存事實。在這些事實外，貧窮（〈小畜〉）更是處境之首先情況，亦人人所關注者。相對於此為〈履〉，即作為。「履」非如「往」等從志向或較大作為言，而只是一般甚至平素之為事與行為，而這是相對存在境況而必然的：人人必有所為事、為事始能去其貧窮故。此後，相關存在處境之理想，其根本者為〈泰〉。〈泰〉言安定，為存在境況理想之根本。其反面為〈否〉，即境況對人之否定。類同〈泰〉之理想，為〈同人〉國家和諧之理想。若〈泰〉回應〈需〉〈小畜〉，〈同人〉則回應〈師〉〈比〉甚至〈訟〉等事實，仍是從存在之理想言。本組最後以〈大有〉結束。〈大有〉，國家之豐盛富有，明顯為存在理想終極所在。

第三大分組：現實存在中與人有關面相，由〈謙〉至〈大畜〉十二卦組成。前一大分組雖勾勒了存在事實之基本，然以其客觀面為主，鮮從人自身方面言。本組因而從人之內在方面切入，言人於存在中種種面相。人於存在現實前之心態，《易》以此先應為〈謙〉與〈豫〉，一言態度、另一言心情。嚴格言，謙只為態度，至能行於世，非如〈乾〉〈坤〉為實質有為時之德行。相對並相反於〈謙〉，〈豫〉為安閑逸豫，這是存在心境其正面之本。一如〈泰〉從客觀言為安定，〈豫〉

從人主觀言為平素心境所應是。然在這〈謙〉〈豫〉外，人又有如自我價值般志意之態，而這體現在〈隨〉〈蠱〉上。〈隨〉指有所跟隨追隨，而〈蠱〉相反言自我不隨時、對對方匡正逆反之態。〈隨〉與〈蠱〉為人其自我志意之體現，亦是人自我與價值向往之事實。若〈隨〉與〈蠱〉從志意言，其反面較為客觀者則應從認知言。而有關認知，《易》非如我們今日之知識理論，有對知識及其官能作分析，而是直接從達至此認知之兩種具體情況言：或為〈臨〉、或為〈觀〉。對事情之知，莫過於二法。由認知，《易》更進至對教化之討論，教化較認知更內在、亦更進一步。之所以先指出〈噬嗑〉，因〈噬嗑〉言欲望，其如赤裸之表現。教化甚至文化（〈賁〉），正針對此而形成。文化先見於文飾，而這仍可視如欲望之延伸，為在基本生存求索外，人類食色進一步之作為。文化其更大者，為「道」，文（文化）實為回歸道而始有。道之反面，為現實存在中之種種腐敗（〈剝〉）。因存在多為腐敗（〈剝〉），故道只從〈復〉言，為一種回歸。〈剝〉與〈復〉故為道之喪與其恢復。本分組最後，繼文化與道，言存在理想，而這是順承道並於人類自身方面言者，一為〈无妄〉、另一為〈大畜〉。〈无妄〉言無虛妄而真實、〈大畜〉言富有，二者均從人自身之真實言。〈大畜〉之不同於〈大有〉，因只從人自己面對富有時之道或應有真實言，非單純論豐盛一事。如是而從〈復〉至〈大畜〉，實對應前〈泰〉與〈大有〉，只一從客觀面、另一從主觀面（人自身）

言而已。

第四大分組由〈頤〉至〈益〉十六卦構成，為言人於存在中之意義、其對存在之肯定與否定、其對存在所感之好與壞等方面。此好壞首先從生活言，所教人為〈頤〉：頤養養生之道，其反面則為〈大過〉，即太過。此外，存在除訟、貧困、欲望、腐敗、虛妄等事實外，更有〈坎〉與〈離〉之負面性，一言處於低陷之位與處境、另一言種種離別。相反，存在從意義言之正面性，主要由感動（〈咸〉）及有所永恆長久（〈恆〉）兩面顯。對感動，《易》借情愛之感動或感受言，而有關永恆性（〈恆〉），《易》則從事與人兩面分析，見永恆性之真實。除存在有所負面及正面外，亦有由面對現實而產生之姿態，或為〈遯〉（潛隱）、或為強勇（〈大壯〉：太壯）。現實中得位得勢（〈晉〉），為人人所求之意義，其反面則為於現實晦暗中力求光明者（〈明夷〉）。〈遯〉〈大壯〉〈晉〉〈明夷〉，或為外在處境、或為人之品性，或兩者相關：〈遯〉與〈晉〉雖為處境，然亦由於品性；〈大壯〉雖為品性性情，然亦可體現在特殊處境中如〈明夷〉。此外，存在意義更可從人與人之親近（〈家人〉）言，其反面即背離（〈睽〉）。同樣，存在意義亦見於作為，而作為則有好壞境況（〈蹇〉〈解〉）。若非從人或從作為所遇境況，最後仍有與物事有關之得失損益（〈損〉〈益〉），此仍為與存在好壞有關。存在之好壞、其意義，主要不離以上各方面，此為這第四大分組所討論。

在以上各大分組後，《易》進入最後部分，第五大分組，為前各內容之補充性總結。前四分組可說為與存在現實直接有關，或其基本問題與面相。然這最後部分，《易》集結了種種其他問題，作為這現實存在之最終總結，如有關個體則總結為智與志兩面，前者為明察力（〈夬〉）及其相對之種種表象與假象性（〈姤〉）、後者為不得志（〈萃〉）與志之力求上進（〈升〉）；而對生活則總結為〈困〉與〈井〉（生活環境之經營）；對國家則總結為〈革〉（改革）與〈鼎〉（政權與治理）；對存在現象所有超越性則總結為震撼（〈震〉）與因背向而不為人所知之情況（〈艮〉）；又因女性有其特殊生命形態，故對女性總結為〈漸〉（女性生命）與〈歸妹〉（婚事）；並相對地，對男性生命總結為〈豐〉（求豐榮）與〈旅〉（戰事），二者亦可視為對人類欲望一事之總結；對人自身心況則總結為憂（〈巽〉）與喜（〈兌〉）；對人行為作為則總結為耗盡（〈渙〉）與節制（〈節〉）；對人心總結為心懷（〈中孚〉）與由心而致之過失（〈小過〉）；最後對人其能力與成就則總結為有成（〈既濟〉）與未有成（〈未濟〉）。

《易》這五大分組推遞式層層推進結構，與其對事物思考之法一致：非從上而下地作本質分類，如以〈師〉與〈旅〉為一組、或〈家人〉〈井〉〈漸〉〈歸妹〉等為組，而是從基本至最終、從一般至具體微細、甚至從一般至總結地層層推進，如卦六爻之層層推進那樣，故五大分組，後者疊於前者上，為其進一步之再討論，因而越加具體、越加細微特殊，至終究性總結而止。這重疊式結構，平鋪時故難見其組織，其中又似有重複，如〈泰〉〈否〉、〈蹇〉〈解〉、〈損〉〈益〉、〈既濟〉〈未濟〉，或〈大有〉、〈大畜〉、〈豐〉等似重複性。然若明白其層次，將更能明白作者對每一問題之定位，及其對存在現實體察之深度。如以〈屯〉〈蒙〉為個體與存在原始事實、以〈乾〉〈坤〉為德行之兩形態、以文化（〈賁〉）相對於欲望（〈噬嗑〉）、以與道有關問題為〈剝〉〈復〉〈无妄〉〈大畜〉、以智問題為〈夬〉（明察）與〈姤〉（假象）、以過失（〈小過〉）為心之錯誤而與心懷（〈中孚〉）之真實相對、以心況盡於憂與喜悅（〈巽〉〈兌〉）、其面對現實存在時則應為〈謙〉與〈豫〉等等。此《易》從一卦內至六十四卦組織之獨特。

七、《易》意象與道理之美

《易》意象雖極簡潔，簡潔至往往一意象多用，即同一意象用於完全不同背景，因而起着不同意義，如〈師〉之「田有禽」及〈恆〉之「田无禽」，或〈履〉六三之「眇能視，跛能履」與〈歸妹〉之「跛能履」、「眇能視」。意象甚至常帶有原始味，如〈夬〉與〈姤〉之「臀无膚」、〈噬嗑〉之

「噬膚滅鼻」、〈大壯〉之「壯于趾」等等，然其如是意象之運用，始終極美麗。如心對逝去者之懷望，〈中孚〉用「月幾望，馬匹亡」，為在月將圓前之想念。同一「月幾望」，亦用在君子有欲作為之心懷上，說「月幾望，君子征」(〈小畜〉)及出嫁女子對本家之思念(〈歸妹〉)。對黃昏夕陽之離去，《易》直用「黃離」二字。「黃」亦用於黃金，為對夕陽雲彩其色彩美之形容。對人因為外表美之修飾至欲獻身於人人之前，《易》諷刺地說：「賁其趾，舍車而徒」。對求上達之士其(於)平實與深遠，〈乾〉用「見龍在田」與「或躍在淵」形容。對人喪葬，〈屯〉用馬隊之行說：「乘馬班如，泣血漣如」。同一「乘馬班如」，又可在卦中用於相反意思，謂人生命進程之序。對孩童之天真無邪，〈蒙〉直接說：「六五：童蒙，吉」。對人不求爭勝而迴避，〈訟〉讚許地說：「其邑人三百戶无眚」，意謂看見其事者，均明白其德性，非有所眼疾。對人因處境而有之低沉，〈小畜〉則用「密雲不雨，自我西郊」形容。對遇上危險而知驚懼，〈履〉說：「履虎尾，愬愬」。對人泰然自若如鳥飛翔之輕快，〈泰〉只用「翩翩」兩字；而對其富而不驕則形容為：「不富以其鄰」。對賢德者因隱逸而慨歎，〈否〉說：「其亡其亡，繫于苞桑」。對非真有所逃離之一時躲藏，〈睽〉巧妙地說：「遇主于巷」。對愛情之得，〈損〉則刻劃為：「三人行則損一人，一人行則得其友」。對男女雙方在情愛或婚嫁中無真實性，〈歸妹〉用：「女承筐无實，士刲羊无血」形容，既無成果，亦無生命意義。對憂戚之至於睡夢中，〈巽〉以「巽在床下」這樣的意象表達。對心與人一體有所應和，〈中孚〉用「鳴鶴在陰，其子和之。我有好爵，吾與爾靡之」如此詩句表達。其他對如禽獸意象之運用，如龍、虎、豹、馬、牛、豕、狐、鶴等，《易》都精準地有所一致。

於道理上，《易》毫不迂腐。如王對宮女寵幸，〈剝〉說為：「貫魚以宮人寵，无不利」，既明知這仍是一種腐敗（剝），然因可有後繼，故評為「无不利」。對女子出嫁以妹娣陪伴則指出：「歸妹以娣，跛能履，征吉」，意謂如此冒險般遠嫁，縱使遇着不幸，仍有妹娣之陪伴，跛而能行，非孤單地承受一切。〈歸妹〉又對婚嫁背後若只為求男子之美（以鬚喻），其結果將只是男子同樣可變心，反求其娣妹之愛：「歸妹以須，反歸以娣」。對解之最善者，〈解〉以「六五：君子維有解，吉」言，謂解其致者有如君子間因能明白對方致心有解懷諒解；此解之最美者。又如饋贈，〈益〉以「九五：有孚惠心，勿問元吉，有孚惠我德」為最善，意謂：人以心懷我，實已有惠（慰我心），故不應再問是否更有所得；懷我之心，已對我德行有所助益，已是真實之惠益了。對人心向往美善，〈隨〉簡明地說：「九五：孚于嘉，吉」，而前爻則教訓說：「有孚在道，以明，何咎」。對於有所明察這樣能力，《易》又深明如是德性或素質多為世所不納，故有「君子夬夬，獨行遇雨若濡，有慍」等體恤。縱使已為明察（夬），仍告誡曰：「莧陸夬夬，中行无咎」，並對世人警誡說：「无號，終有凶」，即若世再無明察疾呼者，終有凶。而有關困（人之受限），除我們所以為現實之困外（〈困〉之「困于酒食」），仍更有為富貴本身之困：「困于金車」、及為官階之困：「困于赤紱」，此見作者之深明事理。對君子改過（改變）之速與小人改過之虛偽，〈革〉生動地用「君子豹變，小人革面」表達。縱使是節制，仍可體會其美或愉悅，〈節〉以「甘節，吉，往有尚」表達，「往」如上已言，指作為。對未有成功君子之光明，〈未濟〉直見其心懷而說：「六五：君子之光有孚，吉」，即君子之光明，非必從外在成就言，亦可從心懷見，此後來「詩言志」所言詩人心志之美。等等。

《易》象非死板卦象，而是活生生之意象。意象既鮮明亦簡明，更成就《易》之簡約，使文字可觀、可思。以上所舉，只其中例子而已。

八、孔子是否明白《易》？

於孔子時，《易》已用為占卜，甚至其文辭意義已全為巫、史所扭曲。然孔子自身是否明白《易》？像孔安國之修改《魯論》，分〈堯曰〉為二，使成二十一篇，及其倒錯〈鄉黨〉為第二、〈雍也〉為第三，明顯不符《論語》構造。孔安國好《易》，故於《論語》最終自加上「孔子曰：不知命，無以為君子也」，明顯不明孔子對命之態度。其修改〈述而〉「子曰：加我數年，五十以學，亦可以無大過矣」為「子曰：加我數年，五十以學《易》，可以無大過矣」亦明顯不足信。那麼，餘下可作為這問題參考的，①唯《論語・子路》之「子曰：南人有言曰：『人而無恆，不可以作巫醫』，善夫！『不恆其德，或承之羞』。子曰：不占而已矣。」②本句末段若如鄭玄及後來傳統解釋為「《易》所以占吉凶也，無恆之人，《易》所不占也」，那麼這只代表，對孔子言，《易》始終只是占卜書籍，與道理無關，如是孔子對《易》實無深解，最低限度，沒有看出《易》單純作

---

① 我們當然無法依據《史記》所言：「孔子晚而喜《易》，序〈彖〉〈繫〉〈象〉〈說卦〉〈文言〉。讀《易》，韋編三絕，曰：『假我數年，若是，我於《易》則彬彬矣』」。無論孔子自曰之言非《論語》原本，或《易傳》本身及其中所引孔子之言實語無倫次，就算孔子確有對《易》如「韋編三絕」地研讀，仍無法因此而能斷說孔子對《易》必有明白。我們仍需另行深思這問題。

② 孔安國對《易》此言之理解錯誤，然不幸為所有後繼者所援用。孔安國解說：「此《易》〈恆〉卦之辭也，言德無常則羞辱承之也。」皇侃曾對孔解有疑，然仍替其自圓，故對「或」字訓說為「常」，否則似無義。然《易》之「或承之羞」，明白是言另一情況，故用「或」。「貞吝」始是價值斷語，「或承之羞」非是。「或」字於《易》無他義。

為道理之可能。然《論語》此句，其意本非如鄭玄所理解。

本句在〈子路〉篇是針對為事中用人而發，前句言中行或狂狷者，本句言有恆者。句引南人之言是為說明：縱使如學為巫醫般非真實事，仍不得無恆。從孔子「善夫！」之歎故見恆之重要。反駁者引《易・恆》卦目的是說：除「不恆」外，恆者其恆亦未必真實，仍可有「或承之羞」之可能，即：恆只因無奈而強迫地持續時之假象而已，非真實地恆，其內心故始終感羞愧，非如孔子所以為真實。此「或承之羞」意思。對如此反駁，孔子「不占而已矣」是說：因占卜為人求解命運之事，若得占而不行，實不如不占，意謂沒有事情能強迫人致如必占者。縱使如命般現實，若感不是，始終仍可不占(不行)，是沒有事能強迫人至如「承之羞」地勉強持續。換言之，現實是無以強迫人改變其本性：有恆者始終有恆、無恆者始終無恆，是沒有「恆」而只「承之羞」者。

從這樣對話可見，無論反駁者抑孔子，都沒有從《易》本身理解〈恆〉卦之語；〈恆〉卦意本為：對如德行這類真實事物，應恆守；而若只外表有恆而內裏不以為然(不以其事為真實)，那這也只是恆守之偽而已。①對《易》言，若其事非如德行般真實，那恆非真正之恆；若因為德

① 有關〈恆〉卦此語，請參閱下面對〈恆〉卦之解釋。

行而其恆也只一種「承之羞」，那此時恆仍非真正之恆。《易》是對向恆之真實而發，所說是：真正恆必須是由於其對象本身為真實（如「德」），否則，其恆也只虛假而已。反駁者以巫醫一虛假事代入「德」，除非斷章取義，否則未算對《易》語有確切理解。孔子同樣。除非孔子順承反駁者而亦斷章取義，否則應糾正其對〈恆〉爻辭之理解，而不應只順承其說，以巫醫一事代入「德」。無論反駁者抑孔子，都沒有在這裏顯示對〈恆〉卦之理解，而〈恆〉卦本句又剛巧與意象運用無關，故更難見出孔子是否有對《易》意象書寫法之意識。最低限度，除如「鳳鳥不至，河不出圖」（〈子罕〉）、「鳳兮鳳兮」（〈微子〉）等外，《論語》文字鮮用意象，〈孔子詩論〉亦少有對比興作分析。是否孔子能有對《易》意象明白，仍不可知。若《論語》只單一地引用〈恆〉卦此爻辭而不用其他，很可能孔子對《易》未有深解，最低限度，對〈恆〉卦便是如此，以〈恆〉只為言如恆心或力恆之意，而不知《易》所言「恆」先為「恆」之現象真實，換言之，不從所恆應為何事物、所不恆應為何事物理解，如此不能視為對《易》語明白。《易》所言「不恆其德」唯指真實事情，是不應以巫醫代入。由此故仍可質疑，孔子對《易》之是否確切明白。

作這樣反省非對孔子不敬，只對《易》於那時是否為人所明白略作觀察而已。

《易》之哲學與世界

一、《易》之哲學向度

哲學思想嚴格言，為一種對世界存在建構性之思惟，其源起與古希臘建構奧林波斯神系、一種上界社會一致，唯其建構轉向知識而非神話故較為理性而已。中國思想不同，從來只以人之建立為目的，不以世界之建構為真實。縱使是儒學或經學傳統，在以人性或人道為本而對人文制度有所建立時，其目的仍在人而已，非在世界、或由世界引申之知識。哲學當然只藉着對世界存在之改造影響人類實踐，但這一切改造，對人而言均只外在，非求與人性一致。西方所立之種種真理，因非以人性為依據，故必須各各證成。哲學求如數學真理般顛撲不破，原因亦在此。這樣思惟，從其以建構為目的，故對世界存在本身必須質疑，証明或說明存在為偽，否則無以言建構、無以另立真理。世界存在若有不善，本應歸咎於人而已，求世界存在之善故應從對人之教育陶冶始。哲學非如此，其以人性為惡、為不可改變，只為達成其在人之外另建立一真理觀點之可能而已，使思想之建構能無限地延伸，非以人之善或存在之善為目的。為求真理創造性之可能，哲學故從來對世界存在批判，自神人二分之神話世界至當今之批判理論仍然。當然，隨着西方思想對世界錯誤建構、及人類因沒有真實地引導而有之惡，世界確然變得不再善，批判故似有其理據，但始終仍應知問題之根源所在，非只但求批判世界而已。若不明白錯誤源起於人之思想與心態之不正、人求改造世界、因而藉思想知識建構世界、致人性於不顧這一心態上之錯誤，是無以回歸正道的。儒學及經學傳統故從來不以批判為目的，甚至只致力於人性其善之引導與建立，非對向世界本身而思惟。

《易》非單純本於此經學傳統，其作為思想又只從個體而非人性立場發出，故與人文建立之傳統有所距離。非《易》不以道為依歸，而是縱使其目的與經學傳統一致，告誡人以道，然其思想一如哲學，以反省世界存在為方向，其對世界之總攬，即為六十四卦、世界存在之六十四個面相。是從這點言，《易》有其哲學向度；非求為一哲學、非求對世界建構、或在人外另立真理，只為對存在本身有所反省故類如哲學而已。《易》之求對現實存在分析，如〈臨〉〈觀〉對認知之分析、〈需〉〈噬嗑〉對求索欲望之分析等等，見其哲學性格，亦與經學及後來儒學傳統有所差異。然從仍單純求人作為之正道言，《易》與此中國傳統始終一致，此其所以非真為哲學之原因：從沒有在人與道外另立任何真理、從沒有以其他真理之姿態求對世界建構故。《易》故介乎經學與哲學之間，亦其所以獨特。

《書》若源起於上位者、《詩》若代表人民百姓，《易》不同，《易》單純立於思想者個體。其所關懷首先在個體，好壞亦只從個體而非從人性言。若以《易》與《論語》相比較，可清楚看到兩點：一、《易》強調個體及其好壞善惡（吉凶），非其人性；二、《易》集中在對世界存在之分析，見其如事實般存有，非只從道與文為對象而言，故亦沒有以道、德、文教、人性等為獨立真實而探尋。非無以上之事，如〈復〉仍明見道、〈坤〉亦明見德、〈賁〉與〈姤〉也甚至見文，然始終非作為獨立對象而關注，故沒有如〈八佾〉對禮樂文之討論，或〈學而〉〈里仁〉〈雍也〉〈泰伯〉等對德行之分析，《易》始終以個體面對世界現實存在這單一立場與向度，述說世界存在所是、及人應有之作為與反應，非在個體與世界之外另有他說他立。從這點言，《易》之道理更為原始、更似沒有立場，沒有以人道及其文德之發展為世界存在應有方向與理想，單純對存在事實作分析並言其吉凶好壞而已。

有關《易》這樣哲學向度，我們從「變易與存有」、及「人與處境：素樸二元世界」這兩問題討論。

變易與存有

《易》之為「易」，應從變易解。《易》文中「易」字雖只為容易之「易」，然《易》於文辭運用有着一種刻意二分：或為平素語言、或為特殊語言，後者以語言文字同為意象，卦名均屬此類。故明有「心」字，仍另立「中孚」；明有「潛」，仍用「遯」等等。「易」字用於《易》，應如此，非言容易，而為變易。變易這一觀法，直對西方存有論甚至哲學作否定。無論存有為甚麼，存有必然恆常地絕對、無可變易。本質或實體如是、真理，無論是數學抑先驗真理亦如是。因世界本身無恆常性，西方故從神或形上體之永恆絕對性求索，始終不接受變易者為真。《易》不但只以變易為真，甚至因變易基本，故不接受類如存有般之絕對好壞與價值，舉例說，如人之成就、其地位與富有，無一因已為成就或富有而必為善，〈既濟〉因而反只為「亨小」、〈未濟〉始為「亨」；〈蹇〉（災難）仍可有種種得獲：「來碩」、「朋來」、「來譽」，非能絕對地以善為善、以不善為不善。

變易作為觀法，其最大意義與意思在：一切只受未來或未然決定，或：事物所有之善，非從其當下決斷，而只取決於其所有未來之潛能與潛力；如當前能努力、與富有而不再努力，前者為是、後者為非。潛力大於所是。能有無限前進始為善，若一旦終止，縱使為「亢龍」，也只「有悔」而已。立於頂峰之存有，在變易中只意味下降，再無上升可能。存有故必否定變易，因變易只使存有下墮，使其絕對性不可能。《易》所有觀法，故徹底顛覆存有論。存有論之不得不轉向超越性、不得不遠去世界而求索形上，也只因世界事實為變易而已。

藉着這變易觀法、若好與壞只取決於未來，那人之努力、其如德行般之自守，始得其恰當意義，否則任何當下所得必勝於自守或克制、而努力或對目前艱辛之承受再無其意義。道之意義故立於變易中。非道本身變易，而只是，因存在本身在變易中，故處於不好處境仍可由致力於道而改變、處於好之處境仍必須以正道戒惕，否則仍可凶。變易使存在本身再無絕對性、無一事物或存有狀態能為絕對；變易甚至瓦解世界、瓦解人對世界藉建構求永恆性之可能；所剩唯人自身致力於道而已。從客體言好壞，不如從人自身努力言好壞；好壞始終在朝向未來之努力上，非在當下事物與狀態之絕對上。這變易觀法，故使客體如虛無，真實唯在人自身之行為與努力而已。這樣結論雖簡明，然最有助於人德行，故其為立論只是一「實踐論」，非為知識真理之「理論」(theoria)。《易》故不再如哲學那樣，求諸存有或神靈之善，更不以存有之虛構外在地改變此變易事實。知變易而不再虛妄，由此返回道，否則只陷自身或世界於不善，這樣結論，是《易》與經學傳統所以為一致。存在之變易，使道可能；否則，若存在為存有所改變，人與世界只更無道而已。

若我們返回西方哲學立場，哲學之所以不接受變易，非因變易不為事實、更非因人無法在變易中存活；哲學之不接受變易，從來只以其為「虛假」而已。本來，存在無論多麼不如理想，始終不能因此而視為虛假。真與假這樣價值用於一物可，用於存在整體則不可。哲學從最早期始，故便致力於證明世界存在之虛假性，而這主要在：建立「假象」一概念（因而「現象」及「表象」）。在巴門尼德中，這是透過思惟特有之真理性達致。思惟特有之真理性在：「是不能不是」、「不是不能是是」。這一邏輯若不能用於世間之變易①，其為真理故只能用於「是只為是」之「存有」本身上，由是而顯見存有之真高於世間事物之真，前者只能「是不能不是」，而後者則往往為「是亦不是」、「不是亦是」，存有之真及變易之偽，由是而判分開。透過思想這一對真理之訴求，變易故落為虛假。對向存有之思始為真理之思，對向變易之思（道之思）只能偽，所對為變易而非絕對故。哲學這一結論，只掩蓋其所求為思想之能絕對肯定、絕對地認知，換言之，

① 因變易是：「是可能不是」、「不是可能是」。

求為思想之能絕對而已，非為人能正確地行為實踐，後者更在面對變易而有所警惕時，非在自以為正確而絕對時。二者之取向，一在思想、另一在實踐；一在知識、另一在德行；一在對象事物、另一在人自身。無論是經學儒學或《易》，均只以人對人性或自身之認知始為真，故從不接納西方對象式之認知、亦不以知識思惟為絕對。故如〈觀〉，仍先在人自己、在「觀我生」而已，縱使為他者，亦「觀其生」而已。甚至，「童觀」與「闚觀」這有限認知非必然不是，人非全然只為君子大人、亦有小人與女子之觀見故①。同樣，真實只從「无妄」言、只為「中行」復道（〈復〉）；〈大畜〉富有之絕對，非必然是。人一旦行事，必有正與妄之差異，能如「不耕獲，不菑畬」始无妄，否則，縱使能「莧陸夬夬」多麼似有知見地知識但不「中行」，仍咎而已。《易》甚至沒有把真實而「无妄」絕對化，故縱使已為无妄，仍可有「无妄之災」、「无妄之疾」，存在始終在變易中，非能以為真而必絕對。人類之求絕對知識、以真理之名建構世界存在，雖一時作為知識似必然對確，然在存在之變易中，始終無一能絕對地是、無一能絕對地立、無一能絕對地不虛妄，變易之存在使一切無以絕對故。若必須言絕對，亦人自己之退守中道而已，以道為

① 「童觀」於小人故「无咎」、「闚觀」於女子故「利女貞」。

一而已①。以存在為變易，在經學傳統之人道外、於有關世界存在本身，為唯一至客觀而正確者：既不求虛構、亦見存在面相之真實，並從這樣變易之真實教誨人其所應行。

那麼，若不從「中行」作為之絕對性言，變易世界是否再無所謂永恆性？並非如此。〈恆〉卦所言，仍為可永恆之事。若撇開人性或性情之恆、及人努力應有之持續性，二者見於〈恆〉六五與九四兩爻，從對象言之恆有二：一為生存之常態性或平常性（初六）、另一即為如德行般真實事物之恆（九二及九三）。稍反觀二者，初六所言常態性雖確然為對象性之恆，然其恆正因為平常性故非超越地絕對、非獨立為真理對象而絕對。甚至，當《易》以〈咸〉相對並對反〈恆〉言時，已表示，縱使恆為存在之真實，然如是真實，絲毫無絕對真理感動性之姿態，後者在〈咸〉而已，非在〈恆〉；使人感動而視為至真者（如〈咸〉所言愛情）非必恆、恆者非必使人感動而視為真。換言之，西方以為既感動又至永恆之絕對真理與真實，根本非現實地真實；現實中能視為真實而感動者，非恆者；能恆者反而非如真理地感動，生活平淡之恆及其真實便如此，絲毫無作為真理而感動。存有之既真而感動與其永恆絕對性因而一分為二：能永恆絕對即不再感動

① 《孟子‧滕文公上》一章：「夫道一而已」。

地真、能感動地真則非有其永恆絕對性。西方絕對真實者之感動（真理性）與其永恆絕對性因而不可能，除非純然虛構。

不僅如此，若其為事確然真實而應能恆久而持續，如德行，這樣至為真實事物反而往往不為人所顧懷，如前述平常性之不為人視為真理那樣，因而《易》直從「不恆其德」而非從視作真理而「恆其德」言，甚至從「或承之羞」可見，如是本至為絕對真實者，絲毫非為人視為真理，故羞。就算於君子德行確然為真理並永恆，始終，《易》所舉為例者，仍只是與人有關之德行而已，非神、存有、「我思」等對象。於《易》變易世界中，若仍有類如永恆而絕對之真實，這若非為人自身之人性與德行外，便只如生活存在平淡常態性之真，而這類真實，始終非為人視如真理般感動、非作為絕對者姿態而存在或體現。如真理般絕對者（存有）始終不存在，除非人自身虛構及盲目地追求，如初六「浚恆」及上六「振恆」所言。絕對性若有反平常性、絕對性若一無所實是（如由虛構而致），如是絕對性，縱使以真理之名而為絕對，只表面永恆而絕對而已，始終至為虛假。在變易之真實世界中，故縱使永恆，仍不以永恆之姿態呈現，而以永恆而絕對姿態呈現者，非真有所永恆，只短暫而已。永恆於變易中，仍有所變易而已。

從這一討論故可明白，《易》變易之世界觀，縱使有如絕對之〈恆〉，始終仍對一切存有論或形上真實真理有所否定。能為道而永恆者，始終在人：或為人性、或為德行，然這樣至為真實之真實，始終絲毫不為人視為真理對待，亦沒有作為生命感動之對象出現，其平淡地永恆或常態至如此地步。

素樸之二元世界：人與處境

世界存在無論多麼變易，若人只在乎人自身及其作為之真實性，是不會演變為西方思惟對存有真理之構造的。同樣，若沒有對形上真理之求索，世間存在無論多變易，也不會引致被視為虛假。從哲學最早期對世間存在視如假象這樣立場，換言之，以一種真理方式觀存在本身，這於人類思想其實極為奇異。其目的，如我們已說過，非在致世界於善，而只求為有所創新、求為對世界建構，縱使只是在人類之上另架構一神話世界仍然。這藉建構而使世界遠去其淳樸性，其背後隱藏着兩原因：一為其時之所謂人性，單純只是個體之欲望心，既非上位者為民之心懷、亦非人民百姓心之平實。二為對這樣欲望心而言，世界存在本然負面。讓我們從這後者說起。

在哲學對世界建構此自以為樂觀取向出現前，西方於古希臘，以存在為負面，故有酒神之友Silenus名言：「你們這些曇花一現可憐的種族、偶然與痛苦所生之後代，為何強迫我說出你們最不想聽到的事：最高善，而這是你們絕對達不到的，是：沒有出生、沒有存在、甚麼都沒有。其次之善，而這是為你的，即立即死亡。」尼采所言酒神精神、希臘悲劇之所以為文學最高典型，都建基在存在為痛苦與負面這樣事實。印度思想亦以存在為有生老病死之苦。存在之負面性，故可說為是人類思想反省之源。問題只是，因存在負面而求建構改造，這只是西方之反應，其執意沒有顧及人類自身可能之虛妄與狹隘。因為求建構，西方對世界存在之觀法，故都導向「存在者」一模式，因唯作為存在者（存在事物），始有建構可能；若非為存在者，是根本無以言構造的。理形、實體等作為世界構成素，因而產生。哲學之轉向物知識、從物求真理之本，亦順承此而有。物之複雜使存在複雜，人類亦自此受制其中，隨物而物化，至今仍然。世界存在之作為物，是西方所有哲學共同起點。也因作為物，故人失去其優位性、失去人性這樣優位性。人只是物之奴隸、只是在世界中之存在者，非作為人。儒學若必須言世界，也只因人而已，非為世界而世界。那麼《易》之世界怎樣？

《易》世界觀既樸素又真實。因如中國傳統，始終只以人為本、為唯一存在者，世界存在故只由兩面構成：人為其一面、處境（或狀態、樣態）為其另一面。若用主客這樣劃分，人即存在之主體、處境則為存在客體。並非說，人因為主體而主導一切，相反，在二者間，存在處境始真正起着主導作用。這裏所謂主體，也只是說，人縱使往往被決定，始終仍為存在之中心。西方求人能支配一切而為主體，反失去人支配其自己這一向度，更使人性之主導性不再可能。

所謂處境，所指非作為個別事物（存在物）之個體，而是在種種個體背後，類如背景那樣，環繞及伴隨存在者而使其存在具體確切者。舉最簡單例子，若龍作為上達之人是一存在者，那其「潛」、「在田」、「終日乾乾，夕惕若」、「躍在淵」、「飛在天」、「亢」、「羣无首」等全為處境。《易》從卦至爻，都盡是在對處境作分析，非對存在者本身作分析。其世界只由處境構成，非由物。世界之作為對象，只是種種處境而已，絲毫沒有拜物。若哲學始終以世界為物，《易》之以處境為世界存在因而極獨特，一方面更貼近存在之真實①，另一方面始終保有對人之關懷，沒有由人而轉移於物。海德格爾雖已指出世界為存在物這樣觀法有所狹隘與錯誤，然其所謂更根本之「存有」，仍未能單純作為處境理解，而這始是存在真實關鍵所在：非單純在存在者（人）而

① 在物與其處境兩者間，後者始具體而真實，事物在其自身多只抽象而已。從這點言，中國遠較西方重視處境現象之具體多於抽象之物自身。

已，更先在其處境上。《易》所言處境，依據人與事而細分，非如今人只言人類存在處境（human situation）而已。六爻之位均為處境，變易亦即處境之變化，所謂世界存在故亦只是處境之存在。正因如此，縱使世界由事構成，這一切事都在處境中被決定、最低限度，為處境所涵蓋。以處境言世界存在，其關鍵在：人之一切、其行為與作為，都只為對其自身處境之反應而已，再無其他，非為物與人而反應；甚至縱使依道而行，仍先是參照着其所處處境而言道，非能逆其處境而為道。所謂「中行」，故是言於處境中所應有之道，如是而道始既具體而真實。道故非單純為存在者之道，更是處境之道，道其真實具體在此。而所謂道理，實即以人之立場、對處境之好壞作辨別而已。

《易》在事之分析外①，故對存在處境更有特殊關注，佔六十四卦近一半，如〈晉〉、〈萃〉、〈升〉、〈豐〉、〈既濟〉、〈未濟〉等現實處境，或〈否〉、〈剝〉、〈大過〉、〈坎〉、〈遯〉、〈明夷〉、〈困〉等存在處境，而這在人類著述中實鮮見。

在存在者與其處境間，因處境始為支配之一方，故一物其所是，再非從本質本性言，而更是

① 「事」實如處境般，伴隨人而為其具體之存在，故仍可視如處境，唯更統括性而已。

受着處境之定奪。縱使是〈乾〉龍，於潛藏時也只能「勿用」。非因其為龍而光明地在天飛昇，更有不能用而潛藏時刻、或只如一般「在田」之平凡、甚或更有「終日乾乾，夕惕若」以至「亢龍有悔」之時刻。同樣，能貴為「黃裳」之承輔者，亦有其「履霜，堅冰至」、「從王事，无成」、「括囊」等卑下不為人知之處境。這些負面狀態，為貴如〈乾〉〈坤〉所有事實，亦人對光明者所不察之真實面相。《易》特殊地以處境與狀態為關注點，其原因故亦在：不欲人為表面或一時顯赫之處境而受其假象蒙蔽。

《易》這對處境之思惟，其世界觀怎樣？

首先，若《易》之世界存在也只是人與其所對處境這一二元關係，因而所面對者非物作為另一存在者，這表示，《易》本身作為思想，從沒有以向往一真實者為對象。真理只在人之无妄，非在對象性真理上。《易》這樣立場始終與中國傳統一致。更重要的是，如我們已曾說，人類存在本然負面，這負面性在《易》二元世界中，明白落於處境這一面。人所有負面性，歸根究柢只由於處境、由處境之負面所致，非由於人與物、更非由於神靈或命運。不以存有者為對象之意義因而首先在：人處境之一切，非由他人他物之意志造成，故無須因而激憤不平；在一切人物外，更有着種種處境之包涵，莫之能外。如〈否〉〈坎〉〈困〉等處境，因歸根究柢非任何一存在者能造成，故亦無怨尤之可能。處境之不為人所取決，故對人言如有所超越，唯其超越性非為另一他者之超越性，故無對立可言。面對如是處境之超越性①，人只能回收於自身努力與行作之无妄，對向着處境其超越負面性而戒惕自守（貞）。②

這樣的存在圖象，既解釋一切，亦至為淳樸。所解答者，為存在所有如背逆之負面性，只在處境而已，非在他人；存在如是負面性，故不陷人於相互對立，亦不會因不能承受而從虛構中求超越，使人自身遠離作為人之努力，如希臘神話與哲學那樣虛妄。又從處境觀一切，人始自覺道之意義，處境畢竟與人自身作為有關故。對向處境而存在，人始內在而為真實的人、其存

① 處境之超越性、其涵蓋之廣，至連縱使已無所虛妄，仍有「无妄之災」、「无妄之疾」這樣負面性。又或於復道中，仍有「頻復」之「厲」與「獨復」之孤獨與無奈。在一切事情中，始終充斥着負面性，故〈泰〉有「包荒用馮河」、「无平不陂，无往不復」、甚至「城復于隍」；〈同人〉有「同人于宗」、「伏戎于莽」、「大師克相遇」；而〈豫〉則有「鳴豫」之「凶」、「盱豫」之「悔」、甚至「疾」與「冥豫」等等。

② 在人與處境兩者間，人始終相當獨立，此《易》以「貞」自守之道教誨之原因。就算無法超拔於處境外，人仍可「无咎」或「无悔」，處境無論多麼負面，始終可與人自己無關。縱使未有後來人道與人文之獨立，然人之獨立性早已含藏在《易》思想中，非如古希臘，始終有着由神靈所致不可擺脫之命運，而終為悲劇。

在亦因自守而謙下①。如是觀法，故使存在淳樸，既無逐物而虛妄建構、亦無求（對對象）更高超越，處境無可超越故。對處境之反思與明白又為至高之明察，思想故非因為知識欲望而悖道、非只為構造而不體察處境之真實。對人（他人）與事其處境之明白，始是真正對人與事之明白。不見龍之「潛」與「終日乾乾」，是無以明白其「飛」之真實的。處境作為對象又不會造成宗教之迷思，亦不會盲目於物之欲望。處境因其變易改變之可能，故縱使存在負面，始終不引致絕望，所對負面性畢竟只處境之負面狀態而已，始終可「无咎」。若撇開後來儒學之人文禮樂世界，《易》這人與處境之二元世界觀，實已是人類可有至美麗世界，既具體真實、亦淳樸懿美。在這樣圖象下，世界存在只浮現為處境，而人也只在其包涵下默然地努力、不敢虛妄。人於超越般處境中「中行」並自守，如農民之獨對天地，如是天地般靜默之存在與人，再非如對向神靈

① 此所以在〈乾〉〈坤〉二德性外，《易》獨提及〈謙〉，再無其他。

之上界社會①仍有爭鬥與欲望之可能、所對向者非有他者般意志故。意志若非向外對立，其內在時只默然努力而已，更無人由有所欲而致之貪婪或自大。如是內在存在之美與安，是《易》所有世界存在。②

二、《易》斷語之存在觀

明白《易》變易與處境之素樸世界後，我們便可具體地進入《易》所有世界觀。《易》之世界觀，由兩方面構成：一為其六十四卦內容，二則由價值斷語所勾勒，後者與每人自己之存在努力更有關。讓我們先從這後一方面說起。

① 神話。對向社會，故為人心態虛偽之主要原因。社會既充斥着自私意志、絲毫無所情感、為利而非為義、亦無所真正崇尚與向往。對向存在者之社會，與對向處境，其於存在心態與心情差異故極大：前者使人偽、後者使人真實。

② 在西方，亦唯如史賓諾莎去意志與去個體性之倫理學始能有類同心境體會。

《易》對人存在，以極簡約方式歸納為以下幾方面：一、存在其正面在「亨」與「吉」；二、人其正面在「貞」；三、存在其負面在「凶」；而四、人其負面在「艱」「厲」「咎」「悔」；五、人之所以錯誤在其「吝」，既非在人性本惡、亦非在單純無知。

亨

首先，作為價值斷語，《易》往往以「亨」與「貞」先行於一切。「亨」言其事之通達、甚至其可改變性，若從空間向度言則為普遍或普及性。能於時間變易中通達、及能於空間廣度中通達，這是《易》對任何事情或事物其自身所是之最高肯定。除「亨」外，《易》再無有關存在事情或處境價值上之表述，而這代表，從客觀方面言，《易》不以事物之在其自身為最高。若不能於存在整體中通達，縱使在其自身而絕對，對《易》言絲毫正面性也沒有。故如〈大有〉之「元亨」，若只以盛大儆示於人、以所有為絕對，如是即為咎。〈大有〉之所以「元亨」，故只從「大車以載，有攸往」、「公用亨于天子」、「交如」、甚至「自天祐之」等存在交接時之一體通達為美。從龍之「亢」而絕對仍「有悔」，反而「羣龍无首」始為「吉」便可明白，絕對者之絕對性非使其更真，無絕對而羣反而始為善，此「元亨」其通達性所在。如是可見，〈乾〉之上達、〈坤〉之承輔、〈屯〉

生命之升進、〈大有〉作為國家之通達、〈隨〉與〈蠱〉之對人跟隨與匡正、〈臨〉之親臨親達、〈无妄〉之真實、〈升〉與〈革〉之上進與改革，都有着至大而光明之通達與發展。其他或只為事、或只與個人有關、或只內在、或只負面、或帶有利害、或如〈泰〉〈豫〉之安定逸豫而無發展、甚或如〈晉〉之只是高位得勢，非必如〈升〉之上進，故都非「元亨」。

貞

若存在只從通達始善，人則相反。從人自身言，其存在之道只一而已，即「貞」（自守）。當然若從行為作為言，道在「中行」；然從人自身言，能自守自身、不妄作為、不作超過之舉，此已為道。「中行」實亦於作為中之一種自守而已。

《易》對人之訓誡，撇開事情特殊之訓誨，實一「貞」字而已，再無其他。若事情之是否通達仍有賴其事本身，那人於面對種種事情情況時，其唯一之道只在自守。若我們與後來《論語》道理相比較，《論語》所期盼於人之德行明顯較多，亦更具體。就算不從如仁義禮智等德性言，始終仍有君子之品格，或甚至最起碼之孝悌忠信等。這些內容，都是參照着人性存在之必需與人作為人之立而言。但如我們所指出，若一旦不考慮人性及其所有世界，那人之行為與價值取向，若非為外來禁限，便再無節制，這是人純然作為個體時所有情況。那時，人只依據自身好惡而行，或只受制於外來法律與刑罰，若仍有對刑罰恐懼的話。正因如此，在未有強大法律制度前，古希臘也只能從人對神靈之敬畏求對自身之制限、不使太過。然《易》非以宗教對人作限制，亦非有求外在法律刑罰，故在未有人性進一步教化前，《易》只告誡人其應自守，再無他法。對人自身，《易》所期盼也只是其能自守而已。人自身所應為，也在此而已，再無其他。縱使是〈乾〉上達之德，其作為個體也應自守，毫無例外。當然，《易》於六十四卦所言之事，各有其所應行，然這些都只針對事情本身，非單純與人自己作為個體有關。與人自身作為個體有關之道理，也只自守這一點而已。而其反面，即凶悔咎。「利貞」從人自身言，「吉凶」從事情方面言。正因人所對終為其自身處境，故縱使不言外來制限，一切仍只咎由自取。由「吉」「凶」「悔」「艱」「厲」等斷語可見，《易》最終訴諸的，是人作為個體時其趨吉避凶之心理，若非如此，對一般個體無以言道。個體之是否自守，最終只求諸如此心理，再無其他。雖然如此，《易》仍間接透過這樣心理，使人慢慢醒悟於道，透過吉凶而學習。從這樣價值觀言，《易》世界仍素樸，未如後來人性之道其崇尚高遠困難，亦非只求諸刑法禁制之負面性，後者只對人有所違背，使其更難對道有所自覺。以宗教之法雖不失有所教誨，然其教誨未必能抵禦眼前欲望與利益；甚至，宗教可能為人狂妄之一種手段、為人所利用為利益，非必能正人。始終，人面對處境而自守最為簡明、亦最根本、再無其他假設設定。若非真能如後來中國以文教化，使人回歸人性之道，否則，《易》從吉凶處境而教誨人自守，這實為最根本。

趨吉避凶雖非即人性善，然《易》並非不知後者。如在〈兌〉之首先便以「和兌」為至基本，或在言心懷之〈中孚〉中，在指出人心常懷着吉凶好壞這樣事實外（「初九：虞吉（……）」），九二便立即指出人性所有對人之善：「鳴鶴在陰，其子和之。我有好爵，吾與爾靡之」。雖非不知人性善，然在缺乏一從共體制度言之人性教化前（如禮樂制度），《易》也只能訴諸人吉凶心理言自守。〈賁〉雖自九三始便知文化甚至文之素樸真實，然仍非從制度言；非不知文應為制度，如〈鼎〉上九便有言「鼎玉鉉，大吉，无不利」，然這已是上九，為理想，甚至為過於理想，現實非必能如此；六五故始終只言「鼎黃耳金鉉」而已，只求健全而輝煌制度，未敢從文教之立言。如禮文之外表與內裏實質一體之真實，《易》非不知，故有言「以杞包瓜，含章」之美，但也只能視同「有隕自天」，非必能於人世間。若非周文制度①，是無以有從制度言之人性教化可能，而此

①《論語・八佾》：「子曰：周監於二代，郁郁乎文哉！吾從周」。

亦《易》只訴諸吉凶之原因，吉凶心理於人始終根本原始故。作為德行之結論，人之自守為存在唯一亦基本德性所在，其他如上達與承輔之德，只德行更進一步之自覺、亦只見於特殊人身上，雖更高，然非為德行之基本，更非能見於一般人身上。

若「亨」與「貞」為存在客體與主體基本德性之兩面，二者又建立在吉凶這極素樸之價值向度上，那麼，有關吉凶本身，《易》之看法怎樣？

吉凶

有關吉凶，《易》並非不知在吉凶上更有德行之真實，如有關餽贈之〈益〉九五便說：「有孚惠心，勿問元吉，有孚惠我德」，而這明顯是置德行於吉凶餽贈之上。以吉凶為根本，只是《易》返回世俗世界、從現實考慮下之價值觀而已。縱使如此，若我們稍加閱讀便可看到，吉凶雖詞如世俗現實價值，然所指仍為道，故與善不善關係更有關，非言利益。舉最簡單例子：〈屯〉對壯年生命之求富有積累說：「屯其膏。小貞吉，大貞凶」，意謂少有而自守始吉，大有對自守為凶。這裏之吉凶，明白是對人其所有之善不善言，故為擁有之道。縱使為孔子，也不能不有，《論語》故說：「子釣而不綱，弋不射宿」（〈述而〉），只釣而不網、不射殺夜宿無防避之鳥，這是孔子求取所需之道。《易》之少有吉、大有凶，故同亦為求取之正道。若單純從世俗利益考慮，人只會以大有為吉，非為凶。如是可見，《易》之「吉凶」，雖表面似現實價值，然實已為道。我們再舉另一例子。言貧窮之〈小畜〉初九九二兩爻如下：「復自道，何其咎，吉」、「牽復，吉」。二爻均言人於貧窮時，前者言貧窮而仍能復守道，不妄作為，如此吉；而後者則言，若得人幫助引領脫離貧窮，吉。這兩吉，一從無法脫離貧窮言，另一從脫離貧窮言，後者明白更為世俗所期望。然兩者均稱吉表示，《易》實非單純從現實世俗考慮：縱使以脫離貧窮為吉，《易》之考慮，仍先單純是對人處境之關懷，為一種人性表現，非因為世俗利益，故始同有初九之吉：雖在貧窮處境中，然所關懷仍首先是其人之善不善，非其貧窮本身。初九之對人與九二之對其貧窮，故始終出於對人之關懷，非對貧富之在乎，其吉始終為道，與利益無關。故在上九，《易》明白說：「既雨既處，尚德載。婦貞厲，月幾望，君子征凶」，既然處境如此便應接受，否則自守將會艱厲；甚或若有所圖得，只帶來凶而已。無論直言「尚德載」，抑對貧者之最終規勸，都明見《易》作者其思在道而已，連吉凶仍如是。非不應脫離貧窮，仍必須依據道而為，若只懷着月圓（圓滿滿足）而妄為，只凶而已。如是我們可明白，《易》雖訴諸人吉凶心理，似順承世俗心，然其背後心懷始終在道，吉凶只其借以表達之方式而已，使世人亦能明白而已。

艱厲

存在之不善、其惡，若可總歸地稱為「凶」，那除這有凶之狀態外，存在對人而言，實主要在有所艱厲而已。凶若已為凶再無法避免或事後改變，艱厲則不同。艱厲因非一單純結果，往往為較長持續狀態，故既可能改變、亦更為人所盡力避免。凶作為結果似不得不接受或承受，然艱厲始終為一種狀態，非只是結果，其又常為持續，故反而為世人所首先盡力避免者。從世人言，避免艱厲較避免凶更為根本、更似人力所能決定，是否吉凶需有智慧，然亦有偶然性在，是否艱厲則似與智慧無關。若凶之反面為吉或善，艱厲之反面多是幸福，為人之存在感受，直與生命有關，非只事情客觀之吉凶好壞而已。

《易》因以道為價值取向，故對艱厲從不單純如世俗以逃避或否定方式面對，甚至有時更見其善。《易》對艱厲之反省主要有以下三方面：

一、艱厲仍單純作為艱厲看待，雖有所艱厲，然其結果可帶來不善、但亦可終无咎甚至吉，從結果言非必不善；此類如〈大有〉初九：「无交害。匪咎艱則无咎」、〈蠱〉初六：「幹父之蠱，有子考，无咎。厲，終吉」、〈復〉六三：「頻復，厲，无咎」、〈遯〉初六：「遯尾，厲，勿用有攸往」、〈遯〉九三：「係遯，有疾厲。畜臣妾，吉」、〈家人〉九三：「家人嗃嗃，悔厲，吉。婦子嘻嘻，終吝」、〈睽〉九四：「睽孤遇元夫，交孚，厲，无咎，悔亡」、〈夬〉：「揚于王庭，孚號有厲。告自邑，不利即戎。利有攸往」、〈姤〉九三：「臀无膚，其行次且，厲，无大咎」、〈震〉六二：「震來厲，億喪貝，躋于九陵，勿逐，七日得」、〈震〉六五：「震往來厲，億无喪，有事」、〈艮〉九三：「艮其限，列其夤，厲薰心」、〈漸〉初六：「鴻漸于干，小子厲，有言，无咎」、〈兌〉九五：「孚于剝，有厲」、〈小過〉九四：「弗過遇之，往厲，必戒勿用，永貞」。從上列例子可看到，其中艱厲有些確然艱厲，但有些其艱厲仍可為无咎，非必須避免，如「幹父之蠱」「頻復」等便是。

二、因《易》所重視為人之自守（貞），故使人難於自守、或對自守有所艱厲者，為《易》所特殊關注：如〈訟〉六三：「食舊德，貞厲，終吉」、〈小畜〉上九：「既雨既處，尚德載。婦貞厲，月幾望，君子征凶」、〈履〉九五：「夬履，貞厲」、〈噬嗑〉六五：「噬乾肉，得黃金，貞厲，无咎」、〈大壯〉九三：「小人用壯，君子用罔，貞厲。羝羊觸藩，羸其角，貞吉」、〈晉〉九四：「晉如鼫鼠，貞厲，悔亡」、〈革〉九三：「征凶，貞厲，革言三就，有孚，悔亡」、〈旅〉九三：「旅焚其次，喪其童僕，貞厲」。以上這些例子，其艱厲多只針對自守言，如〈履〉之

「夬履」，因有所明察而作為，這時明察力之過人，使其自守艱厲，非「夬履」本身厲。「噬乾肉，得黃金」、「小人用壯，君子用罔」、「晉如鼫鼠」等均如此。從這點可看到，《易》對「貞」多麼重視，故始有對難於自守亦特殊地關注。

三、非如第一類，艱厲甚至可為一種善、一種必然之善，非只无咎而已，例子如下，我們對每例稍加解釋：

〈乾〉九三：「君子終日乾乾，夕惕若，厲，无咎」，君子求上達之努力，晦暗時有所警惕，雖艱厲，然仍非為不善處境。

〈小畜〉上九：「既雨既處，尚德載。婦貞厲，月幾望，君子征凶」，這裏所有艱厲，為「雨」所喻。對所有艱厲處境，如貧窮，《易》以之仍應為人所承受，否則更只凶而已。

〈泰〉九三：「无平不陂，无往不復，艱貞无咎，勿恤其孚，于食有福」，對日常平素所有起伏與艱厲，仍應保持自守，如此已為一種安定，甚至從中可有生活之美滿。

〈噬嗑〉九四：「噬乾胏，得金矢，利艱，貞吉」，對有所得之欲望，宜有所艱厲，如此始有助於自守而吉。

〈大畜〉初九：「有厲，利已」，富有應有所艱厲，這始是對富有而言之一種利。

〈大畜〉九三：「良馬逐，利艱貞，曰閑輿衛。利有攸往」，對能逐良馬之富有言，宜有所艱難而自守。

〈頤〉上九：「由頤厲，吉，利涉大川」，能順其自然之頤養，其艱厲仍吉。

〈大壯〉上六：「羝羊觸藩，不能退，不能遂，无攸利。艱則吉」，若強勇過人，宜用於艱厲之事，如此吉，否則多只「不能退，不能遂，无攸利」之狀態而已。

〈晉〉上九：「晉其角，維用伐邑，厲吉，无咎，貞吝」，得位而又強勇，用於如征伐艱巨之事始為吉。

〈明夷〉：「利艱貞」，對晦中求明者言，於艱難中宜自守；因其有晦中求明之志，故實敢於艱難，艱難對他而言非懼怕之事、非為不善。

〈睽〉上九：「睽孤見豕負塗，載鬼一車。先張之弧，後說之弧。匪寇婚媾。往遇雨則吉」，對性情乖離背人者，應有相當艱厲體驗始不會變得癲狂。

〈既濟〉上六：「濡其首，厲」，對有成就者言，能始終盡其艱難努力，如此始善。

從以上這些例子可清楚看到，艱厲對有能力者、有所欲望者、富有者、能安定者、強勇者、得位者、承擔艱事者、性情睽孤者、有成就者等等而言為善，道理實明白，艱難對有力量者言只更激發起其力量、或使其不因自身力量而狂妄。縱使非這樣有能之人，能承受起如貧窮處境、不因匱乏而妄為，這對人言本身已為一種德行（「尚德載」），非艱厲無所善。從《易》對艱厲之看法故應明白，生命中有所艱厲並非不好之事，最低限度應視之如「无平不陂，无往不復」地接受與看待，這樣心始更能平坦。人生之事從負面言若非凶即艱厲而已，然艱厲非必不善，甚至往往可能為正面，能如是觀，人生將平順多，非因艱厲而怨。此《易》之存在觀。

咎

在吉凶與艱厲外，存在若仍有所負面，非在事情或如艱厲般感受，而在人自身：或有所咎、或有所悔。二者都與過錯有關。「无咎」所指，主要有下列各種情況：

一、其事情雖非為吉，然也沒有不好，如：〈乾〉九四：「或躍在淵，无咎」、〈坤〉六四：「括囊，无咎、无譽」。

二、其事確然可有困難或不吉，然能如是作為將不會有所錯誤，如：〈需〉初九：「需于郊，利用恆，无咎」、〈師〉：「貞。丈人，吉，无咎」、〈師〉六四：「師左次，无咎」、〈泰〉九三：「无平不陂，无往不復，艱貞无咎，勿恤其孚，于食有福」、〈豫〉上六：「冥豫，成有渝，无咎」、〈隨〉：「元亨，利貞，无咎」、〈噬嗑〉初九：「屨校滅趾，无咎」、〈噬嗑〉六二：「噬膚滅鼻，无咎」、〈噬嗑〉六三：「噬腊肉，遇毒，小吝，无咎」。

三、其事確然不好，然與其人自身無關，非其所造成過失，故「无咎」，如：〈否〉九四：「有命，无咎。疇離祉」、〈蠱〉九三：「幹父之蠱，小有悔，无大咎」、〈觀〉初六：「童觀，小人无咎，君子吝」。

四、「无咎」確然從是否有道言，如〈師〉六五：「田有禽，利執言，无咎」、〈比〉：「吉，原筮，元永貞，无咎」、〈比〉初六：「有孚比之，无咎」、〈小畜〉初九：「復自道，何其咎，吉」、〈履〉初九：「素履往，无咎」、〈同人〉初九：「同人于門，无咎」、〈大有〉九二：「大車以載，有攸往，无咎」、〈大有〉九四：「匪其彭，无咎」、〈蠱〉初六：「幹父之蠱，有子考，无咎。厲，終吉」、〈臨〉上六：「敦臨，吉，无咎」、〈觀〉上九：「觀其生，君子无咎」、〈賁〉上九：「白賁，无咎」。

五、咎實指過失，而人若無過失，故「无咎」，如：〈大有〉初九：「无交害。匪咎艱則无咎」、〈臨〉

六三：「甘臨，无攸利。既憂之，无咎」、〈臨〉六四：「至臨，无咎」。

六、「无咎」只一種相對關係或情況，如〈剝〉六三：「剝之，无咎」是從相對於六四：「剝床以膚，凶」言，作為腐敗，始終為咎，其「无咎」只因未致於使人民感受為痛苦而已。

從以上各種情況可見，「无咎」主要可歸類為二：一從《易》作者之立場或判斷言為「无咎」，另一則確然從是否有所過失、是否依道而行言「无咎」。前者較與吉凶之意有關，亦多從客觀面言；後者則因為對錯，故較從人自己主觀方面言。由前者可明白，在吉凶艱厲外，存在縱使似未善，仍未必與人之過錯有關。甚至更重要的是，縱使表面看似無善甚至不善，然始終實无咎，而這表示，存在非必只能以吉凶二者而觀；無論是否有所艱厲、無論人自身存在感受怎樣，始終，存在仍可只是一純然與人過錯無關、亦在吉與凶外无咎之狀態。於這樣處境，人但順其自然而行便是，無須過於顧慮其善不善。上達者之「或躍在淵」、承輔者之「括囊」、生活中有所艱厲起伏：「无平不陂，无往不復，艱貞无咎」、暮年之閑逸（「冥豫」）均如是。存在非必從吉凶計量，縱使似有未善，仍可无咎。甚至，如小人狹隘之觀見，因必然如此，故亦无咎，唯君子不應只「童觀」而已：「童觀，小人无咎，君子吝」。同樣，因父親於外作為有所過錯不得不匡正，縱使有小悔，然仍可无大咎：「幹父之蠱，小有悔，无大咎」。因人於存在間未能事事自決，存在之好壞，都與人一己無關，故无咎。此《易》對存在寬厚豁達之看法，非事事執着於是非好壞，亦可對存在單純以「无咎」觀。言「无咎」而沒有從相反之「有咎」言，原因在此。

悔

若確然為有咎，《易》仍非以「有咎」責備，所言只為「有悔」，或更警惕說：「悔亡」，仍盡從人自己終對其過錯之感受與覺悟言。而對人已盡努力或已守道而仍未能致善，《易》反而以「无悔」安慰並肯定其所作努力。於存在中，「悔」是人最內在真實，吉凶艱厲甚至是否有咎相對於此已然外在。悔是人生命自身最內在事、最內在感受、自身對自身（作為）之感受；事非必因似為好便即「无悔」，是否有悔始終仍在人心。而悔，其致者為「悔亡」：因失去一切而悔恨。悔主要從三方面言：

一、「悔亡」，這最嚴重，因失去一切，故而亦為《易》往往警誡人者，如〈咸〉九三：「咸其股，執其隨往，吝。貞吉，悔亡」、〈恆〉初六：「浚恆，貞凶，无攸利，悔亡」、〈大壯〉九四：「悔亡，藩決不羸，壯于大輿之輹」、〈晉〉六三：「眾允，悔亡」、〈晉〉九四：「晉如鼫鼠，貞厲，悔亡」、〈家人〉初九：「閑有家，悔亡」、〈睽〉：「小事吉，悔亡」、〈睽〉九四：「睽孤遇元夫，交孚，厲，无咎，悔亡」、〈萃〉九五：「萃有位，无咎，匪孚。元永貞，悔亡」、〈革〉：「己日，乃孚。元亨，利貞，悔亡」、〈革〉九三：「征凶，貞厲，革言三就，有孚，悔亡」、〈艮〉六五：「艮其輔，言有序，悔亡」、〈巽〉九三：「頻巽，吝，悔亡」、〈巽〉六四：「田獲三品，貞吉，悔亡，无不利」、〈兑〉九二：「孚兑，吉。悔亡」、〈渙〉九二：「渙奔其机，悔亡」、〈節〉上六：「苦節，貞凶，悔亡」、〈未濟〉六三：「未濟，征凶。利涉大川，貞吉，悔亡」。

二、雖無過失，然因處境而有悔，如〈乾〉上九：「亢龍有悔」、〈蠱〉九三：「幹父之蠱，小有悔，无大咎」、〈咸〉九五：「咸其脢，无悔」、〈大壯〉六五：「喪羊于易，无悔」、〈困〉上六：「困于葛藟，于臲卼，曰動悔。有悔，征吉」、〈鼎〉九三：「鼎耳革，其行塞，雉膏不食，方雨虧悔，終吉」、〈渙〉六三：「渙其躬，无悔」、〈未濟〉九四：「震用伐鬼方三年，有賞于大國。貞吉，无悔」。

三、因過失而悔，如〈同人〉上九：「同人于郊，无悔」、〈豫〉六三：「盱豫，悔；遲，有悔」、〈復〉初九：「不遠復，无祇悔，元吉」、〈復〉六五：「敦復，无悔」、〈家人〉九三：「家人嗃嗃，悔厲，吉。婦子嘻嘻，終吝」。

從以上例子可看到，無論甚麼事情、無論事之大小，都可引致「悔亡」，如情愛之事、過於求開發、過於強勇、權位、以權勢貪婪、家室之不顧、與人背離、一時得志、變革、以言背向、有所憂戚、過於喜悅、耗盡、因節限而痛苦、未有所成而求大作為，如是種種，都可引致「悔亡」。至於悔，《易》反而以人對處境之悔或无悔多於其對過失之悔，而這也是事實。至於因過失而悔，或見於個人自身、或見於上位者。悔雖似只為心之事，然若至「悔亡」地步，則非只艱咎、甚至較凶可更甚。作為警惕，「悔亡」故最嚴厲，凶有時只指事實而已。

吝

最後，對世人之過錯，若非明白為無道或背道而行，也只是心胸及見識之狹隘而已，此「吝」一詞所指。確然，人類作為，大多只由於狹隘而已，非必至人性惡地步，亦非單純無知，此《易》洞見之深刻。

有關「吝」，《易》所舉例子如下：

〈屯〉六三：「即鹿无虞，惟入于林中。君子幾，不如舍，往吝」、〈蒙〉初六：「發蒙，利用刑人，用說桎梏，以往吝」、〈蒙〉六四：「困蒙，吝」、〈泰〉上六：「城復于隍，勿用師，自邑告命，貞吝」、〈同人〉六二：「同人于宗，吝」、〈蠱〉六四：「裕父之蠱，往見吝」、〈觀〉初六：「童觀，小人无咎，君子吝」、〈噬嗑〉六三：「噬腊肉，遇毒，小吝，无咎」、〈賁〉六五：「賁于丘園，束帛戔戔，吝，終吉」、〈大過〉九四：「棟隆，吉。有它吝」、〈咸〉九三：「咸其股，執其隨往，吝。貞吉，悔亡」、〈恆〉九三：「或承之羞，貞吝」、〈晉〉上九：「晉其角，維用伐邑，厲吉，无咎，貞吝」、〈家人〉九三：「家人嗃嗃，悔厲，吉。婦子嘻嘻，終吝」、〈解〉六三：「負且乘，致寇至，貞吝」、〈姤〉上九：「姤其角，吝，无咎」、〈萃〉六三：「萃如嗟如，无攸利。往无咎。小吝」、〈困〉九四：「來徐徐，困于金車，吝。有終」、〈巽〉九三：「頻巽，吝，悔亡」、〈未濟〉初六：「濡其尾，吝」。

從以上例子可見，人之狹隘，多見於以下情況：或因年少欲求、或因蒙昧、或因不知命、或因偏袒親屬、或因觀法、或因有所欲、或因過於素樸而似吝、或因炫富、或因愛慕而過為、或不知價值與真實所在、或過於保守而不作為、或以為家人可隨便放任而無尊重、或過於執着財物而不知情況輕重、或為假象所吸引蒙蔽、或不得志而只知嗟歎、或為富有所困、或因過於憂戚、或未有成又不盡努力。我們甚至可把狹隘歸納為以下七類：一、因蒙昧無知或以為有所知而狹隘；二、因有所愛有所欲而狹隘；三、因家人親疏而狹隘；四、因富有或與財物狀態有關而狹隘；五、不知真實價值所在而狹隘；六、不敢作為或不付出努力而狹隘；七、因過於憂戚不能解懷而狹隘。人之狹隘，往往不離以上七種。

從以上對《易》斷語分析可見，撇開世界所有事物內容，人類存在並非想像中複雜。從最廣面言，世界事情有好壞或善不善兩面；而存在之真正善，多從通達言，非其他。此外，亦人自己有所艱厲而已；縱使存在似不善，然實往往无咎，與人及事情之好壞無必然關係。唯若有所悔，多只處境之悔、甚或恐失去一切而悔。因而人所必須關注及作為者，唯能自守，事事必自守而不妄，及最後，盡不因心態價值想法等而有所狹隘，亦應知世人之過失，多在狹隘而已。《易》如是簡明地總結對世間存在之觀法，較哲學之觀法更扼要而正確，此其存在觀之平實與獨特。

三、《易》六十四卦之世界觀

從斷語明白《易》之存在觀後，最後，讓我們對六十四卦所反映之世界作一簡單勾勒。《易》卦主題，所關注主要為以下七類問題：

一、人（五卦）：〈乾〉、〈坤〉、〈大壯〉、〈夬〉、〈中孚〉。
二、平常事（十八卦）：〈屯〉、〈蒙〉、〈需〉、〈履〉、〈臨〉、〈觀〉、〈噬嗑〉、〈賁〉、〈頤〉、〈家人〉、〈井〉、〈革〉、〈鼎〉、〈漸〉、〈歸妹〉、〈巽〉、〈兌〉、〈小過〉。
三、偶發事（十一卦）：〈訟〉、〈師〉、〈比〉、〈隨〉、〈蠱〉、〈離〉、〈睽〉、〈蹇〉、〈損〉、〈益〉、〈旅〉。
四、存在理想（八卦）：〈泰〉、〈同人〉、〈豫〉、〈復〉、〈无妄〉、〈咸〉、〈恆〉、〈解〉。
五、現實處境（九卦）：〈小畜〉、〈大有〉、〈大畜〉、〈晉〉、〈萃〉、〈升〉、〈豐〉、〈既濟〉、〈未濟〉。
六、存在狀態（十卦）：〈否〉、〈謙〉、〈剝〉、〈大過〉、〈坎〉、〈遯〉、〈明夷〉、〈困〉、〈渙〉、〈節〉。
七、現象（三卦）：〈姤〉、〈震〉、〈艮〉。

從七類之劃分可看到，除人與事外，《易》所重視的，是類如處境狀態甚至現象般宏觀內容，非人與事本身。而於人與事兩者，所重視的是事遠多於人。從這點言，《易》內容雖沒有離開現實存在對如神靈界作思辨，然其思惟仍相當超越宏觀。《易》這宏觀現象式思惟，與後來《論語》對人存在內容如共體禮樂之道、人人之德行、社會價值觀、人之生命觀、德行論、為政之道等等差距很遠；也與《孟子》之歸納為現實、心、道、存在之本、人之主體性與客體性、人性與世俗性等簡明範疇不同。讓我們對以上每類稍作反省。

一、有關人方面，若撇開〈中孚〉〈心〉，主要亦〈乾〉〈坤〉〈大壯〉〈夬〉四卦。而這明顯對等仁、勇、智三面，亦為後來《論語》對人之歸納①：仁（德行）與智為人其至者之兩方面，而勇則特殊地針對現實言。《易》與《論語》均對勇〈大壯〉非有所肯定；智於《論語》中較為中性，然《易》於〈夬〉仍多見負面；而有關仁，《易》更細微地從人性情與作為之姿態區分為〈乾〉與〈坤〉。如是見《易》對人其至者之窮盡。從個體言，上達與承輔確是從人性情與能力而見德性人格之兩種形態，後者更是中國人所特殊崇尚者。至於心，這確於人最為內在亦最為關要，甚至可說為是人之為人所在。《易》所言之心，除有所欲望外，主要為對人之求和諧甚至一體，此顯心之人性。此外，即心之外在與內在感受、其悲喜哀愛，及心所必

① 見《論語·子罕》：「知者不惑，仁者不憂，勇者不懼」，亦參考〈憲問〉：「君子道者三，我無能焉：仁者不憂，知者不惑，勇者不懼」。

有之懷着、牽繫甚至志向與盼望、絕望。孟子多出對心之知見、其自我性格及心之真實性等討論，而這非《易》所刻劃。從這點言，《易》所強調的，只是心懷及感受期盼這一面，即心純然內在之一面。〈中孚〉之突出「中」一詞，原因與這內在性有關，否則作為心，「孚」一詞已足夠。在仁、智、勇三者外，《易》對心之強調，可見其對人一事仍透徹。

二、至於平常事，〈屯〉〈蒙〉為生命之本然，以〈屯〉〈蒙〉言，確見生命之本初，或如馬與鹿般具有生命力、或見「求婚媾」與「字」（懷孕）等稚嫩，甚或無知如「童蒙」；〈需〉〈履〉從求索言，既見求索之種種真實，亦見為事之種種姿態，如小心謹慎、「素履」、「坦坦」、「夬履」等；〈臨〉〈觀〉為認知事，從「臨」與「觀」言，所強調的，非認知之構成與真偽等抽象問題，而是具體的力行與達成，既言其方式、亦有其對象；〈噬嗑〉〈賁〉言人在需求外之作為：或明如欲望、或有所文飾、至如文化素養之美與真實，見人類噬肉至「束帛戔戔」之種種氣質差距；〈頤〉〈家人〉〈井〉為生活事，既見簡明養生之道、亦見家於人存在中應有之真實、更見生活經營之基本；〈革〉〈鼎〉為國事，既見國家衰落求改革之重要、亦見國家應有健全甚至輝煌之政制；〈漸〉〈歸妹〉特言女性，既對女性特殊生命形態有所關懷、亦見婚事對女性生命之重要、見人與人結合之真實；〈巽〉〈兌〉為情感感受，既明白憂慮於人心中之影響、亦教誨人喜悅應有之真實；最後，〈小過〉言作為之過失，見種種情況，甚至縱使沒有過錯仍可為人所誣陷，故訓誡人應格外警惕。如是可見，縱使有關平常事，《易》仍相當完整：從生命之本然至求索與認知、其中更有性情欲望與其修養上之作為、又從生活之事至國事、最後亦特殊地對女性及對感受有所說明、終以人之過失作結；如是平素世界之圖象，特別當女性有其獨特生命而為《易》另加以關注，又對感受與過失視如平常地處理，這都顯見作者思想之細密。

三、有關生活中之偶發事，〈師〉〈旅〉均與戰事有關、〈訟〉〈比〉〈隨〉〈蠱〉〈離〉〈睽〉則為人與人間之事、〈蹇〉言災難，而〈損〉〈益〉與物得失有關。從人與人間之事而分〈訟〉〈比〉〈隨〉〈蠱〉〈離〉〈睽〉六卦，亦見《易》之細膩：〈離〉言離別、〈隨〉言跟隨追求，二者於人與人間明顯。唯〈訟〉〈蠱〉〈睽〉三者均人與人之對立，〈蠱〉之匡正見於至親近者、〈睽〉之背離見於有關者、而〈訟〉則最外在，多為一般人與人之訴訟。最後〈比〉則從人與人之結合、或國與國之結盟言，亦為人與人間偶發之事。從這樣區分，故見生活之偶發事，除對所有人言之災難外，主要亦人與人間之事而已：或如結合追隨地一起、或離別、匡正、爭鬥、甚至戰事地對立，存在之偶發現實在此，更多為人與人對立之事而已。

四、存在理想主要由八個卦構成：〈泰〉與〈豫〉從存在本身言，一為安定、另一為豫逸安閑，二者為存在基本所求。〈咸〉與〈恆〉則表述存在意義所在，非從內容對象，而是從感受之模態：一在有所感動、另一在對恆常性或永恆性之體會；二者確然構成全部存在感受之樣態。能如是明述存在意義之方式，唯《易》始能。如後來《論語》孔子從「聞道」或從「聞韶」言存在意義，實結合〈咸〉〈恆〉二者，既從感動言、亦見對象之永恆意義。若〈咸〉〈恆〉作為理想從存在意義之方式言，那〈復〉與〈无妄〉則從內容言：〈復〉含復還於道之意，而〈无妄〉則以無所虛妄為背景，二者為存在之真實所在：道從對象事情方面，而无妄則從人自己方面；如是總結真實性，至為簡明。《易》甚至指出，縱使已无妄，人仍可有如「无妄之災」等事，故若見妄，人類存在將多麼難以承受。最後，《易》以〈同人〉言人與人之和睦與和解，而〈解〉則明白為種種困難處境之解決。雖只相對負面狀態言，然能致解，實不失為從現實言之一種理想。存在之安定逸豫、其有所意義與真實、又於人能和合、於事又能致解，存在理想莫不如此而已。

五、在以上四類後，即進入我們所說《易》對處境特殊分析之強調。對類如處境之現象分析，《易》分三方面：一為現實本身處境、二為存在一般處境、而三為存在所有特殊現象。這樣分類既顯見《易》對現實之重視，故在人與事外更別有對現實處境之分析。此外，從單純對存在狀態之關注又可見，《易》明白是對處境與狀態極為重視者，故始有此一類。至於《易》更有對〈姤〉〈震〉〈艮〉現象之討論，這於人類如此早期思想，更是不可思議。

有關現實處境，其理解較為容易，主要亦貧富與成就兩方面，這兩方面為現實最為關注。〈小畜〉〈大有〉〈大畜〉〈豐〉四者與貧富有關。貧因較單純，故只〈小畜〉一卦；富較複雜多樣，故單純富有為〈大畜〉，國家之豐盛富有為〈大有〉。而〈豐〉則只從富有之作為一種榮譽言，因而非單純言富有，一切引致榮譽之事，均可列於〈豐〉之下。〈萃〉與〈未濟〉之差別，前者從不得志言，後者則單純從求成就言，成就只為成就，未必有志，此二者之差別。最後，〈晉〉〈升〉〈既濟〉三者之分別在：〈升〉泛言一切上進，亦含志向於其內，故亦有「冥升」這樣特殊之升進。〈晉〉則較為狹窄，指在位得位得勢者。最後，〈既濟〉則單純指一般成就，非必志之上進，亦非必得位。從《易》對富有與成就兩種處境而分為九卦之多，可見其對現實處境之重視。

六、至於存在狀態，在我們所列舉十種處境或狀態中，〈剝〉與〈大過〉為純由人自身所造成；〈謙〉與〈遯〉甚至〈明夷〉相反則為人所選擇；〈渙〉與〈節〉作為人作為之樣態，雖非完全由人，然是否耗盡抑有所節制仍與人有關；上述七種處境與狀態，雖仍可能不得已，然因與人有關故非從存在言為絕對。狀態若為人所造成，主要亦兩類型而已：一為過進，如〈剝〉之腐敗、〈大過〉之太過、〈渙〉之耗盡；另一為低姿態，如〈謙〉之謙下、〈遯〉之潛隱、及〈節〉之節制，〈明夷〉亦屬此組，為於晦中求明低姿態者；如以上狀態，實反映人之兩種性情或心態，人之存在處境故與人自身性情心態之樣態有關。能從存在本身言之處境主要為三：〈否〉〈坎〉〈困〉，三者絕對而負面，非為人所能決。三者中，〈困〉其負面性最輕。原因在於，無論哪一社會階層，均可有困，故既有「困于酒食」、亦有「困于金車」、更可有「困于赤紱」等不同地位階層之困。而面對困，仍可有種種對應之法：或「利用享祀」、或其自身「有終」、或可慢慢地脫離：「乃徐有說」、甚至可靠着大作為嘗試解決：「征吉」。〈困〉如是其負面性最輕。其次為〈否〉。〈否〉雖「不利君子貞」，但仍可從根本改變而吉：「拔茅茹以其彙，貞吉，亨」；或否定之狀態處境只純因人承擔一切之心所致，如「包承」、「包羞」；或只因任命（「有命」）而致，故「无咎」；或其否定感只為不被任用（「休否」）而已；甚至，縱使為「傾否」，《易》仍樂觀地看待，說：「先否後喜」。唯獨〈習坎〉，如「係用徽纆，寘于叢棘，三歲不得，凶」那樣，處境確然難堪：或「入于坎窞，凶」、或「坎有險」、或「來之坎坎，險且枕。入于坎窞，勿用」等。雖然坎難平：「坎不盈」，然《易》仍教誨說：「祇既平，无咎」，即人自身仍可心坦然平和地面對，如此仍「无咎」。〈坎〉卦辭故教訓說：「有孚維心，亨，行有尚」，都是從人自己一方而改變。存在之負面性，莫大於處境之負面性，突出處境及其負面性意義故在此：無論存在處境怎樣，人始終能有其自身安身立命之道、始終能「行有尚」、或如「祇既平」地「无咎」。

七、最後，有關存在中所見現象，主要有三：〈姤〉〈震〉〈艮〉。前所討論〈賁〉文飾一事，雖屬外表之文飾，然沒有刻意求作偽之意；〈姤〉不同，其所着重的，是外表對內裏之掩蔽關係，最低限度，為一種內外關係，非只求美而有之作為而已。《易》故多用「包」一詞形容，以其為假或假象故。做假本為行為，然「包」所突顯的，是呈現者之偽，故屬表象問題。縱使呈現者掩蓋內裏真實，《易》仍沒有單純以一切「包」必然為不是，如「包有魚」之仍有其實、或掩蓋是為了內裏確然醜陋，這都是以外表覆蓋可有之意義。甚至，若外表之呈現直為「文」，如禮文之外表，這樣外表，本身已有其極善意義、已直為人性之美之體現，其本身已如質之真實，再非只是外表而已。《易》能對此體察，甚至以如是文質關係如「有隕自天」，直以此體現如為天之現象，其對禮文、文章之意義多麼肯定。外表現象之所以偽，故或因其無實，無論此實是從內裏抑從外表本身言，或若外表之美只為迷惑，陷欲望與人於不善，如此外表始為凶。外表之迷惑對反文外表之美，而「包无魚」之偽則對反「包有魚」等「包」所有真實。此一切外表以至現象表象其真實性問題。像西方哲學中現象或表象，或直接被視為偽、為假象，或以之為迷惑而偽，都未見表象如文之真正意義；縱使後來對現象有所肯定（如康德），也只為以存在物再非物自身、而是構成物這方面言而已，始終仍只從虛假或虛構言，非從表象其可有真實意義言。視表象為真實，在西方，唯獨古希臘時期對神靈形象之肯定，然這始終有不得已在，非如中國對文其真實之純然肯定。中國思想後來幾近再沒有如《易》這樣獨立提出表象假象問題作討論，《易》能洞見此問題之獨立性與重要性，確實驚人。如以文之懿美對反外表迷惑之美，這連西方任何時代都無法明白，故藝術於西方只導向真理而觀，不知能如文外表那樣，有其意義與真實。〈姤〉故為外表現象論之冠。

若〈姤〉只從外表言，〈震〉與〈艮〉則不然，二者所關涉，實為超乎現象平素之事或表現。從〈姤〉提及「有隕自天」，《易》實對這樣超越表現有所明白。能具有超越向度之事物，無論是舉動抑思想，其對世人之平凡平常言，多造成震撼，如一鳴驚人那樣。震撼之事也可非由於人，而為一種客觀現象，甚至帶來大損失。縱使如人驚人之舉非造成禍害，對其人言始終多仍「有事」，其作為超越人之平常故。這人過人之能力，其超越性，亦可因過於超越或困難而無法為世人所明白，此〈艮〉所言。人由過人而再不為人所知見明白，如此超越性，多造成心之不快，亦為作者生命所有困難。《易》能從震撼及不為人知之背向明白平常平凡外另有真實可能，其對存在之體驗多麼深邃。如之所以有〈艮〉，可能因作者自己之切身體驗而說；《易》之不為人了解，實如〈艮〉之現象，一種如後來《論語》「不吾知也」或「莫己知也」之歎。〈艮〉非只不為人知，實更不為人所解；不知或不解可有種種程度，此《易》以趾、腓、限、身、輔指出之原因。縱使不從能力過人言，人對人之不了解、及因而帶來之孤獨，實為〈艮〉所有現象。

我們在這裏對《易》世界觀作勾勒，使見其世界內容，而這是從重新依內容分類而達至。如是分類雖亦見《易》內容之完整性，然明顯非依據《易》卦本身之排序。這一排序，另有其思想意思，我們在《易》卦旨結構一節已討論。若把兩種方法相較而言，更可看到，《易》本身之排序，非只為說出其世界內容而已，更是作為道理對人有所教誨，而這從兩方面見：或從整體排序、或從兩兩卦成一組之相對或相關性。我們先對後者舉例。如〈姤〉之為言假象，屬現象內容，然與〈夬〉相對，則更見〈夬〉之明察，正為穿破假象之能力；又如〈復〉與〈无妄〉雖從內容言同指向真實性，一從客體方面、另一從人自己，然以〈剝〉與〈復〉、〈无妄〉與〈大畜〉相對，則更表達出人之腐敗是藉着復道始能反正、及對個體自身言，其无妄與富有確是人作為一般人時之存在理想；又如〈賁〉與〈姤〉從內容言均與外表有關，然以〈賁〉相對〈噬嗑〉言，更見人類在一般事之作為外，於有剩餘力而行為時，或明白體現為一種慾欲性質、或體現為外表色之文飾，如告子所言之「食、色」。《易》甚至於〈賁〉中更言由文飾至文化素養之轉化，而這一方面為外表文飾之深化與內化，但另一方面更見文飾文化確針對欲望赤裸表現而有；這樣的對應，因而相關欲望與文飾指點出其相互間之道理，達成其事於道理上之進一步教誨。又如〈泰〉與〈豫〉二者確是存在之理想，一指安定、另一言逸豫安閑，然以〈泰〉相對〈否〉言，則更使人明白存在處境之兩面，而〈豫〉與〈謙〉之為一組，則見人於平素時應有之心態心情，一在對人對外謙、另一在作為自身應安逸，如孔子之「燕居，申申如也，夭夭如也」(《論語・述而》)那樣。同樣，〈需〉與〈履〉從內容言均與求索、為事有關，然以〈需〉相對〈訟〉及以〈履〉相對〈小畜〉，則更指點出，求索多引致爭執，而對貧窮則必須藉着為事始能解決。排列上之對組，本身都隱藏着道理，為卦與爻辭所不言而喻。這是《易》組織上之嚴密深意。

此外，對《易》卦整體之排序，如我們所說，是為指點出以下各層面之道理：一在個體之存在、二在現實之基本、三在現實中人之面相、四為存在之意義與好壞、五始為額外之總結。像這樣分層次，既指出個體作為個體之本，又見現實所有基本方面，因而始回應地教誨個體其於現實中所有之樣貌，或在心態、或在心志與價值取向、或在認知之道、或在教化等等；這樣層次排序本身故已是道理。如有關存在意義與好壞這為人人最終所在乎者，則集中在第四層，使人能立即見如此問題所涉方面：繼有從頤養言之存在意義（此一般人所求）、又或〈坎〉〈離〉處境之負面性與〈咸〉〈恆〉之正面性、更有由〈遯〉〈大壯〉性情於存在中造成之情況、及〈晉〉得位之肯定、更有〈家人〉從平素言之生存意義等等。

《易》無論從整體排序至兩兩卦之相對，都盡說明着道理，道理非只見於文辭本身，更見於組織；有時甚至好像，卦爻文辭只是此精密組織之注腳或進一步說明而已，道理本已見於卦爻組織上。《易》如此簡約至隱晦狀態，與其純以意象書寫一致，為後代視為思辨高深之作。如此組織確實較單純內容分類更深邃；從內容作分類，只教人見其世界觀亦有之完整性而已。

《易》六十四卦之整體性，含有對種種問題之回答。如個體存在上之困難，有三類：一與志有關之〈萃〉〈未濟〉〈明夷〉〈艮〉；二與處境有關之〈小畜〉〈否〉〈坎〉〈遯〉〈困〉；三與一般困難有關之〈巽〉〈離〉〈蹇〉〈損〉。又如人所有之不善一問題，一為對人之不善如〈訟〉〈睽〉〈旅〉；二為欲望之不善如〈噬嗑〉〈剝〉；而三為作為上之不善如〈大過〉〈大壯〉〈姤〉〈小過〉。如此閱讀，可見《易》對種種問題所有之看法與立場。我們以下即舉《易》所揭示之至善境界為例：

四、《易》世界至善境界

《易》每卦均有六爻之排列，其每卦視為至善者多見於第五爻，間亦見於第四或第六爻，亦可能因卦本身非必正面故而出現在其他爻。在本節中，我們以至簡約方式，勾勒《易》世界每卦至善時刻，以明人類存在應有之美善。文字只為點出其善所在，非為解譯。六十四卦最理想時刻如下：

〈乾〉「飛龍在天」：德行得其至高位置，亦見於天下。

〈坤〉「黃裳元吉」：承輔而有位。

〈屯〉「屯其膏」：壯年生命有所得獲。

〈蒙〉「童蒙」：孩童天真無邪般蒙昧。

〈需〉「需于酒食」：生活平素之求索。

〈訟〉「訟，元吉」：對君主之訟諫。

〈師〉「開國承家」：因開國承家而戰。

〈比〉「顯比」：得眾望而結盟。

〈小畜〉「復自道」：於窮困仍能行自身之道與所好。

〈履〉「視履考祥」：視察並參照對人之善而作為。

〈泰〉「翩翩，不富以其鄰，不戒以孚」及「帝乙歸妹以祉」：泰然自若地安定，既不驕傲、亦心無不安；又國能以結盟而安定，大吉。

〈否〉「休否，大人吉。其亡其亡，繫于苞桑」：被否定只因不被任用而已，非其他。

〈同人〉「同人，先號咷而後笑，大師克相遇」：雖有損傷，然能和合，勝於繼續戰鬥。

〈大有〉「厥孚交如，威如」及「自天祐之，吉无不利」：大有而仍有心與人交共，為人所敬畏；大有而仍為天所保祐。

〈謙〉「鳴謙」：因謙虛而有聲望。

〈豫〉「由豫」：順隨環境而自然地逸豫。

〈隨〉「孚于嘉」：心追求美善。

〈蠱〉「不事王侯，高尚其事」：獨立而不求爵祿、追求自身所崇尚。

〈臨〉「知臨」與「敦臨」：透徹明白又篤厚地親臨實行。

〈觀〉「觀我生，君子无咎」：能於高位而反身自省。

〈噬嗑〉「噬乾肉，得黃金」：欲望所求為單純美好無害之事物。

〈賁〉「賁于丘園，束帛戔戔」：文化至如自然般狀態、以素樸素雅為極致。

〈剝〉「碩果不食，君子得輿」：雖處境腐敗，然自己仍順承着其富裕而真實地作為。

〈復〉「不遠復，无祇悔，元吉」：沒有遠離道、心對神靈亦無悔。

〈无妄〉「无妄，往吉」：作為無虛妄。

〈大畜〉「何天之衢！亨」：富有至如天四通八達之路。

〈頤〉「顛頤，拂經，于丘頤」：足食又適然地長養、如在自然般自在。

〈大過〉「棟隆，吉」：太過頂多只如棟樑因厚大而隆起。

〈坎〉「坎不盈，祇既平」：縱使低陷處境無以填平，自身心仍能平伏。

〈離〉「黃離，元吉」及「出涕沱若，戚嗟若，吉」：如黃昏般美麗地離別；逝去仍為人所景仰懷念而哀慟。

〈咸〉「咸其脢」：感動至如動彈不得。

〈恆〉「恆其德貞」：恆守其德。

〈遯〉「嘉遯」：雖潛隱而仍見美善之成就。

〈大壯〉「喪羊于易」：強勇至不在乎有所喪失。

〈晉〉「失得勿恤，往吉，无不利」：在位作為而不在乎得失。

〈明夷〉「箕子之明夷，利貞」：於晦暗中堅守求明之志。

〈家人〉「富家，大吉」：家富有。

〈睽〉「厥宗噬膚，往何咎」：上位者因真實作為而背棄貪婪宗親。

〈蹇〉「大蹇，朋來」及「往蹇，來碩，吉。利見大人」：因災難而得真誠朋友；往救災難而有意外豐碩收穫。

〈解〉「君子維有解，吉」及「公用射隼于高墉之上，獲之，无不利」：如君子間能相互明白解懷；解決來自上之威脅。

〈損〉「或益之十朋之龜，弗克違，元吉」：因餽贈而得人心。

〈益〉「有孚惠心，勿問元吉，有孚惠我德」：懷人之心既惠人亦使其有所德行。

〈夬〉「莧陸夬夬，中行无咎」：既能明察又能中行。

〈姤〉「以杞包瓜，含章。有隕自天」：內外都含有文章之美，如來自天之物。

〈萃〉「大吉，无咎」：不得志而知奮發向上，大吉，无咎。

〈升〉「允升，大吉」「王用亨于岐山」「升階」「冥升，利于不息之貞」：得人信任而上進、上進而仍對傳統有所繼承、上進而得位、進入境界狀態而仍不止息。

〈困〉「困于赤紱。乃徐有說」：困而能慢慢解脫。

〈井〉「井收勿幕。有孚，元吉」：過剩仍留有備用，心仍時刻關注。

〈革〉「大人虎變，未占有孚」：快速而獨立決斷地改變。

〈鼎〉「鼎玉鉉，大吉，无不利」：文教政制之建立。

〈震〉「震往來厲，億无喪，有事」：帶來艱厲之震撼作為。

〈艮〉「敦艮，吉」：雖有背向然仍敦厚地作為。

〈漸〉「鴻漸于陸，其羽可用為儀，吉」：雖處境困難然其賢淑可為人效法。

〈歸妹〉「眇能視，利幽人之貞」：能協助人自守之婚姻最善。

〈豐〉「來章，有慶譽，吉」：因學養而得慶譽。

〈旅〉「射雉，一矢亡，終以譽命」：戰輕易地勝，亦有善譽。

〈巽〉「无初有終。先庚三日，後庚三日，吉」：視憂慮事終有結束之一日。只事前多丁寧、事後多揆度便是。

〈兌〉「和兌」及「孚兌」：因和睦而喜悅；喜悅由於內心。

〈渙〉「渙其羣，元吉。渙有丘，匪夷所思」：合眾人之力而耗盡，其成就匪夷所思。

〈節〉「甘節，吉，往有尚」：體會節制之甘美，作為有所高尚。

〈中孚〉「鳴鶴在陰，其子和之。我有好爵，吾與爾靡之」：心與人和鳴，又與人一體。

〈小過〉「過其祖，遇其妣；不及其君，遇其臣，无咎」：過失而仍得人助正。

〈既濟〉「濡其首，厲」或「東鄰殺牛，不如西鄰之禴祭，實受其福」：有成而仍付出努力；有成而仍節儉不耗費。

〈未濟〉「君子之光有孚，吉」：雖無成，然心光明無愧晦。

對以上道理之美，我們依據下列分類，再次陳展，望更能對相關者有所助益。分類如下：

一、光明成就；二、平凡百姓；三、上位者；四、一切個體；五、富有者；六、事情。

一、光明成就：

〈乾〉「飛龍在天」：德行得其至高位置，亦見於天下。

〈坤〉「黃裳元吉」：承輔而有位。

〈屯〉「屯其膏」：壯年生命有所得獲。

〈謙〉「鳴謙」：因謙虛而有聲望。

〈渙〉「渙其羣，元吉。渙有丘，匪夷所思」：合眾人之力而耗盡，其成就匪夷所思。

二、平凡百姓：

〈蒙〉「童蒙」：孩童天真無邪般蒙昧。

〈需〉「需于酒食」：生活平素之求索。

三、上位者：

〈訟〉「訟，元吉」：對君主之訟諫。

〈師〉「開國承家」：因開國承家而戰。

〈比〉「顯比」：得眾望而結盟。

〈履〉「視履考祥」：視察並參照對人之善而作為。

〈泰〉「帝乙歸妹以祉」：國能以結盟而安定，大吉。

〈同人〉「同人，先號咷而後笑，大師克相遇」：雖有損傷，然能和合，勝於繼續戰鬥。

〈臨〉「知臨」與「敦臨」：透徹明白又篤厚地親臨實行。

〈觀〉「觀我生，君子无咎」：能於高位而反身自省。

〈晉〉「失得勿恤，往吉，无不利」：在位作為而不在乎得失。

〈睽〉「厥宗噬膚，往何咎」：上位者因真實作為而背棄貪婪宗親。

〈損〉「或益之十朋之龜，弗克違，元吉」：因贈益而得人心。

〈旅〉「射雉，一矢亡，終以譽命」：戰輕易地勝，亦有善譽。

四、一切個體：

〈小畜〉「復自道」：於窮困仍能行自身之道與所好。

〈泰〉「翩翩，不富以其鄰，不戒以孚」：泰然自若地安定，既不驕傲、亦心無不安。

〈否〉「休否，大人吉。其亡其亡，繫于苞桑」：被否定只因不被任用而已，非其他。

〈豫〉「由豫」：順隨環境而自然地逸豫。

〈隨〉「孚于嘉」：心追求美善。

〈蠱〉「不事王侯，高尚其事」：獨立而不求爵祿、追求自身所崇尚。

〈剝〉「碩果不食，君子得輿」：雖處境腐敗，然自己仍順承着其富裕而真實地作為。

〈復〉「不遠復，无祗悔，元吉」：沒有遠離道、心對神靈亦無悔。

〈无妄〉「无妄，往吉」：作為無虛妄。

〈頤〉「顛頤，拂經，于丘頤」：足食又適然地長養、如在自然般自在。

〈坎〉「坎不盈，祇既平」：縱使低陷處境無以填平，自身心仍能平伏。

〈恆〉「恆其德貞」：恆守其德。

〈遯〉「嘉遯」：雖潛隱而仍見美善之成就。

〈大壯〉「喪羊于易」：強勇至不在乎有所喪失。

〈明夷〉「箕子之明夷，利貞」：於晦暗中堅守求明之志。

〈家人〉「富家，大吉」：家富有。

〈蹇〉「大蹇，朋來」及「往蹇，來碩，吉。利見大人」：因災難而得真誠朋友；往救災難而有意外豐碩收穫。

〈解〉「君子維有解，吉」及「公用射隼于高墉之上，獲之，无不利」：如君子間能相互明白解懷；解決來自上之威脅。

〈益〉「有孚惠心，勿問元吉，有孚惠我德」：懷人之心既惠人亦使其有所德行。

〈夬〉「莧陸夬夬，中行无咎」：既能明察又能中行。

〈萃〉「大吉，无咎」：不得志而知奮發向上，大吉，无咎。

〈升〉「允升，大吉」「王用亨于岐山」「升階」「冥升，利于不息之貞」：得人信任而上進、上進而仍對傳統有所繼承、上進而得位、進入境界狀態而仍不止息。

〈震〉「震往來厲，億无喪，有事」：帶來艱厲之震撼作為。

〈艮〉「敦艮，吉」：雖有背向然仍敦厚地作為。

〈漸〉「鴻漸于陸，其羽可用為儀，吉」：雖處境困難然其賢淑可為人效法。

〈豐〉「來章，有慶譽，吉」：因學養而得慶譽。

〈節〉「甘節，吉，往有尚」：體會節制之甘美，作為有所高尚。

〈中孚〉「鳴鶴在陰，其子和之。我有好爵，吾與爾靡之」：心與人和鳴，又與人一體。
〈未濟〉「君子之光有孚，吉」：雖無成，然心光明無愧晦。

五、富有者：

〈大有〉「厥孚交如，威如」及「自天祐之，吉无不利」：大有而仍有心與人交共，為人所敬畏；大有而仍為天所保祐。
〈大畜〉「何天之衢！亨」：富有至如天四通八達之路。
〈既濟〉「濡其首，厲」或「東鄰殺牛，不如西鄰之禴祭，實受其福」：有成而仍付出努力；有成而仍節儉不耗費。

六、事情：

〈噬嗑〉「噬乾肉，得黃金」：欲望所求為單純美好無害之事物。
〈賁〉「賁于丘園，束帛戔戔」：文化至如自然般狀態、以素樸素雅為極致。
〈大過〉「棟隆，吉」：太過頂多只如棟樑因厚大而隆起。
〈離〉「黃離，元吉」及「出涕沱若，戚嗟若，吉」：如黃昏般美麗地離別；逝去仍為人所景仰懷念而哀慟。

〈咸〉「咸其脢」：感動至如動彈不得。

〈姤〉「以杞包瓜，含章。有隕自天」：內外都含有文章之美，如來自天之物。

〈困〉「困于赤紱。乃徐有說」：困而能慢慢解脫。

〈井〉「井收勿幕。有孚，元吉」：過剩仍留有備用，心仍時刻關注。

〈革〉「大人虎變，未占有孚」：快速而獨立決斷地改變。

〈鼎〉「鼎玉鉉，大吉，无不利」：文教政制之建立。

〈歸妹〉「眇能視，利幽人之貞」：能協助人自守之婚姻最善。

〈巽〉「无初有終。先庚三日，後庚三日，吉」：視憂慮事終有結束之一日。只事前多丁寧、事後多揆度便是。

〈兌〉「和兌」及「孚兌」：因和睦而喜悅；喜悅由於內心。

〈小過〉「過其祖，遇其妣；不及其君，遇其臣，无咎」：過失而仍得人助正。

有關《易》之哲學向度與世界觀，我們討論至此終。

《易》卦解讀①

①《易》卦爻文辭因為意象，單純翻譯不會見其意思，我們故以解讀方式進行。

一、個體存在之本

乾　上達之德

乾，元亨，利貞。

初九：潛龍勿用。

九二：見龍在田，利見大人。

九三：君子終日乾乾，夕惕若，厲，无咎。

九四：或躍在淵，无咎。

九五：飛龍在天，利見大人。

上九：亢龍有悔。

用九：見羣龍无首，吉。①

---

① 或更可能：「上九：亢龍有悔。見羣龍无首，吉。」

上達之德，大而通達，宜於自守。

初九：上達君子若只潛能而未知「道」所在，勿有所作為。

九二：上達君子處於平凡處境，宜遇見賢德之人提拔。

九三：真實的人心常求上達，於不達時仍有所警惕，雖艱厲，然无咎。

九四：上達君子在幽隱艱深處之自得而躍，无咎。

九五：上達君子顯赫地得位，仍宜於遇見德能者之承輔。

上九：上達君子若過於孤高，有悔。

用九：上達君子自有其德行能力之獨立性，縱使無領導者，仍吉。

【乾，元亨，利貞。】

龍所表徵，為上達之德。上達本有兩方面：一為其人自身之德行與能力，另一為其位。〈乾〉卦只從後者言，換言之，沒有對上達之德行與能力本身其內容作討論，而只從上達之人其種種處境作勾勒。不過，《易》把德行二分為〈乾〉〈坤〉時，實已指點了其內容上之方向：或自身主動進取、或對他人德行之承輔；或自我而德行、或無我而德行這兩面。上達之德行雖大而通達，然仍應有所自守，此見自守為一切之基本，連〈乾〉亦無以例外。

龍之處境有六：或潛而未見、或見而仍處於平凡、或於平凡中有所求上進而惕厲、又或未能時自躍於幽隱艱深境地，至能得位而高飛，及其過於孤高時之處境。〈乾〉所反省的是這種種隱顯處境。

【初九：潛龍勿用。】

「潛」所言應為能力只潛能之時，故縱使為上達者，仍不能用，其一切仍未具體真實故。

【九二：見龍在田，利見大人。】

龍之在田，非只見而已，亦喻其辛勞與努力；此時之大人，除言提拔者外，亦含所學效者。

【九三：君子終日乾乾，夕惕若，厲，无咎。】

從「終日乾乾」可見，其必有上進之心與能力，於不達時又能自我警惕鼓勵，絲毫無所怠惰，此「終日」或「日夕」所含之意，亦如是君子所以「无咎」，能否得位與其努力本無關故。

【九四：或躍在淵，无咎。】

「淵」指深奧幽隱之地，既非得位，又非只處於平凡，為兩者之中間位置，亦喻隱者未出之時，或其所有深奧境界。「躍」既從自在言，亦從其能力之再非平凡言。對君子之處於幽隱境界，無論因仍有所自得，抑其無位非由於己，故仍「无咎」。

【九五：飛龍在天，利見大人。】

至於得位而高飛，「利見大人」所言明非提拔之事，而更是協作與輔助等事，如得賢人為臣，得〈坤〉德之承輔。得大人，此為上位者首要之事，亦「亢龍有悔」所對反地言。「飛在天」意有二：其光明普見於天下，及其德行實如天無我而高遠，此始為上達之德其真實。

【上九：亢龍有悔。】

【用九：見羣龍无首，吉。】

亢龍過於孤高，無論得位與否，再不能有所作為，其悔在此，亦一切求上達者可有之太過：或不容於世、或因特殊原因而失其時。如是之孤高，其所達只同相背而已。雖孤高而相背，然作為上達者始終自有其正面努力，縱使無所輔助或無所領導，其上達始終能使其生命努力獨立，故「无首」仍吉。〈乾〉之強調「无首」，對人自力於善其主體獨立性多麼在意，龍與不龍，其差異在此而已，世人之多不上達，亦由於未能獨立而已。從「无首」所見為主體，而從「羣龍」所見則為孤高仍得友朋之幸，二者對上達君子於其亢悔時仍有所善。

〈乾〉卦對上達者其處境之述說，除「羣龍无首」外，絲毫沒有從吉凶言。對如此君子，問題已非在其個人之好壞，只在其行動是否有所對確而已。對如此君子，《易》所關懷也只其用與成就，非在其自身之吉凶，故或誨以「勿用」、或教以「利見大人」、或對其自身之自處說為「无咎」，唯其心懷不達時言「有悔」而已，其悔明顯非在自身之所得，而在未能為人而有所作為上。然始終，雖作為亢龍有所悔，然其如是獨立性甚至主體性，與其得朋而羣，仍是善。唯作為龍而不再得位，《易》始關懷其處境之吉凶，而這仍只是相關於其主體獨立性、及其是否得友朋而言而已，仍與世俗吉凶無關。無論是德行、或是個體、甚或是種種處境，無論是如田之平實、抑淵之深遠，無論是行之「乾乾」、抑心之惕厲，無論是得人之「利見大人」、抑獨自時之「无首」、甚或是能有所「羣」而不孤，〈乾〉實說明了上達君子之種種方面，亦人其上達時生命之全部真實。於此亦反見世途中個體自我之不是，此所以《易》以〈乾〉為首。〈乾〉之通達與自守、其元亨與利貞，在此而已。

坤　承輔之德

坤，元亨，利牝馬之貞。君子有攸往，先迷後得主。利西南得朋，東北喪朋。安貞吉。

初六：履霜，堅冰至。

六二：直方大，不習无不利。

六三：含章可貞。或從王事，无成有終。

六四：括囊，无咎、无譽。

六五：黃裳元吉。

上六：龍戰于野，其血玄黃。

用六：利永貞。①

① 或更可能：「上六：龍戰于野，其血玄黃，利永貞。」

承輔之德，大而通達，宜如有雌馬之自守。作為有承輔之德者必有所作為，縱使非主動而似有所迷失，然終必得其承輔之人。此人見於艱難處，非見於容易處。安而自守則吉。

初六：承輔之君子處於艱困處境仍能有所作為，大難將至仍然（無所畏）。

六二：承輔之君子由能直故而廣大，縱使不刻意作為，仍沒有不利。

六三：承輔之君子因含銜學養故可自守。或若出而從王事，縱使無成仍必有所成果。

六四：承輔之君子縱使完全收斂收藏起來，仍无咎，唯无譽而已。

六五：承輔之君子若得位，大而吉祥。

上六：上達君子若戰於野，承輔之君子將付出生命以承輔，其生命如天地般，任重道遠，死而後已。

用六：承輔之君子宜永自守其正。

【坤，元亨，利牝馬之貞。君子有攸往，先迷後得主。利西南得朋，東北喪朋。安貞吉。】

有關承輔之德，作為德行實大而通達。雌馬作為馬既有其前進力量，然母馬亦可懷孕他者，如大地之承載，故為〈坤〉之意象，其自守亦從此言。[①]「君子有攸往，先迷後得主」，因承輔非主，故其自身有迷，亦必「得主」而後成其德。「先迷」只強調其自身非有所主動而已、以方向性言主動而已。「先迷後得」亦暗示如龍上進者之難得，亦同時表示承輔者自始便有其艱難所在。如是艱難，亦為「利西南得朋，東北喪朋」所言。西南多險阻野蠻，東北較平易。因非主動而自決方向，其不安自然，故更誨其「安貞」，既安於其是，亦自守其德，如是為善。從迷一事可見，縱使有承輔之德，亦未必能知價值方向所在，故亦間接指出，人多有由努力付出之德行，然未必有知「道」之德；知與行始終為二，此亦〈乾〉〈坤〉之所以劃分。

【初六：履霜，堅冰至。】

【六二：直方大，不習无不利。】

初與二爻所言，為〈坤〉之本然所是，而此有二：一為其承擔困難之毅力與力量，故以「履

---

① 因〈坤〉本身德行較為保守，非如〈乾〉般有求上達，故《易》補上「牝馬」是為加強其前行動力，否則若只為「利貞」，則恐其自守將太過。

霜，堅冰至」喻。

二為其與智思價值有關之方面，以「直」言，只強調其非如上進君子般以知之深明為導向，亦間接指出，縱使非有智思能力，然純憑人性善惡感受，其實行已為直道。道之所以大，往往由直而致，此「直方大」之意。雖然如此，有此德者縱使沒有特殊作為：「不習」，仍沒有不宜：「无不利」。此承輔者自身之兩面。

【六三：含章可貞。或從王事，无成有終。】

【六四：括囊，无咎、无譽。】

若五六言承輔者之得位，那三四先言其未得位之情況：一從其仍作為言、另一從其不作為言。前者為「含章可貞。或從王事，无成有終」，後者為「括囊，无咎、无譽」。

「含章」雖指具備學養，然此時學問，非從志於道之實踐言，只學問於人自身而已。人含銜學問、學問於人世，亦如一種承輔之德。君子可自守於如是學問，亦可藉學問而自守，此其自身之行。若非承輔學問而從王事，有成固然可，然若無成仍必有終，「終」應從成果言，非與其從王事有關，唯縱使無成於事，仍必有其他成果可能。

「括囊」指收斂收藏起其所有，無論指其學問、直道之大、甚或其承輔時之力量。若世無道而不得不隱，對〈坤〉言仍「无咎」，唯因無所作為而「无譽」而已。不從「躍在淵」言，因承輔者本性無所求取，甚至為己仍如此，故無求自身境界、亦無求自得之樂，故單純為「括囊」而已。

【六五：黃裳元吉。】

承輔者而得位，其有「黃裳」，自亦「元吉」。

【上六：龍戰于野，其血玄黃。】

一如龍之太過只從「亢」言，承輔者之太過，仍在德行付出範圍內，非真有所太過，故為「龍戰于野，其血玄黃」。「血」指以生命付出而承輔。如龍有艱戰，承輔者將以生命付出以輔，此其如天地般至德，亦「玄黃」所喻。

【用六：利永貞。】

承輔者只永自守其所是，不會過求為〈乾〉龍，此卦辭以「利永貞」終之意，言〈坤〉永自守其所是，實不會有過或太過。

〈乾〉〈坤〉兩卦，實已從個體方面，對種種德行如窮盡性地枚舉：既有智思之德、亦有單純直道；既有從大事作為言、亦有單純學問之自守；既有潛隱方面、亦有在位之顯赫；既有孤高之過、亦有生命付出之盡；既有平實方面、亦有極艱難困苦之時刻；既有「終日乾乾」之奮發、亦有「括囊」之內藏；既有求得賢者與友朋、亦有得主而從；……。德行其性格形態，實盡於此。

屯　生命之序

屯，元亨，利貞。勿用有攸往，利建侯。

初九：磐桓，利居貞，利建侯。

六二：屯如邅如。乘馬班如，匪寇婚媾。女子貞，不字，十年乃字。

六三：即鹿无虞，惟入于林中。君子幾，不如舍，往吝。

六四：乘馬班如，求婚媾，往，吉无不利。

九五：屯其膏。小貞吉，大貞凶。

上六：乘馬班如，泣血漣如。

生命，大而通達，宜自守。有所作為者不應只如此，宜有所立（自立）。

初九：生命初生如盤桓無所進，宜安定自守，亦宜自立。

六二：生命初長（青春之年）方向有所不定（邅如）。此時生命前進之序，（男子）對女性有所欲求，其欲望如寇，然實只為求取婚姻而已。女子則應自守，不因愛欲而懷孕（字），唯適年婚定後始應有所孕。

六三：（青壯年生命）其欲望之追逐如無所憂患，唯往往有所迷失。若是君子，對所欲即近不如對欲望捨去，因欲望而有所作為則狹吝。

六四：生命進程於盛年，求家室之建立，如是作為吉无不利。

九五：（壯年）生命求富有、擁有。少有而自守則吉，大有對自守言為凶。

上六：生命之序終為老、病、死，故或泣、或血（逝）。

【屯，元亨，利貞。勿用有攸往，利建侯。】

〈屯〉從個體之本言起，個體之本在其生命歷程之序。生命之序為人人共同，故大而通達。其為生命必經歷程，故宜為人人所自守。因為個人生命內在事，故從自立言，可譬喻為「利建侯」，有如內在之建立，非求「涉大川」。之所以「勿用有攸往」者，因有所作為者不能只求依循於生命階段一般所是，故對有為者，誡以「勿用」，其生命必另有獨特故。

【初九：磐桓，利居貞，利建侯。】

生命之初，其童稚之年，如「磐桓」，既為一切根基，亦似無所前進作為。如是之年歲，應宜安定自守，亦宜求自立，故「利居貞，利建侯」。人多以童年為嬉戲之年，失卻其「磐桓」根基之道，亦不知居而安定之義。以「建侯」自立為卦辭，非無其必然之義。

【六二：屯如邅如。乘馬班如，匪寇婚媾。女子貞，不字，十年乃字。】

六二所言，為青春之年。此時雖有「乘馬班如」般生命之前進，然無論生命方向抑價值仍始終未定，故有「邅如」之無方。其時多有好求，看似寇盜般無禮節，然實「匪寇婚媾」而已。無論男抑女，雖有異性之好，然非婚嫁之年，未能有所承擔。有關女子，故言「女子貞，不字」，「十年乃字」指婚嫁成熟之年始有所懷孕。此青春之年一般生命之序。

【六三：即鹿无虞，惟入于林中。君子幾，不如舍，往吝。】

六三仍就此階段言，特針對生命有所求索一方面。「即鹿」喻欲望之追逐，「无虞」形容其無憂慮之貌，亦為《易》對此時求索之不否定，以其不造成大害故。「惟入于林中」故為告誡，恐因欲望追逐而有所迷失。然始終，若是君子之道，對欲求應捨棄，非更求即近：「君子幾，不如舍」，為欲求而有所作為，始終只使人狹隘，「往吝」指此。

【六四：乘馬班如，求婚媾，往，吉无不利。】

六四始為成人之年，再次「乘馬班如」，因又為生命另一重要階段。成人與成家密不可分，無論男或女皆如此，故爻以「求婚媾」為主。此次非有所勸退，直言「往」，並「吉无不利」。除成家，壯年所求再非一時欲望，其求積累甚至富有，為相對生命日後所需，故用「膏」一詞。正因只為生命所需，故如是求得之道應止於所需，不宜過求，使生命因過於富有而生妄，對「屯其膏」，《易》之訓示故為「小貞吉，大貞凶」，即少有而自守始吉，大有對自守言為凶。此實一切求得之道，止於所需，非求更多。

【九五：屯其膏。小貞吉，大貞凶。】

【上六：乘馬班如，泣血漣如。】

上六明顯為生命最終階段，亦一分界，故再以「乘馬班如」言。此「乘馬班如」，又為喪葬之意象，如送行者之列隊而行。此時之班行，因喪而「泣血漣如」。「血」再次喻生命死亡，故對逝去者而「泣血漣如」。

〈屯〉只勾勒生命一般之序而已，雖為一般，然其為道仍是為道，故「元亨」。

蒙　蒙昧

蒙，亨。匪我求童蒙，童蒙求我。初筮告，再三瀆，瀆則不告。利貞。
初六：發蒙，利用刑人，用說桎梏，以往吝。
九二：包蒙吉，納婦吉，子克家。
六三：勿用取女，見金夫，不有躬，无攸利。
六四：困蒙，吝。
六五：童蒙，吉。
上九：擊蒙，不利為寇，利禦寇。

蒙昧，始終能通達改變。非智者對蒙昧者有所求，只蒙昧者應求教於智者而已。若誠心求教則可告，告而不學不省察，甚至有所不敬或褻瀆，則不告。蒙昧宜守正。

初六：啟發蒙昧，宜用刑人（喻用受着桎梏困難之例子），說明其桎梏困難所在，及其作為之狹吝。（見無知而犯惡者為蒙昧之首。）

九二：能承受起蒙昧（喻承擔起教育之義），吉。如是而娶婦吉，子亦將承擔起家計。（亦喻婦與子安守其分時雖蒙昧未學，然實已如學。）

六三：蒙昧若如人為金錢所迷惑，又失去自己，縱使為己欲求得之女，亦勿娶，无所宜。

六四：因侷限而致蒙昧，狹吝。

六五：如少孩般天真無知，吉。

上九：欲擊破（教改）蒙昧，不宜事後對蒙昧求改變，宜應防範蒙昧之發生。

【蒙，亨。匪我求童蒙，童蒙求我。初筮告，再三瀆，瀆則不告。利貞。】

〈蒙〉卦所言，為人本然所有之蒙昧。雖為蒙昧，然始終可通達，唯關鍵在求教者之是否認真而誠心，此所以為卦辭刻意並首先地說明。「匪我求童蒙，童蒙求我」：在教者與求教者間，首先所必須清楚，非教者有求於學者，只學者有求於教者而已。像這樣基本的關係，實已為我們今日所忘記了，亦因而世界變得越加幼稚無知，無知領導着有知、無知甚至變為知。「匪我求童蒙，童蒙求我」因而實是對世態之慨歎與喚醒，使知誰先誰後，非顛倒地以知識只為無知者而服務，盡喪知識之真實。《易》以此置於蒙昧問題之前，已揭蒙昧之根本，非有知求蒙昧、蒙昧求有知而已。「初筮告，再三瀆，瀆則不告」等，一如孔子之「不憤不啟，不悱不發。舉一隅不以三隅反，則不復也」(《論語．述而》)，實對學者其誠心盡力之要求，否則，學之道實無以立。無論是再三反省之努力，抑對學問之敬重，都是學問之基礎。而這些，都是我們所忘記了。人類之蒙昧實由於此而已。學必宜自守，故必「利貞」。

〈蒙〉對蒙昧之分析，主要有以下幾方面：一為對蒙昧之教、二為對教育本身之承擔、三為造成蒙昧之原因、四為蒙昧仍能有好的一面、而五則為言面對蒙昧之對策。

【初六：發蒙，利用刑人，用說桎梏，以往吝。】

對蒙昧之教、啟發蒙昧，宜用受刑之人。首先應注意的是，真正教導，非知識之事而已，更是一種覺醒，故《易》用啟發、「發蒙」言。之所以以刑人為例，一方面所針對為最冥頑不靈之蒙昧，如因蒙昧而為惡或有所野蠻；另一目的則在，謂教人有所醒覺，應從人所有之困境教誨起，故「用說桎梏」，以受着桎梏困厄者為實例而說，甚至從其如是作為之狹隘(「以往吝」)以明。此明白為教誨之道。若我們在這裏與「興於《詩》」作對比，「興於《詩》」

亦強調對人之啟發，唯從正面而非從負面。「興於《詩》」所教為如人性及其美善之一面，為道之學之前身。而〈蒙〉卦所言之「發蒙」，則明白更針對人平素於世之對人與一己因欲求而致之蒙昧與惡，此亦《易》之世界與《論語》世界之差異，前者仍純針對世俗之個體世界，後者則更關懷人文或人性世界之建立。這對「發蒙」之討論，亦可視為蒙昧問題之根本所在：以人類之所以為惡、致己與他人於極困難處境，先在蒙昧而已；或：蒙昧之所以為蒙昧，由造成惡與不善而已。無論如何，蒙昧與惡，始終難分，亦〈蒙〉卦首先所指出者。

【九二：包蒙吉，納婦吉，子克家。】

繼對蒙昧之啟發，是啟發者或教育者其人這一方面。而有關此，〈蒙〉以「包蒙吉，納婦吉，子克家」言。「包蒙」之「包」言承擔。願承擔對蒙昧者之教，在這裏從成家者言。成家多只從家計言，然承擔起家之種種方面，非獨父，母與子均各有其分。而承擔起對家人之教育，這更是父親之責。《易》亦透過此，指出教育之本在家，非在如今日之社會。《易》甚至指出，唯能承擔起對家人教育者，始能成家，此所以由「包蒙吉」推論至「納婦吉」，能承擔起教育固然吉善，然亦唯能此者始其「納婦」為吉。教育始是成家之本，最低限度，是家所以為家不可或缺者。亦由此家之教育，故「子克家」，即子亦承擔起家事。子無論作為家之一員抑作為自身，其如孝悌之德行，由此而立。《易》以家庭教育言教，既指出教之根本所在，亦甚至指出，如人知對家庭承擔盡力，如父之「包蒙」、子之「克家」，雖表面非有所學問，然實已是學了。如後來《論語．學而》之「弟子入則孝，出則弟，僅而信」、或「事父母能竭其力，事君能致其身，與朋友交，言而有信」，「雖曰未學，吾必謂之學矣」。〈蒙〉卦二爻，亦明白同於此道理。

【六三：勿用取女，見金夫，不有躬，无攸利。】

三與四爻各言人蒙昧之原因。若為惡實等同蒙昧，那蒙昧其原因有二：一來自人自身、另一由於外。《易》借「勿用取女，見金夫，不有躬，无攸利」說明由人自身而致之蒙昧。如此蒙昧，亦欲望之盲目而已。女因夫之富有而始愛慕，實如今人之拜金主義而已，既毫不知真正道義與價值所在、亦由對金錢之追逐而自身奴化，失去自立為人之真實。女因「見金夫」而「不有躬」，完全喪失自身之為人、為女子，實無知而蒙昧而已，因對金錢盲目而致蒙昧而已。《易》此爻更暗示說，對如是女子，勿娶。而這表示，男子可能為女子之美貌亦有所欲，甚至有所盲目，亦一種蒙昧，同樣蒙昧。蒙昧引致之盲目，故先源自人自身，由有所欲望故。此蒙昧首先原因，亦內在難去而有所覺醒。此所以《易》評為「无攸利」。確然，人所有蒙昧，先由價值取向錯誤而生，或崇尚外表聲名與地位、或仰慕表面之聰明與知識。若非先有價值觀上之錯誤，或最低限度能如「童蒙」地毫不有價值觀，人之蒙昧將不致如此甚、將不致如此難去。《易》對蒙昧其原因之分析故深。

【六四：困蒙，吝。】

蒙昧其另一原因則由外致，《易》約言為「困蒙，吝」。從「吝」之狹隘可見，蒙昧亦一種因受限而致之狀態，而這亦自然。然從「吝」之角度已表示，因偈限而致之蒙昧，實非完全由於偈限性本身。當然，因偈限而所知有限，這是必然現象。但所知有限非必等同蒙昧，若有限而知有限，如「知之為知之，不知為不知」，始終非蒙昧，故「是知也」（《論語・為政》）。蒙昧實由於不知以為知，甚至更極端地，把自身偈限在一對象、一種價值、一自以為必然事實、等等。學術中之蒙昧往往如此，亦一種自困於所知而已。困故非必外來，亦可是自身對自身之困限，一種狹隘，不求見更高真實而執持眼前所以為事實，故「吝」而狹窄。若前者由於欲望，此則確然由於「困」，亦蒙昧常見之形態，同樣難於教誨。雖只兩爻，然《易》實已把蒙昧之原因全盤托出，此其簡明所在。

【六五：童蒙，吉。】

《易》甚至見蒙昧之未必全然非是，故於六五爻之位指出其真實。蒙昧其真實者為「童蒙」，而此亦蒙昧於人中之原始樣貌，非由於欲望或狹隘而盲目，只由如孩童般本然天真無識而已，而此亦相反，既無所欲、亦無狹隘。人縱使成人而能保有如此天真無邪，不為現實利益所蒙蔽，始終有着赤子之心之美麗，甚至能回歸單純直道以對人世，如不為負面事實所困累，能忘憂忘我而正面，如孔子之「樂以忘憂，不知老之將至」（《論語・述而》），如是之「童蒙」，故吉。蒙昧若相反於現實欲望、相反於以為有所知，藉蒙昧而不陷於現實、更不盲目於自我，如此蒙昧，實人之美而已，此亦孔子之所以以《詩》為「思無邪」（《論語・為政》），人民在現實外之心，亦無邪地童蒙而已。

【上九：擊蒙，不利為寇，利禦寇。】

〈蒙〉最後教人，與其事後因蒙昧之錯誤而教育，不如在如此錯誤發生前先有所防範，故以寇盜比喻蒙昧而說：「擊蒙，不利為寇，利禦寇」，即欲擊破蒙昧，不宜於對寇盜之事後擊退，而應事前有所防範。確然如此。一切教育，非從改錯而立，應事前而教引，既事半功倍、亦更明道與價值其正面性所在。真正教育亦如此而已。〈蒙〉以此終，實回應初六之「刑人」與「桎梏」，二者只事後禁限，只負面，非能更人性並真實深入地教引。若真有所禦，寇亦不致為刑人，如是始有「匪寇婚媾」之幸福。〈蒙〉對蒙昧之分析討論，故徹底而深遠。縱使為童蒙，在我與童蒙兩者間，仍只是「童蒙求我」，「匪我求童蒙」。

二、現實存在基本事實

需　求索

需，有孚，光亨，貞吉。利涉大川。
初九：需于郊，利用恆，无咎。
九二：需于沙，小有言，終吉。
九三：需于泥，致寇至。
六四：需于血，出自穴。
九五：需于酒食，貞吉。
上六：入于穴，有不速之客三人來，敬之，終吉。

求索，若由於心，光明通達，自守則吉。宜於有遠大或艱難作為。
初九：求索可有如在曠野之地般無方，宜有恆心，无咎。
九二：求索可有如在沙中行走般困難，多有爭執，然終仍吉。
九三：求索可有如在泥中深陷，甚至遇寇盜之謀害或危險。
六四：求索可有以生命而付出，於生存再無洞穴之保護。
九五：求索而得生存，能自守則吉。
上六：求索縱然已有保障保護，仍可有意外之事發生，應持敬以對，終吉。

在以上有關個體存在之本然這第一大分組後，自〈需〉始，《易》進入第二大分組之討論。這分組是以存在之基本事實為對象，因而亦為現實存在之初次勾勒。對這問題，《易》以求索為最先，求索實構成存在之最根本所在故。有關求索，《易》之反省雖簡明，然深邃。《易》沒有如我們今日立即把求索視如欲望，這只是我們在現今現實背景下對求索狹隘的理解。如欲望之姿態，在〈噬嗑〉中始討論。《易》甚至沒有把求索必關連於富有，富有在〈大畜〉〈大有〉甚至〈豐〉中討論。作為求索，若擺開狹隘的現實，可是人生命追求之種種事：如一民族對存在理想之求索、或如《詩・卷耳》王者對賢臣之求索、又或如詩人對境界之求索、甚或如琴人對琴器之求索等等。這一切，都是求索中而仍真實的。縱使因求索反面地造成〈訟〉，始終，求索為人類存在之基本，亦非必然負面。《易》甚至以對酒食之求索為最高，置於九五之位，非因其事高貴，只因於人類存在中，如是求索至為基本而已。對生存求索有所貶，也只是我們今日對其事金錢價格化而已，否則，求索存在，如求索生命那樣，於人仍是基本，甚至若為百姓，為其生命真實所繫。

【需，有孚，光亨，貞吉。利涉大川。】

正因求索非即狹隘欲望而為人類生命之真實，故有關求索，《易》直以「有孚，光亨，貞吉」始：真實的求索，必有所心懷①、亦光明通達，唯宜於自守，不宜有所虛妄放肆。作為光明有懷之求索，故宜有大作為、「利涉大川」。正因為求索本身正面，《易》故沒有從對象上作限定，亦沒有如欲望那樣，從其道理之對錯分析，只從其所遇困難之程度作勾勒，示人求索所

① 「孚」指心懷，見〈中孚〉。下同。

有基本事實。

【初九：需于郊，利用恆，无咎。】

藉「需于郊」，在曠野無方之地求索，《易》首先指出求索基本事實，即求索可先無前例、純為個人如拓荒般之探求，這樣的探尋，恆心故其唯一之協助。這樣探尋，無論終有所得抑沒有，始終「无咎」。

【九二：需于沙，小有言，終吉。】

此外，求索亦有如在沙中行走般困難，浮沉不定；而困難非只由於事，亦可由人，故《易》訓誡「小有言」，即盡少與人爭執，如是求索，其終自然吉。求索除非如在曠野中為個人獨自之探尋，否則，就算在學問上之求索，都難免爭執，亦《易》之所以訓誡「小有言」。

【九三：需于泥，致寇至。】

求索甚至有如深陷泥澤中，又遇有寇盜。《易》以寇盜言，其時求索必與財物有關。「需于泥」而深陷之求索，故言財物之求索多使人深陷其中，難以自拔。表面上「沙」與「泥」似只程度差異，然所指認對象已有不同：只有所爭執之事與為寇盜所欲之物，此其差異所在。

【六四：需于血，出自穴。】

求索最後有如人以生命付出（「需于血」）之求索，如此之求索，既可為物質方面，亦可純為精神方面，關鍵在其為人生命意義所在，非一般求索與生命致力無關。「出自穴」言再無保護，「穴」從保護言。因以生命付出，其求索反非為對生存求保障而言，故為求索之極致。人確有如是求索，以其事較自己生命更為重要。如是求索，其價值或意義必巨。求索至非為生存之保障，如是求索亦只為人類始有，生命始終以價值與意義為本，非只貪婪地以存活為本。此為人類存在之氣度。

【九五：需于酒食，貞吉。】

相對亦相反於此，求索確然本於生存與生活，雖非如「需于血」高尚，然始終為本，甚至為百姓根本之事，故《易》置於九五之位。對這單純存活之求索，《易》曰「貞吉」，即若能自守不過分、不過求為吉善。生存之求索於人類雖至為根本，然始終仍應有所自守，否則未是。故不能因其為本而放肆無道，亦不能扼殺其他求索之可能。其自守而貞言此。

【上六：入于穴，有不速之客三人來，敬之，終吉。】

最後，《易》以上六作為求索而得之教誨。求索而得，此求索之終極所在，故以「入于穴」表示：既有所保護保障、亦可對其事有所深入。然始終，無論多大保障，仍有所意外不知之情況，《易》用「有不速之客三人來」表示。「三人」亦多之意。雖然未必為負面，然始終意想不到，故應以敬而對。「敬之」是說，對有所得，始終仍應有敬意在，敬相對有所得言，非只意外言而已。此求得之道。能如此故「終吉」。

訟 爭訟

訟，有孚窒惕。中吉，終凶。利見大人。不利涉大川。
初六：不永所事，小有言，終吉。
九二：不克訟，歸而逋，其邑人三百戶无眚。
六三：食舊德，貞厲，終吉。或從王事，无成。
九四：不克訟，復即命，渝安，貞吉。
九五：訟，元吉。
上九：或錫之鞶帶，終朝三褫之。

爭訟，心懷將鬱悶惕懼。若只一時吉，終仍如此則凶。宜有大人之助，不宜於大事、難事。

初六：爭訟之事不應長久，盡少爭辯之言，如是終吉。

九二：不於爭訟中求勝，歸回而遠避（或：歸還而不拖欠），如是人人會明察知曉其是。

六三：盡食於過去德行所有（喻不為未有而爭訟），自守雖艱厲，然終吉。若是工作上（他人事）之爭訟，无成（不應助長）。

九四：不求勝訟，若有所再便視如命地改變自己心安之所在，如是自守則吉。

九五：在位中之訟諫，為臣事君之忠誠，故元吉。

上九：君有所賜，必為人所妒忌，縱使能保一日，仍必三見褫奪。言訟事難止。

【訟，有孚窒惕。中吉，終凶。利見大人。不利涉大川。】

求索其反面為爭訟。無論是怎樣之爭訟，其心懷將鬱悶惕懼。心之是否能安，無論從何意義言，亦首先在與人無有對立上。有人之對立，無論是與非，心即不安。「中吉，終凶」者，言縱使一時得吉，其事本身始終為凶，故不應以為吉而持續有所爭訟。若非不得不有所爭訟，宜有大人之助。然爭訟事多為凶，故更不宜於大事、難事，其影響巨大故。

【初六：不永所事，小有言，終吉。】

爭訟也只一事而已，非於存在中有更深遠意義或真實，《易》故單純從其應有道理言。而首先當然是：能越少爭訟越正確，或遇有時其事越能促解越好，故「不永所事」，及「小有言」：盡不與人爭執，「終吉」。

【九二：不克訟，歸而逋，其邑人三百戶无眚。】

其次是，縱使有所爭訟，亦不以求勝為目的。「不克訟」雖指不於爭訟中求勝，然更意謂若其事一己可勝人，仍盡量不求如此勝利，而此實相對「歸而逋」言，後者則指自身可有不對，故應盡快歸還或回歸其事之正，使自己能擺脫爭訟之事。「不克訟」與「歸而逋」故一為對方有錯而不克、另一為自己有錯而歸還回復。縱使都非自己有錯，然於爭訟中而讓，其讓之德必為人人所察，故「其邑人三百戶无眚」。此无眚而明察，亦謂人人實知是與非所在，故無必為爭訟而爭訟。

【六三：食舊德，貞厲，終吉。或從王事，无成。】

更進一步言，爭訟必起於有所求得。若人自守於其所有所是，只持續故有之德（得），減少因更有所求索而致之爭訟，這始是避免爭訟根本之道。這樣自守必艱厲，故《易》用「貞厲」言。雖然如是自己能避免爭訟之發生，然爭訟又未必只能由於自己事，也可由於他人之事，如「從王事」（喻工作上）而有所爭訟。「无成」謂如是爭訟多沒有結果，故不應助長。

【九四：不克訟，復即命，渝安，貞吉。】

若前爻已言避免爭訟為根本之道，那遇有爭訟時同亦根本之道在「不克訟，復即命，渝安」。「不克訟」於此與九二之「不克訟」不同。九二之「不克訟」只從爭訟事內部言，而這裏之「不克訟」則從爭訟事之根本言，謂：若無法避免爭訟不發生，那於發生後也不應必求有所勝，若爭訟不斷再復有，那應視如命那樣，心不再掛繫於此，改變其心安所在，不應因此而如卦辭所言，「有孚窒惕」而不安。能如是自守仍吉。避免爭訟與視再復之爭訟為命，另求所安，如是均為爭訟根本之道。以上為《易》對爭訟其道理之說明。

【九五：訟，元吉。】

爭訟本身雖為負面事，然其事本身如「童蒙」之於〈蒙〉，有其光明正面之時刻，即「九五：訟，元吉」。九五於此言在位者，九五之訟故為臣事君中所有之訟諫，君應視此為吉善，甚至為大吉之事，因由是而正故。

【上九：或錫之鞶帶，終朝三褫之。】

《易》最後以上九之過度，指出有關爭訟之根本事實：如君有所賜必為人所妒忌那樣，爭訟事永難止盡，始終復有，如見善始終為人求所褫奪那樣。以此而終，既指出人與人紛爭之難止，亦作最後勸誡。訟雖只為表面事，無其深遠真實或意義，然始終難以止，故為人類存在根本事實。

師　軍事

師，貞。丈人，吉，无咎。

初六：師出以律，否臧，凶。

九二：在師中，吉，无咎。王三錫命。

六三：師或輿尸，凶。

六四：師左次，无咎。

六五：田有禽，利執言，无咎。長子帥師，弟子輿尸，貞凶。

上六：大君有命，開國承家，小人勿用。

軍事，應自守。若為有道之將領，吉，无咎。

初六：軍隊出行應有所規律，若非有所善則凶。
九二：主帥受軍隊愛戴，吉，无咎。其受王之信任與珍愛，故多次受任命。
六三：戰或大有傷亡，凶。
六四：知不勝而完師退於後（左次為退舍），无咎。
六五：戰事縱使如田中獵獸之輕易，仍應信守允諾，无咎。戰事若耗盡人力，執持則凶。
上六：戰事應由於君命，以開國承家為目的，無德能之小人勿用。

【師，貞。丈人，吉，无咎。】

更甚於〈訟〉，亦為〈訟〉之最後手段，為軍旅戰事。〈師〉故為現實存在一極端，亦孟子列為構成現實時七大範疇之一。① 有關戰事之具體討論在〈旅〉，〈師〉只是軍事其原則性說明而已。軍事之總原則明顯在「貞」，能於軍事中自守必然為正，故初六亦明言「師出以律」。若撇開戰事而單就軍旅本身言，能為有道之將領，是軍事能吉而无咎之本，其若有戰必非盲目

① 現實其構成之七個最主要因素如下：利、樂欲、戰、政（制度）、強、至高性、君主。見〈梁惠王上〉。

無道。卦辭故突顯「丈人，吉，无咎」一事。

【初六：師出以律，否臧，凶。】

初六爻主言軍隊本身。軍隊能有所規律自律，是其自守之本。否則，只「否臧，凶」而已，即軍隊無善，只凶而已。這裏非從勝敗言，只單就軍隊本身之真實言而已，即其是否合乎道義而自律。

【九二：在師中，吉，无咎。王三錫命。】

九二句則明顯就將領言。「在師中」非只點出將領之位①，更應譬喻將領受軍隊之擁戴擁護，既反映將領對軍隊之愛、亦可想而知其用軍之道義，故吉而无咎。「王三錫命」更是從將領與王之關係言，藉多次受王任命指出，其受王之珍愛與信任至何程度。

---

① 古時軍隊中間多為將領所在。

【六三：師或輿尸，凶。】

若前兩爻分別言軍隊與將領，六三則始言軍事本身，亦「師或輿尸，凶」而已，即無論單純有戰事事實，甚至因戰事而多有死亡損傷，都實只為凶。「輿」為載物之車，車所載為尸，故凶。《易》此言故教人，無論怎樣，戰事都只會帶來災難而已，應盡可能避免。

【六四：師左次，无咎。】

順承此原則，故六四指出：「師左次，无咎」，即知不勝而完師退於後，无咎。「左次」指退舍。退歸仍是損傷減至最低者，仍順承無戰之原則。

【六五：田有禽，利執言，无咎。長子帥師，弟子輿尸，貞凶。】

六五句從能輕易取勝言。「田有禽」：戰事能如在田中獵獸般輕易，這明顯是順承之前對戰事之道而說，亦在戰事凶及盡量避免傷亡兩原則之後而說。縱使輕易能勝，仍必須信守諸言，即不因勝而妄為妄取，濫殺無辜，忘卻最初協定等等。勝而有道，此仍為原則。如是始能戰而「无咎」。「長子帥師，弟子輿尸」意明白，以長子、弟子帥師又輿尸，這實耗盡一切人力而已。戰事若必須如此而仍執持，為凶，此「貞凶」之意。

【上六：大君有命，開國承家，小人勿用。】

〈師〉最後以上六，指出軍事應有目的所在，唯用於「開國承家」而已。縱使如此，若大君或主帥均非大人、非有德行而只為小人，戰事仍勿用。此「小人勿用」之意。若非有「大君」之命，若只「小人」，勿用戰。此為戰之最後原則。

以上有關軍事之原則，其道理明白，然多為一時意氣或利益迷惑而已。

比　結盟、結合

比，吉。原筮，元永貞，无咎。不寧方來，後夫凶。
初六：有孚比之，无咎。有孚盈缶，終來有它，吉。
六二：比之自內，貞吉。
六三：比之匪人。
六四：外比之，貞吉。
九五：顯比。王用三驅，失前禽，邑人不誡，吉。
上六：比之无首，凶。

結盟或結合之事吉。若本之誠心，又永久而自守，无咎。若只因剛遇不幸而求結合，如婦因失去丈夫而求與人結合，如是結合凶。
初六：出自心與人結合，无咎。如盛酒滿缶之心懷以待，終必有其所等待者出現，吉。
六二：與人結合若為內在親密，自守始吉。

六三：結合可因所結非人而不善。

六四：外在結合結盟，自守則吉。

九五：得眾望而結盟。如王狩獵，三方驅獸不殺前禽地得人心，連國人對外人亦無所戒懼，

如是結盟吉。

上六：結盟而無領導者，凶。

【比，吉。原筮，元永貞，无咎。不寧方來，後夫凶。】

相對於軍事，為人與人之結合、或國與國之結盟：〈比〉。人與人之結合雖平常之事，然仍有一定道理宜注意。首先，有關結合與結盟，因基本上致於和睦，故為「吉」。「原筮」類如〈蒙〉之「初筮告」，仍從敬意言，即在人求與人結合或結盟，應有如卜筮之敬意在，而這實即初六之「有孚比之」。〈比〉所強調的，是結合之內在性與真實性，若只外在，縱使為結合，仍可凶。結合若有其真實誠心敬意，又能長久並自守（「元永貞」），則「无咎」。否則，若只因一時情況或原因，如婦人因失去丈夫而另求結合以彌補，如是之結合凶，以「後夫凶」言，只取其意之可能而已，非實說。

【初六：有孚比之，无咎。有孚盈缶，終來有它，吉。】

【六二：比之自內，貞吉。】

【六三：比之匪人。】

【六四：外比之，貞吉。】

初六仍首先強調結合之心，故言「有孚比之，无咎」。求結合之心應如「有孚盈缶」，以缶盛滿酒，酒喻一體之心，如是之求，「終來有它，吉」，即必有其所等待者之出現，故吉。如這樣道理，只從結合之本或真實言，非從事實言，事實亦可只「比之匪人」，非必能遇真正對方。

六二「比之自內」更進一步說，與人結合實可至於親密，如男女或深交知己，這當然是交往所求之最善，然仍必須能自守始吉。

六三「比之匪人」只是告誡，縱使有誠心結合，其所結對方可非如原初之求盼，人對人之了解實表面而已，難見人之真實。

不過，如結合或結盟，仍可有種種處境情況，其結合結盟只外在，非本自內，如因工作而偶遇之朋友同事，都只「外比之」，此時能自守仍吉。

【九五：顯比。王用三驅，失前禽，邑人不誡，吉。】

最後，結合或結盟仍可因特殊原因致內在，如「顯比」，即因顯赫得眾望而結盟。〈比〉解釋為「王用三驅，失前禽」，即王於狩獵中所呈現之仁，既三方驅獸又不殺前來之禽，如是之仁由得人心而為人所結盟，故吉。《易》更說：「邑人不誡」，即連國人對外人亦無所戒懼。真實仁德之傳播，使如國人甚或與他國國民再無戒懼，這是外在結盟之最善，如內在一體般，亦自上而至下。《易》借此而說，縱使無所深知，顯赫之仁善可為人與人結合結盟之基礎，人都對人之善有所向往故。

【上六：比之无首，凶。】

相反，若如「比之无首，凶」，沒有使人拜服之領導者，其結盟只由於各自利害，如是結盟始終凶。

結合或結盟，故都必然有心在：先必須有誠、再而有真正一體之心懷、甚至能內在至親密、最後由心之仁善而得人心，若非如此而單純外在，仍必須從自守始能結合。結合雖似外在事，然其真實本於心之內在，或由於誠與所懷、或由於善。此結合真正之道，否則始終虛假而已。

小畜　貧窮

小畜，亨。密雲不雨，自我西郊。
初九：復自道，何其咎，吉。
九二：牽復，吉。
九三：輿說輻，夫妻反目。
六四：有孚，血去惕出，无咎。
九五：有孚攣如，富以其鄰。
上九：既雨既處，尚德載。婦貞厲，月幾望，君子征凶。

貧窮仍能通達。其處境如密雲不雨般低沉，甚至多見於人有所艱難時。

初九：若貧窮而知復守自身之道（不妄作為），何有咎，吉。

九二：貧窮而得人引領恢復，吉。

九三：既貧窮又遇有財物之失（車載物部分與車軸縛脫離，故有所失），必致連夫妻亦相互責備、失去情感。

六四：貧窮而仍有心懷，可以生命付出奮發向上，使憂懼消失，无咎。

九五：心又可對貧窮處境有所牽繫，更因鄰人或鄰國之富而諂羨及自卑。

上九：遇着怎樣處境便應怎樣自處，應崇尚承受之德。否則婦人之自守艱厲，只會懷着月之圓滿，而君子之大志（征伐）也只會帶來凶而已。

【小畜，亨。密雲不雨，自我西郊。】

在求索、爭訟、軍事、結合結盟這些開啟現實性之範疇後，從現實處境之道理言，莫貧窮一事至為根本與重要，此〈小畜〉主旨。〈小畜〉基本上只是對貧窮作一現象性描繪，沒有教人怎樣突破其處境。不過，類如怎樣脫離貧窮，應相關其他如〈蹇〉〈解〉〈困〉〈井〉〈渙〉〈節〉

〈未濟〉等問題討論。有關貧窮，《易》仍先言「亨」，意應為縱使是貧窮，實仍可通達而改變。「密雲不雨，自我西郊」則是對其心境有如密雲不雨般低沉之描繪。「密雲不雨，自我西郊」亦曾用於〈小過〉，以形容上位者有過錯時之心情。其心情如密雲不雨，無以開解，又艱難如從高處壓下，如是心境之鬱悶，可想而知。同用於〈小畜〉與〈小過〉之六五表示，無論是貧窮抑尊貴如上位者，其實都可有同樣處境心情，非獨貧困者而已。

【初九：復自道，何其咎，吉。】

對向貧窮，初九首先說：「復自道，何其咎，吉」。這是多大之安慰。意思是：縱使是貧窮，若知復守自身之道，不妄作為，如此又有何咎，故吉。類如這樣用「吉」一詞，可見其意思非必從利益或得獲言。貧窮而知復守自身之道，其吉實善而已。「復自道」明顯有兩意：一為走自己之路，如孔子之「飯疏食、飲水，曲肱而枕之，樂亦在其中矣。不義而富且貴，於我如浮雲」（《論語・述而》）那樣；用「復」一詞：走回自己之道路，不再因貧窮而背離自己本心之向往，以貧窮實非一切，仍有自身可好可樂處，這是多麼正面而豁達之心懷，如孔子。另一意思則隱藏在「復道」兩字間。〈復〉卦是從復於道言，故知「復」之道理，應即見「復道」之義。

貧窮雖為貧窮，然道始終更為重要、更為根本，為貧窮都不能捨去。能走回自己心之向往、及能不捨棄道義，縱使貧窮，又何咎，如是仍是善。此對向貧窮首先之道理。

【九二：牽復，吉。】

九二「牽復」之「復」則是從處境之恢復言，謂若得人幫助引領得以脫離貧窮，恢復正常處境，如是亦吉。用「牽」字似說，若無他人幫助，貧窮是難於單純靠自身脫離的。而「牽」字又教人，協助他人脫離貧窮，應如牽，非盲目地救濟，仍必須從其自身自立起言，如是之協助，故非有所耗盡自己能力。

在前兩有關貧窮處境之基本道理後，《易》論述貧窮對人之影響，而這有三：一對人與人之間言、二與三為對個體自身言：二使其發憤、三使其自卑。

【九三：輿說輻，夫妻反目。】

首先，貧窮使人與人情感失去，舉夫妻為例，只突顯貧窮對情感破壞之程度而已。「輿說輻」既喻在貧窮處境中遇着財物上之失去，亦喻夫妻之脫離；貧而更有所失掉，如此情境，必引致連夫妻之情感亦失去，故「反目」。貧窮故非只失去（無）財物，更失去人。此貧窮之所以往往可悲。此外，對個體自身而言，貧窮有着兩種相反意義或效果。一使人發憤、另一使人自卑。兩者都相對人格言，非只情感。

【六四：有孚，血去惕出，无咎。】

有關貧窮使人奮發向上，六四以「有孚，血去惕出，无咎」言。「有孚」指有所心懷向往。於窮困而仍有心懷，若以生命付出、奮發向上，其一切惕懼亦會消失。之所以如此，貧窮已最卑微，再無失去之憂，故若有心懷者，直可再無顧忌地以生命奮發。《易》故把這奮發置於六四之位，未及六五故。

【九五：有孚攣如，富以其鄰。】

至於貧窮使人自卑，《易》利用九五之尊，反言其若落於貧窮中，心只有如耿耿於懷、有所牽掛般、極在意其處境與失去；如是對貧窮處境之在意，使其自卑。「不富以其鄰」在《易》

中都解為不驕、不以富傲視於人。「富以其鄰」故相反，指因其鄰之富有而有所諂羨，亦一種自卑心態。同樣有孚，其一直為「有孚」，另一則為「有孚攣如」，其差異在此。貧窮於個體故有兩種極端，或使其奮發、或使其自卑，一者由於一無所有、另一者因本居高處，如有能力然又卑微貧窮，如是多生自卑感。

【上九：既雨既處，尚德載。婦貞厲，月幾望，君子征凶。】

最後，《易》再一次以上九對貧窮處境作規勸，句意思明白：無論怎樣的處境，既然已處於其中，便應有所接受；應以承受之德為尚。若不能如此，連本能自守之婦人其自守也會有所艱厲（「婦貞厲」），同樣，若不能如此，一仍有求如大征伐之君子其不守貧窮也將只凶而已。以「月幾望」言，喻婦人與君子都仍懷着月圓滿狀態，不甘於其眼前處境。此《易》對貧窮處境者之最後規勸。撇開其他不言，貧窮於人之道故二：或「復自道」、或「既雨既處，尚德載」，一內一外。以上為《易》對貧窮之分析。

履 行作、為事

履，履虎尾，不咥人，亨。
初九：素履往，无咎。
九二：履道坦坦，幽人貞吉。
六三：眇能視，跛能履，履虎尾，咥人凶，武人為于大君。
九四：履虎尾，愬愬，終吉。
九五：夬履，貞厲。
上九：視履考祥，其旋元吉。

一切行作或為事若不遇着危險、如踏着虎尾至被吞吃，則通達。
初九：質樸之行作作為，如穿着質樸之鞋行走，无咎。
九二：為事應依據道義之平坦而為，又應如隱居者之能自守，如此為事始善。
六三：雖只一目仍能視、雖只一腳仍能行，唯遇着危險至被吞吃則凶，故連有勇武之人也必須依靠着大君之指示而行作。
九四：若不得不冒險而行作，若知驚懼戒慎，終吉。
九五：為事而過於精明明察，自守艱厲（多有所圖、或有背反世俗之行）。
上九：上位者之視察與作為必須參照對人之祥善而為，能如是，縱使出戰而有所勝利，仍大吉。

【履，履虎尾，不咥人，亨。】

之所以〈履〉緊接並相對〈小畜〉，因解去貧窮，必從為事作起。「履」雖指行作，然未必如「往」「攸往」「涉大川」等從一番作為言。「履」只一般甚至平素為事，否則，毫無實踐必也引至貧窮而已。〈履〉故仍是現實之一般基礎。有關一般行作，〈履〉先從「履虎尾」言。「履虎尾」本對虎無攻擊之意，也只踏上其尾，非大傷害。然如是小事，因對方是虎，仍可招來喪命之危險。《易》以此訓誨，一切行事，縱使似小事，仍必須極謹慎地為，仍是會招致大危殆的。故若沒有遇到危難：「不咥人」，則通達無礙。這是一切為事首先必須注意的。有關為事，〈履〉分三方面：其基本、其實行、及其具有智之時。

【初九：素履往，无咎。】

有關為事之基本有二：一為「素履往，无咎」、另一為「履道坦坦，幽人貞吉」。「素履往」言如穿着質樸之鞋行走，喻作為以質樸之方式進行，无咎。無論素在這裏從儉抑從雅言，素樸始終是事物與事情至基本亦至高之道理。雖如此，人多不顧，而好求新異造作、或使事情複雜化，都非為事之真實。

【九二：履道坦坦，幽人貞吉。】

其次是，為事必須依據道義而為，如此始如走在平坦大道上。「履道坦坦」之「道」故喻道義。之所以「幽人貞吉」，因知隱居者，其作為也必為行道而已，道不行始有所隱居。為事若能如幽人般自守，非無道地妄作，或只求為利益，如此作為始真正善，此「幽人貞吉」之意。

【六三：眇能視，跛能履，履虎尾，咥人凶，武人為于大君。】

至於事之實行，亦有兩方面：一為「眇能視，跛能履，履虎尾，咥人凶，武人為于大君」、另一為「履虎尾，愬愬，終吉」。「眇能視，跛能履」指一目仍能視、一腳仍能行，在這裏喻人自己之方面，即就算自己有所缺陷，都仍可有作為。然若在客觀方面縱使只犯着小錯誤，如不經意地「履虎尾」至有「咥人」，雖事小然所招致仍為「凶」。句喻為事之困難在外、非在己一方。故「武人為于大君」，即無論多勇武之人，也只能依靠着大君之指示作為，不敢犯錯，此為事其實行時所必須注意並謹慎者。

【九四：履虎尾，愬愬，終吉。】

其次是，若非有德能者之依靠，自己必須冒險地作為，能時刻保持驚懼戒慎（「愬愬」），如此其結果始吉。依據賢德者之指引，或不得時自身戒慎有所驚懼地行，此為事時實行上所應注意者。

【九五：夬履，貞厲。】

正因為事必須戒慎不犯錯，又事必有其客觀性，故智於為事中重要，此〈履〉最後二爻所言。首先，智於作為中雖根本而重要，然過於聰明明察往往會有偽。人類之聰明就往往如此，亦孔子所以說：「性相近也，習相遠也。子曰：唯上知與下愚，不移。」(《論語‧陽貨》)若非上智，智始終可遠去人性而妄作為地偽。我們今日對知識重視，故對思想能力過分肯定，不理會其過度。《易》作者不然，在這點上似與老子一致，故〈夬〉卦對明察力之分析，多負面而非必正面。這裏同樣。對於為事中其智突出而過人，事事非只謹慎而更有所精明，《易》稱為「夬履」，並指出「貞厲」，即其自守艱厲。確實如此，人之聰明鮮不妄圖、鮮知自守於善。

【上九：視履考祥，其旋元吉。】

相對並相反於此，上九所說，即上位者於事中無論視察抑實行若參照吉祥而行，縱使出戰仍大吉。「旋」指如旌旗之周旋，喻勝利。縱使有視察及實行能力、縱使在位而有權力、及縱使確有大意圖，仍應參照着對人真實之祥善而為，不得虛妄而無道。《易》甚至說，縱使勝利，若非真有所祥善，仍未為吉。此有關作為之最終訓勸。慎而不過用智、依道義並儉素地行，此一切為事之道。

泰　安定

泰，小往大來，吉，亨。

初九：拔茅茹以其彙，征吉。

九二：包荒用馮河，不遐遺朋亡，得尚于中行。

九三：无平不陂，无往不復，艱貞无咎，勿恤其孚，于食有福。

六四：翩翩，不富以其鄰，不戒以孚。

六五：帝乙歸妹以祉，元吉。

上六：城復于隍，勿用師，自邑告命，貞吝。

安定能以小得大，吉，通達。

初九：如拔茅草，事其根必相連，故應從其匯集處（本）拔起，縱使是征伐之事亦能吉。

九二：獨自橫跨荒蕪之地並徒步越過河流，為不忘懷遠方朋友之逝去，仍應取中道而行（始能平安安泰）。

九三：沒有只平坦而不陂斜，沒有只去不復返，遇有艱難仍自守則无咎，不用過於憂慮其心，能如是於生活仍將有福。

六四：泰然自若如鳥輕快之飛翔，不以富傲視於鄰，心不因戒懼而不安。

六五：國與國聯婚以求安定，大吉。

上六：國若自身未安定而有難，如城倒塌於壕溝中，則更不應興兵動武，向邑人訴說其處境命運，若仍自執則狹吝。

【泰，小往大來，吉，亨。】

〈泰〉言安定。在構成現實其基本事實之〈需〉〈訟〉〈師〉〈比〉〈小畜〉〈履〉之後，安定這一存在至為基本道理，在有關現實一般道理結束前，明顯至為重要。能安定，無論對個人抑國家言，是一切之本，亦存在之終極。原因即如〈泰〉劈頭所指出：「小往大來，吉，亨」。若非安定，無以能有大作為與成就。其吉與亨明顯。有關安定，《易》分三方面說：其本、其實行、及其如在國家中之體現。

【初九：拔茅茹以其彙，征吉。】

對安定之為本，《易》說：「拔茅茹以其彙，征吉」。「拔茅茹以其彙」在〈否〉卦中同樣出現。「拔茅茹以其彙」意謂：事其根必相連，故如拔茅草，應從其匯集處（本）拔起。用於〈泰〉指安定為一切之本；而用在〈否〉則意會對否定處境之改變，亦必須從其本做起。換言之，無論是安定抑否定，其問題都與「本」有關。知安定為一切之本，縱使如征伐之事，仍吉。《易》用「征」未必與征伐有關，其意有三：一、其事可能帶有負面性；二、其事可因意氣或志向而發生；三、其事多為大事、涉及大層面與影響力，較「涉大川」為甚。以「征吉」言，故知安定之重要：無論多大之事，必以其為基礎。正因如此，故〈泰〉上六相應地說：「城復于隍，勿用師」，這次確實從用兵言。「城復于隍」：城牆倒塌於壕溝中。若城牆確然倒塌，這表示國家已失去安定，若不先處理好，用兵或向外作為必然不利，語句仍是環繞安定作為一切之根本言，可見《易》在〈乾〉〈坤〉兩德行之後，多麼重視安定之為本。

有關安泰之具體實行，分三方面：一從外在仍有之艱難言；二從平素生活言；而三從安泰其優裕狀態言。

【九二：包荒用馮河，不遐遺朋亡，得尚于中行。】

「包荒用馮河」中「包」字解包裝起，亦獨自總攬起之意。全句意謂：為不忘遠方朋友之逝去，縱使獨自一人橫跨（包）荒蕪之地及徒步越過河流，仍應取其中道而行，喻必須盡求其安全、安泰。初九以征事言，本句仍從艱難之事言，謂：無論其所為事多麼有急需、有理由，然面對艱巨之事，其唯一方法仍先在安泰。安故是一切為事之根本，艱巨之事更是。若非如此，事無以達成。事之成，故非只由能力，更由能安泰地為。本句之所以用到達遠方之例子，因在安泰前提下，唯有外在偶發之事能使安泰失去，亦只有如此，才能說出面對困難時安泰之重要性。

【九三：无平不陂，无往不復，艱貞无咎，勿恤其孚，于食有福。】

九三始進言安泰之於平素生活，再非從面對困難言，這點從結語「于食有福」可見。「无平不陂，无往不復」指縱使是平日生活、縱使是一種安態之常態，始終必仍有起伏，非安泰便純然安靜無事。有平靜必有起伏、有所去亦必有回歸。對如此在安泰中平素之起伏，《易》之教誨是：「艱貞无咎，勿恤其孚，于食有福」，意謂縱使遇有艱難，能自守即无咎，不應過於憂慮其心，能如是於生活仍將有福。在平常中之起伏，實仍是泰之常態，故不應耿耿於懷，自守便是，始終有福。這是平素生活中與安泰有關之道理。

【六四：翩翩，不富以其鄰，不戒以孚。】

最後，有關安泰至為優越之體現，《易》說：「翩翩，不富以其鄰，不戒以孚」，意謂：縱然能泰然自若至如鳥輕快之飛翔，仍絲毫不應有所驕傲、不應以自身之富有傲視他人，如是心不會因戒懼而不安，此始為真正之安泰。自九二至六四，故已對安泰之道作具體說明：在面對艱巨時仍必須以安為中道，不能失去安定；平素有所起伏，這仍是一種安定，不應過於掛慮，自守便是；因富裕而確然翩翩自在時，不能絲毫驕傲，使心因戒懼而不安。

【六五：帝乙歸妹以祉，元吉。】

從國家層次言，「帝乙歸妹以祉，元吉」：帝乙為紂父，時商已衰弱，帝乙以胞妹嫁給西伯昌，欲穩定兩國矛盾，事見《詩・大明》。《易》以此喻國與國以聯婚求安定。國知求安定，故為大吉。

【上六：城復于隍，勿用師，自邑告命，貞吝。】

上六最後如我們已分析，言安泰為一切之本。國家自身未能安泰而又外在地興兵動武，這是虛妄盲目的。「自邑告命，貞吝」是說，若國人不知安定之道理、或不知國家內部已有所未定，那應向人民告誡，解釋所處處境、其如命般事實。若仍有所執持，一意孤行，將實狹吝而已。

否　否定

否，否之匪人，不利君子貞，大往小來。
初六：拔茅茹以其彙，貞吉，亨。
六二：包承，小人吉，大人否，亨。
六三：包羞。
九四：有命，无咎。疇離祉。
九五：休否，大人吉。其亡其亡，繫于苞桑。
上九：傾否，先否後喜。

人之被否定，連君子亦難於自守，因付出多，所得少。
初六：如拔茅草，事其根必相連，故應從其匯集處（本）拔起，喻對否定處境之改變應從其本，仍應自守始吉，否定處境若能改變則通達。

六二：大人之承擔起一切責務，如是小人吉，大人否，然其事通達。
六三：於有過失中，總攬起所有羞愧與責備。
九四：因任命而致之否定无咎，只自身耕地得不到照顧而遠去福祉而已。
九五：因不被任用而有所否定，對賢德者言仍吉，唯其心懷對不能作為有所慨歎而已，如言「其亡其亡，繫于苞桑」（隱逸）那樣。
上九：否定若如顛覆毀滅般，其往後因重建而有喜。

安泰之反面為〈否〉：否定。〈否〉指出人被否定之種種處境或情況。因被否定非由己過而致，故不從解決之道言。若單純為困厄之去除，應平時致力於安泰，如以中道而行、自守、不驕，及力求安定、以安定之法應對事情等等。

【否，否之匪人，不利君子貞，大往小來。】

「否之匪人」意為：對人之否定，實非由於其人自身之過失；若是自作自受，那再不是「否」而是應得。「否」故必所對非人。正因所對非人而仍有所否定，故連君子也難於自守，其付出多、所得少（「大往小來」）。若不從改變所帶來之吉言，〈否〉本身絲毫無正面意義。

【初六：拔茅茹以其彙，貞吉，亨。】

初六「拔茅茹以其彙」同出於〈泰〉〈否〉兩卦中，都說明必須回歸安泰為本，及從本解決一切，如是始「亨」。若有所被否定，故仍須自守、從改變求通達。

【六二：包承，小人吉，大人否，亨。】

自六二起，〈否〉對否定性作種種程度說明。首先是「包承」。「包承」指人自身總攬起一切，如總攬起一切責務。責務本非一人，致其個人承擔起一切，故是一種否定。能如是承擔起一切事務而無怨，作為大人雖否，然因其承擔，小人故吉，再無需承擔其事故。對大人言雖為否，然因事已被承擔起，故必有所通達，此所以「小人吉，大人否，亨」。

【六三：包羞。】

若「包承」只從承擔言總攬，那「包羞」則非只從責務、更從於過錯中之羞愧言，即於事因過錯有所責備，此時大人獨自總攬起一切過錯責備，如此為「包羞」。因錯非其錯，故為一種否。以上三者從總攬(「包」)言否。

【九四：有命，无咎。疇離祉。】

若非總攬而直對其人自身之事，仍有兩種被否定性，一外在、另一內在。外在如有特殊任命，因所任命之事而致之否定，《易》舉例為「疇離祉」，即因任務而致自身耕地無法照料，遠去福祉。然如是因命而致之否定，无咎。從這「有命」及「疇離祉」可見，其人本身非樂於有命，而以歸耕始為志，其否定在此。然因為命，雖遠去自身本願，仍无咎。

【九五：休否，大人吉。其亡其亡，繫于苞桑。】

相反，對有志之人而不用(「休」)，使不得不歸隱，如是之否定，若其人為大人、仍有所自適而豁達，始吉，唯心對不能有所作為而慨歎而已，曰：「其亡其亡，繫于苞桑」。前一否定仍外在，後一否定則內在，直對其人否定故。否定對人言因而有外在內在，或從總攬起一切言、或直對其人自身，使不能自己、或直對其人全然否定。此否定之程度。

【上九：傾否，先否後喜。】

最後，《易》指出否定性其極端，說：「傾否，先否後喜」，意謂：其否定性顛覆一切、毀滅一切，如是之否定至巨。雖然如此，《易》仍從毀滅帶來之正面性而說：雖先否定一切，然從必須重新建樹一切言，其將帶來喜悅。此「否」從之後有所改變言故為喜。

同人　人和

同人，同人于野，亨。利涉大川，利君子貞。

初九：同人于門，无咎。

六二：同人于宗，吝。

九三：伏戎于莽，升其高陵，三歲不興。

九四：乘其墉，弗克攻，吉。

九五：同人，先號咷而後笑，大師克相遇。

上九：同人于郊，无悔。

人和，如在不毛之地得與人和合，通達。宜作大事，亦宜君子之自守。

初九：與外人和合，无咎。

六二：只與宗族和合，狹吝。

九三：（輕易地）壓伏敵軍於草莽，又自舉於高陵上，如是與人之不和合，將長久不能興起。

九四：雖高据城垣，然不進攻求勝，吉。（仍有與人和合之心）。

九五：（國與國）能和合，雖先因損傷而有所號咷，然後因和合仍有笑，勝於大軍相遇而戰。

上九：與敵國能在城郊外先和合，不使兵臨城下，无悔。

在這有關現實存在其一般基本道理之第一大分組終結前，《易》借〈同人〉與〈大有〉勾勒存在之理想，二者基本上都從國家之層級言：一在和睦或（若從戰事言）和解、另一在豐盛富有。

【同人，同人于野，亨。利涉大川，利君子貞。】

「同人于野」雖可單純解為在不毛之地得與人和合，然「野」另一次用在〈坤〉「龍戰於野」，與戰事有關，此處故亦可從戰事之和解言。能在不毛之地息戰，必然通達。《易》以此說明與人和合之重要，既不相互傷害、更能於不毛之地得人協作，此〈同人〉之真實。「利涉大川，利君子貞」者，因得人協作，故可作大事，亦宜君子之自守。「利涉大川」與「利君子貞」應為〈同人〉之兩相反面，因能得與人，一般言只更有所作為，鮮得人而自守；《易》故加上「君子」二字，因唯君子間之和合仍能保有各各之自守故，即後來《論語・子路》之「君子和而不同」①。

【初九：同人于門，无咎。】

【六二：同人于宗，吝。】

「同人于門，无咎」與「同人于宗，吝」相對，「于門」表示所和合者為外人，非「于宗」之親屬。這對比雖可一般解，所強調為：人與人和合不應有拒斥外人之態，排外只狹隘而已，非真和睦。然這兩爻辭亦可朝向國家之用人解，如《論語》之「君子不施其親」(〈微子〉)及「雖有周親，不如仁人」(〈堯曰〉)，換言之，於用人而只與親和合則狹吝，能亦用外人始无咎。

① 「小人同而不和」，故不貞。

無論如何，與人和合不應有親疏之別，更不應有先在之好惡，如人只喜接近順己悅己之人那樣，如是和合實只排斥而已，非真正與人和睦，此《易》所特別對比「同人于門」與「同人于宗」之意。

【九三：伏戎于莽，升其高陵，三歲不興。】

〈同人〉之後四爻，都與國家甚至戰事有關，此証前兩爻亦應如此。四爻都在言戰事中和睦姿態之重要。「伏戎于莽，升其高陵，三歲不興」是說，能輕易地壓伏敵軍於草莽，又自舉於高陵上，換言之，以自身強勢傲視於人，既不和睦亦有所自大，縱使一時戰勝，其結果只會是長久不能再興起，未能以和諧服人故。

【九四：乘其墉，弗克攻，吉。】

「乘其墉，弗克攻，吉」相對亦相反：縱使己兵已高据城垣，仍不進攻求勝，換言之，仍有待和解之可能，非以一己之強而盡取，如是和合之心，吉。

【九五：同人，先號咷而後笑，大師克相遇。】

九五之「同人，先號咷而後笑，大師克相遇」仍順承此道理，「先號咷而後笑」指因戰事之將臨而放聲大哭般難過，然因之後和解而大笑。《易》意是，縱使有如此哀痛之起落，仍勝於兩軍相遇而戰，能不戰仍應不戰。「先號咷而後笑」亦可解為雙方先已略有爭執傷亡，然若能忍一時之痛而不立即大戰一番，仍是不應戰。

【上九：同人于郊，无悔。】

故最後，「同人于郊，无悔」明白指出，若敵軍已兵臨，若能在城郊先和解，仍是較戰事發生為尚，如是將无所悔。無論是人和抑國間之和解，始終是存在終極性之道，亦只有如此，國家始能豐盛富有而理想。

大有　（國家）豐盛富有

大有，元亨。
初九：无交害。匪咎艱則无咎。
九二：大車以載，有攸往，无咎。
九三：公用亨于天子，小人弗克。
九四：匪其彭，无咎。
六五：厥孚交如，威如，吉。
上九：自天祐之，吉无不利。

（國家）豐盛富有，有大通達。
初九：若豐盛富有，不應與害有所關連。若非有所過咎與艱辛而致此，則无咎。
九二：豐盛富有若如以大車而載，因有所作為（行），无咎。

九三：豐盛富有應有不佔有之心，如與天子共享，而此小人鮮能做到。
九四：不因豐盛富有而宣揚示強，无咎。
六五：國因豐盛富有而心有與鄰交共，因而使人敬畏，吉。
上九：豐盛富有若為天所保祐，吉无不利。

【大有，元亨。】

〈大有〉從國家之豐盛富有言。此亦明顯為存在之理想，故置於第一大分組之最終。卦辭之「大有，元亨」明白，大有必為大而通達故。

【初九：无交害。匪咎艱則无咎。】

初九是從大有之基本言，即：若所以致於大有，是與害無關，既非由損人而利己，亦非盡取他人之所有地壟斷而得，更不是以富有而致害他人，換言之，其豐盛富有絲毫與害無關，如是大有，始是富有之義。故「匪咎艱則无咎」，即若既無咎、亦非耗盡艱辛始得，如此之富有，始无咎。

【九二：大車以載，有攸往，无咎。】

九二仍是針對此大有之基本言：「大車以載，有攸往，无咎」，換言之，大有若如大車之載，仍有所行、仍有所作為，非因有而無所事事，如此之大有始无咎。前對過去言，此對未來言，均為大有其基本之道。若如壟斷傷害他人而致富、或若只是浪費耗盡，非對人更有幫助地作為，縱使大有，必有咎。

【九三：公用亨于天子，小人弗克。】

【九四：匪其彭，无咎。】

九三、九四兩爻，主要言大有應有之態度。「公用亨于天子，小人弗克」所言，為公大有而仍能以不獨佔之心與天子同享，這是一切在需要外擁有之道。《易》補充說：這不佔而共享之心，是小人難於做到的。

此外，更不用說，縱使大有，亦不能絲毫有所自大，《易》用「彭」言，「彭」強盛貌，即宣揚示強之意。不因大有而宣揚示強，故「无咎」。

【六五：厥孚交如，威如，吉。】

【上九：自天祐之，吉无不利。】

六五從如王者之大有言。「厥孚交如，威如」指國雖大有而仍有誠心地與鄰國交共，又因而為他國所敬畏，如是吉。

上九更補上：「自天祐之，吉无不利」，即其大有實如王者之有德行那樣，非以有而妄為，反以大有成就德行，使天亦庇祐，如是故「吉无不利」。

大有之道雖簡明，然從擁有言，實基本而正。人類都以擁有為存在目標，然鮮見遵守這樣道理，故均只小人之大有而已。從「自天祐之」而觀，大有而仍能有德行，確實為人人所樂見而祐，如孟子常言之「樂民之樂者，民亦樂其樂；憂民之憂者，民亦憂其憂」（〈梁惠王下〉）。此「祐」之至。

三、現實存在中與人有關面相

謙　謙虛

謙，亨。君子有終。
初六：謙謙君子，用涉大川，吉。
六二：鳴謙，貞吉。
九三：勞謙，君子有終，吉无不利。①
六四：撝謙。
六五：不富以其鄰，利用侵伐，无不利。
上六：鳴謙，利用行師，征邑國。

① 今本為：「九三：勞謙，君子有終，吉。六四：无不利，撝謙。」

謙虛，通達。謙虛之君子必有成果。
初六：君子而謙虛，可作大事，吉。
六二：因謙虛而有聲望，自守則吉。
九三：謙虛而為人勞，如是君子必有成果，吉无不利。
六四：謙虛可過於謙卑，如為人揮手示退。
六五：不以富傲視鄰國，可用侵伐，无不利。
上六：為國因謙虛而有聲望，有助於行師征伐邑國。

【謙，亨。君子有終。】

自〈謙〉始，《易》進入第三大分組，主要討論現實存在中與人有關方面。從〈謙〉與〈豫〉見人平素應有心態與心境。首先有關〈謙〉。謙虛於《易》並非作為德行言，如〈乾〉〈坤〉之德，始終有其對他人致力或對價值致力之方面，謙虛雖亦可有成，但只是從人自己之一面言而已。不過，以謙虛之態度為事，其作為自然通達，此所以〈謙〉為通達之原因，其通達既從事言、亦從謙虛本身作為態度言，即為一可普遍化之態度。從「君子有終」可見，以謙虛之態行事，必有所結果。附上「君子」兩字，既一面表示唯君子始有真實作為，「終」故相對此而言；小人縱使似謙下，然未必有作為，其謙下故可無結果。其次是，從這裏亦可看到，謙虛仍實有二：君子之謙虛始誠懇地真實，確然謙虛，然小人之謙下未必是，雖從外表態度言似謙下，然謙下若非由於心，將非致其人於善、非成就其人之品格、由品格而影響其生命之一切，至終而有成。舉例說，真正謙虛使人去其自我，因而更有學之真實，故有成；無謙虛而自我者故鮮知學，其無成亦由此。謙虛故雖非對他人之德行，然是人自立之本。只為表面態度之謙下，其謙虛只知對人而表面，非作為品格而真實。《易》從「君子有終」言，爻辭中亦多用「君子」，可見對謙虛其真偽有深明之辨別。

【初六：謙謙君子，用涉大川，吉。】

【六二：鳴謙，貞吉。】

初六之「謙謙君子，用涉大川，吉」只是對謙虛之意義其基礎之說明而已，即如謙虛這樣的德性，是可用於大作為上，即謙虛為成就大作為之方法，此其首先意義所在。

六二之「鳴謙」，非面對聲名而謙虛，而是因謙虛而得聲望。若用於大事為謙虛之首先意義，那因謙虛而得聲望即其首先或直接成果，其他成果暫不言。之所以言此，因謙虛本似卑下，似非成就，然正因如此，反為人視為可敬仰者，其聲名故能單純由此而立。「鳴」故為謙虛之直接成果。而對於此，《易》仍教誨說：「貞吉」，即仍必須自守，不能因此失去謙虛及其真實。

【九三：勞謙，君子有終，吉无不利。】

【六四：撝謙。】

九三與六四分別言謙虛之兩種樣態，一真而極致、另一偽而表面。「勞謙」即因過於謙下而致勞碌，雖勞碌至此，然始終能有結果，故「吉无不利」。用「君子」以言，亦明白若為小人之謙虛假象，始終不會致於勞碌般犧牲。縱使極着重君子之道之曾子，亦曾說：「恭而無禮則勞」（《論語・泰伯》），言過於謙虛恭敬而失去分位之準則，則勞，意謂縱使恭順謙虛，仍不應有過，不應致於過分勞碌。從這觀點看，《易》沒有提及這樣準則。無論因謙虛而致勞、或只有君子始能如是犧牲，《易》只從「吉无不利」言，沒有作糾正。其着重只謙虛之真實性，非其他。故對謙虛之偽，《易》直以「撝謙」表述。「撝」為謙抑、一種過於肅敬佐恭之貌，甚至有如為人揮手呵斥示退時之謙卑。《易》單言「撝謙」，明以與「勞謙」對比。「勞謙」雖勞，然仍有己；若謙虛至於無己般卑下，如此謙虛明白為不是，只助長他人之自大與自我而已，非有絲毫之善。「勞謙」與「撝謙」都為謙虛之極端樣態，然一者仍正，另一者非是。此《易》舉二者作對比之原因。

【六五：不富以其鄰，利用侵伐，无不利。】

【上六：鳴謙，利用行師，征邑國。】

〈謙〉以最後兩爻說出謙虛之用，一為「不富以其鄰，利用侵伐，无不利」、另一為「鳴謙，利用行師，征邑國」。表面上二者似言同一事，然若從意象言，前者非必只言侵伐，可代表一切由志向而致之大作為。上位者能謙虛，亦不以其強大而驕傲，如是之王者，實可以如此德性而行、作大事，无不利。此言謙虛之用。

「鳴謙，利用行師，征邑國」則更進一步，以其謙虛之聲望，作行師征伐之事，因其如此聲望必為人景仰，故亦能行。無論以謙虛而行抑藉謙虛而有之聲望，都可致於大作為，此謙虛其結果，亦其意義所在。

豫　逸豫、安閑

豫，利建侯、行師。
初六：鳴豫，凶。
六二：介于石，不終日，貞吉。
六三：盱豫，悔；遲，有悔。
九四：由豫，大有得，勿疑。朋盍簪，貞。①
六五：疾，恆不死。
上六：冥豫，成有渝，无咎。

① 今本為：「九四：由豫，大有得，勿疑，朋盍簪。六五：貞疾，恆不死。」

安逸，宜有所建立、宜行師。

初六：因逸豫而有聞，凶。

六二：受限於石間，不會長久，自守則吉。

六三：仰視無所顧（盱）地逸豫，悔；因逸豫而延誤，亦有悔。

九四：順隨處境而自然地逸豫，大有所得，無需疑慮。若是朋，何需以簪整飾頭髮？自守便是。

六五：能安閑，縱使有疾，仍久活不死。

上六：暮年之閑逸改變了一生之成就，然无咎。

【豫，利建侯、行師。】

若〈謙〉為心態，〈豫〉則為平素心境。平素心境在安閑逸豫，不應長戚戚或汲汲有所圖。安閑雖正，然不能過、不能無所事事。故卦辭仍從「利建侯、行師」言，一從有所建立、另一更從「行師」言。「利建侯」只見於〈屯〉〈豫〉二卦，一因生命之序故言建立、另一因恐過於豫逸而荒廢不事故言建立。「行師」亦只有兩出：一在前〈謙〉上六之「鳴謙，利用行師，征邑國」，從附上「征邑國」其意明確為征伐之事。然在這裏，「行師」可單純指如軍隊之操練，意思仍是：逸豫不應過度，若為上位者，仍應有所警惕，不能鬆散散漫，故宜「行師」。〈豫〉爻辭再沒有提及「行師」，故卦辭中「行師」應與戰事本身無關。

【初六：鳴豫，凶。】

【六二：介于石，不終日，貞吉。】

【六三：盱豫，悔；遲，有悔。】

初六、六二、六三三爻，亦先針對逸豫之不應太過言：「鳴豫」與〈謙〉之「鳴謙」相反，一者「貞吉」另一者「凶」。謙虛為德性，故可有聲望；然因逸豫而聞名，見有刻意求索安逸，絕非好事，故凶。

《易》故相反說：「介于石，不終日，貞吉」，即受限於石縫間，雖似無所餘裕、無所逸豫，然始終不會長久如此，故能自守仍吉。此仍訓誡人不應妄求安逸。

六三故繼而說：「盱豫，悔；遲，有悔」，即仰視無所顧（盱）地逸豫，有悔；因逸豫而延誤，亦有悔。六三之位多從現實為事方面言，勤於事始是其應有基本之道，故此時反求安閑，不事而散漫，心無所對向，事又有所推延，甚或如「鳴豫」之更有所刻意，如此都非逸豫之真實，故有悔。

【九四：由豫，大有得，勿疑。朋盍簪，貞。】

【六五：疾，恆不死。】

【上六：冥豫，成有渝，无咎。】

在對逸豫訓誡後，《易》始於九四至上六三爻言逸豫之正。首先是九四：「由豫，大有得，勿疑。朋盍簪，貞」。「由豫」指順隨逸豫而自然，意非對安逸刻求，而是自然而得①，如是將大有所得，亦再無需疑慮。《易》更舉例說：若是真實友人，何需以簪整飾頭髮②，自守便是；喻可盡其自然地閑適。九四故先指出面對逸豫之正確態度。

六五則更進一步指出逸豫之意義：「疾，恆不死」，即若能安閑，縱使遇有疾，仍久活不死，

① 如古代因貶謫至遠方而致有所逸豫。

② 如此意象亦見謫貶而隱逸之意。

此生活安閑之真實與意義，為萬物生命本然之態。

最後，閑逸若非由處境自然而得，則多為人晚年之事，如今人因退休而閑逸。《易》對這樣閑逸說：「冥豫，成有渝，无咎」。暮年之閑逸雖對人一生成就有所改變，然始終為人生必然之事，故无咎。從「成」字可見，其人過去仍有所努力，非先求為安逸；另一方面，晚暮雖似人生之改變，再不見青壯年之生命力量，然始終无咎。閑逸故或隨處境、或隨生命階段而產生，如是閑逸无咎。因荒癈或有所刻求，逸豫將不正。以上為逸豫之道。

隨　追隨（順人）

隨，元亨，利貞，无咎。

初九：官有渝，貞吉，出門交有功。

六二：係小子，失丈夫。

六三：係丈夫，失小子。隨有求得，利居貞。

九四：隨有獲，貞凶。有孚在道，以明，何咎。

九五：孚于嘉，吉。

上六：拘係之，乃從維之。王用亨于西山。

有所追隨，大而通達，宜自守，无咎。

初九：以為追隨權勢者，然權勢也有變動，自守始吉，出外與人交往更有功。

六二：追隨必有所失，係於一方則失去另一方。難兩得。

六三：追隨必有所失，係於一方則失去另一方。故應隨所有而求，宜安定（非外逐）自守。

九四：若只順承得獲而追隨，執持如此則凶。心懷更應在道、由道而光明，何咎。

九五：心懷在美善上、以追求美善為價值對象，吉。

上六：若被拘縛住，只有順從而已。此時，誠心以祭求天之指引。

【隨，元亨，利貞，无咎。】

〈隨〉與〈蠱〉繼人平素心態與心境後，進一步討論人其自我心志與價值。這自我心志多體現在追隨與匡正，為人面對人之態度，及其價值取向，故非只是自身心態心境之問題。〈隨〉若為正，必有所真正價值，故卦辭言「元亨」。然一般追隨未必為是，故自守（「利貞」）始「无咎」。

【初九：官有渝，貞吉，出門交有功。】

〈隨〉前四爻針對人於現實中常見之追隨言。首先是「官有渝，貞吉，出門交有功」。人多勢利，見權勢而盲目追隨，故初九劈頭便說：「官有渝」，即權勢也有變動，未必永遠保有其地位，故不應求對權勢者盲目崇尚，自守始吉（「貞吉」）。「出門交有功」則反言應多向外交往，無須只跟隨權勢，如此更有功。

【六二：係小子，失丈夫。】

【六三：係丈夫，失小子。隨有求得，利居貞。】

六二與六三之「係小子，失丈夫」與「係丈夫，失小子」只顯所重者隨着處境而顛倒：六二多從內言，如婦人在自家中，此時之「係小子，失丈夫」或因心所重視為孩子，或因丈夫在外工作故有所遠去。六三相反，多從外在工作言，婦若跟隨丈夫在外則失去對家中孩子之照顧。無論是心懷抑地限上之「係」與「失」，六二與六三「係」「失」之顛倒表示，人之追隨往往有其兩面，得一必失去另一者，難兩得。此追隨之事實，必有所失之一方。《易》故結論說：「隨有求得，利居貞」，即應隨所有而求，若在內則「係小子」、在外則「係丈夫」，所係隨其眼前所有而決定，不得貪求。「利居貞」者，即宜安定而非外逐、並應自守。此追隨或跟隨基本之道，視乎處境所有而定。

【九四：隨有獲，貞凶。有孚在道，以明，何咎。】

至於對得獲擁有之追隨，《易》誡說凶：「隨有獲，貞凶」。「貞」於此為執持持續、自守於這樣之追隨獲得，故凶。《易》正此說：「有孚在道，以明，何咎」，即人之心懷應在道、應志於道；由道而光明，何咎？

【九五：孚于嘉，吉。】

故在九五之位指出，追隨之至善者即在：「孚于嘉，吉」，意謂心懷在美善上、心以追隨美善為對象，吉。此追隨與價值向往之正，既非在世俗所崇尚之權勢地位、亦非在財物之得獲，縱使非二者而只是心懷之人，也往往係於一而失卻另一，無法兩全。唯志在美善價值，其追隨、追求始真正善。

【上六：拘係之，乃從維之。王用亨于西山。】

《易》最後指出於追隨、追求中最不能自己時之情況：「拘係之，乃從維之。王用亨于西山」，即若因拘縛使追隨不得自由，那只有順從而已，也只有誠心以祭求天指引而已，再無他法。此追隨之道。

蠱　匡正（逆人）

蠱，元亨，利涉大川。先甲三日，後甲三日。
初六：幹父之蠱，有子考，无咎。厲，終吉。
九二：幹母之蠱，不可貞。
九三：幹父之蠱，小有悔，无大咎。
六四：裕父之蠱，往見吝。
六五：幹父之蠱，用譽。
上九：不事王侯，高尚其事。

匡正，大而通達，宜有大作為。一切應如革新地重新開始。
初六：匡正父親作為一家之主之錯誤，參照子所應為而行，无咎。其事雖艱厲，然終吉。
九二：匡正母親之錯誤，不可只自守其作為男子之本分，或不可太執持。

九三：匡正父親自身外在事情之錯誤，易因抵觸而有小悔，然无大咎。
六四：對富貴或已有成就之父親其事之匡正，使見其作為之狹吝。
六五：對已有地位父親之匡正，以其名譽之損以告誡，或用自己之名譽以誡。
上九：對王侯勸諫不成，可不事而只追求自己崇尚者，保持自身之高潔。

【蠱，元亨，利涉大川。先甲三日，後甲三日。】

〈蠱〉卦言人對人之匡正，匡正作為道理大而通達，故「元亨」，亦宜有大作為。〈易・蠱卦疏〉有：「甲者，造作新令之日」，故「先甲三日，後甲三日」言一切應如革新地重新開始，此對應匡正之道而言。〈蠱〉卦文辭極簡，似重複，然若從六爻之三分構造觀，則明白而清楚：初六與九二從家內部言；九三與六四則從外在言；六五與上九最後從在位者言，此六爻之分佈法。有關匡正，因其道多逆人，若非至親而必然，難於言匡正。縱使是至親，若關係為上對下，如父母對子女，如是多只教誨，非匡正。故《易》單舉子對父母這一關係言，既因至親而必須、亦因居下而有如逆反之困難，由此而可總攬一切匡正之道理。於上九《易》保留臣對王侯之關係言匡正，一因非至親者、另一因對方有所權勢、又此時匡正涉及國事故有所必須，以此極端例子說明匡正最後道理。如是觀，〈蠱〉文辭雖簡，然已盡一切匡正情況。

【初六：幹父之蠱，有子考，无咎。厲，終吉。】

【九二：幹母之蠱，不可貞。】

首先若從家內部事言，對象若為父，則「幹父之蠱，有子考，无咎。厲，終吉」，意謂對父親作為一家之主①其錯誤之匡正，子只需參照為子所應作為而行，如此便无咎。這樣之匡正其事雖艱厲，然終吉。換言之，因事只為家事，故子無需越過為子之分位，如此匡正始為正。相反，若對象為母，又只為家事，子此時可不只守其作為子之分位。「幹母之蠱，不可貞」中之「不可貞」，或言子無須守作為男子之分位，可如母般執持家務、或因對象是母親，故對匡正無須太執持。「不可貞」甚至可解為子代父為一家之主，故以此作匡正。以上三種反應，都應順情況而決定：或身體力行地替代、或不過於執持、或若極嚴重時可替代父親以一家之主分位而行，都視乎情況而定，為種種「不可貞」（不可自守或執持）之意。

① 此為家內部事之意。

【九三：幹父之蠱，小有悔，无大咎。】

【六四：裕父之蠱，往見吝。】

若非從家內部而涉及外部事，因母鮮有這方面，故只舉父為例，有二情況：或父單純於外有所錯誤、或父於外更有其富裕力量與地位，一針對其錯誤言、另一更針對其已有成就言。前者為「幹父之蠱，小有悔，无大咎」，後者為「裕父之蠱，往見吝」。父親過錯於外，子故非只守為子之本分，仍必須如外地匡正。如此之匡正，因子為子又非為子，故匡正必引至抵觸，「有悔」指此；然因始終仍為子，故其悔小：「小有悔」，亦「无大咎」。

若父親於外已有相當地位與成就，如富裕所喻，那為子對父之匡正，其往見多狹吝，一方面父多不從、另一方面面對如是有成就之父親，子反顯得狹隘。然「往見吝」更可能之意應為：往使父見自身錯誤之狹隘。此解之所以更正確，因縱使父親在位[1]，仍有「用譽」之匡正，故對裕父亦應有所匡正；且若狹吝在子，應只為「往吝」，非「往見吝」，後者故更應解為

① 見下六五爻。

使父見自身作為之狹吝，對一有作為而成就之父而言，如是匡正至為有效。不過，上列三種情況均可能，故一並列出。

【六五：幹父之蠱，用譽。】

最後，若父為在位者，子無能以直對之法匡正，故只能「用譽」。「用譽」此時亦有兩解：或父若錯過必損自身之地位聲名，故用其名譽以告誡，或子若同樣有其自身地位與聞望，那可用自身之名譽以誡，使父有所反省覺知。這都是針對上位者而有之匡正。

【上九：不事王侯，高尚其事。】

《易》最後於上九，直指出一例：若對象為有權勢之王侯、若關係只如臣僕地外在、若勸諫無以成就，那實再不需匡正對逆，不事便是，故「不事王侯，高尚其事」，此可應用於一切外在關係及勸誨失敗之時，無論怎樣，仍可走自己之正路，自高尚其事，無須同流合污，亦無須耿耿於懷，甚或捨生取義。勸諫不達，仍可自己，此匡正最後道理。

臨　臨視

臨，元亨，利貞。至于八月有凶。

初九：咸臨，貞吉。

九二：咸臨，吉无不利。

六三：甘臨，无攸利。既憂之，无咎。

六四：至臨，无咎。

六五：知臨，大君之宜，吉。

上六：敦臨，吉，无咎。

臨視，大而通達，宜自守。等待至月滿始臨視則凶。喻臨視應直行無延宕。
初九：從感（聽聞）而視，自守則吉。
九二：從有所撼動、感動而視，吉无不利。
六三：若臨視只見其悅者（喻片面），無有利。若已有所憂，則无咎。
六四：到達其地而察視，无咎。
六五：臨視確有所明白通達，為大君之所宜，吉。
上六：篤厚地實行或督促般臨視，吉，无咎。

【臨，元亨，利貞。至于八月有凶。】

作為個體自身，除心態與心境、及心志向往與價值外，亦有對事情之明白與認知，此即〈臨〉與〈觀〉。〈臨〉與〈觀〉非如今日之知識論，從知識官能或知識形成作分析，而是更原本而具體地，從人於其事之臨視與觀見這兩認知樣態而分析，始終仍是教人對認知之自覺與實行。有關親臨而視，《易》言「元亨，利貞。至于八月有凶」，能親往而見，必然元亨，然因臨視仍可有虛妄不真實之一面，故有「利貞」自守之誡。因「臨」為實行，可拖延，故《易》誡說：「至于八月有凶」，意謂不能等待其事圓滿始行動，八月月圓，喻圓滿。臨視有所待而拖延、不立即起行，為凶。

【初九：咸臨，貞吉。】

【九二：咸臨，吉无不利。】

〈臨〉卦對臨視其六種作分析，前三者未至其地，後三者始親臨。首兩爻均是「咸臨」，一「貞吉」、另一「吉无不利」，二者所指應有所不同。

初九之「咸臨」，應指最廣義之感知。非親見而言之感，而應是從間接聽聞之感。透過聽聞而知，未必必然正確，其事亦未必必為正面，故必須有所自守始吉，不應隨着只是聽聞而虛妄。類如這樣感知，最為一般普遍；我們今日如透過傳播媒體所得知之一切，均屬這類，多非真實正確，亦非正面，對等哲學所言之doxa，故必須知自守，否則便即虛妄虛假。

九二之「咸臨」，應從撼動或感動而言。雖仍可是一種聽聞，然所聽聞之內容不同。能至撼動感動者，其事或有所美善、或如悲劇災難般使人撼動，雖未能至，然都已觸動人心，故吉无不利。

【六三：甘臨，无攸利。既憂之，无咎。】

六三之「甘臨」，雖言「甘」，然始終「无攸利」。此時之「甘」，應接續前「咸臨」之感動撼動言，唯差別在，其感動非因對象而真實，只自己選擇所欲聽而聽、主觀而非客觀，故有所掩蓋而不實。這是認知上常有之片面性與主觀性，或為人所蒙蔽、或自身有所不實，只見好的一面、不見事其壞的事實，自欺或被欺。故對此，《易》補充說：「既憂之，无咎」。這「既憂之」應承「甘臨」之片面或虛假言，如謂：若人雖被蒙蔽地只聽到好的一面，然自身仍知對此有所憂，①換言之，雖客觀所知為非，然人自身仍有求真實之心，此時之蒙蔽，仍无咎，其不實非由於己，而己仍有求實之心，非盡然虛妄。

---

① 或同樣，因有所憂而人只告知其好的一面。

【六四：至臨，无咎。】

六四之「至臨，无咎」，明喻以行動而至親視，可能恐前「甘臨」之受騙，以行動求真，故无咎。

【六五：知臨，大君之宜，吉。】

六五之「知臨」為「臨」之最，喻對其事清楚了悟、深入而徹底地明白。這樣至客觀而真實之認知，故為「大君之宜，吉」，即有助大君其為民之作為，故吉。因知之真實，故有善與正，再非只知而已，必亦有行。此「知臨」之所以置於六五之位。

【上六：敦臨，吉，无咎。】

最後，上六之「敦臨，吉，无咎」，應已越過知，言於親臨中，更篤厚地督促其事之執行，如此之臨視，故吉，无咎。若非從督促解，「敦臨」亦可言人於知其事之真實後，自身篤厚地努力，故吉而无咎。

「臨」於〈臨〉卦中故非實指到臨，而是對其對象種種即近之樣態：或單純知其事、或更有所感動、或只片面、或置於眼前而真實、甚或深入地明白通透、或最後有所篤行。此為人對事情認知之種種樣態，認知其具體實不外如此而已。此〈臨〉之主旨。

觀　觀見

觀，盥而不薦，有孚顒若。
初六：童觀，小人无咎，君子吝。
六二：闚觀，利女貞。
六三：觀我生，進退。
六四：觀國之光，利用賓于王。
九五：觀我生，君子无咎。
上九：觀其生，君子无咎。

觀見，如自潔而不作獻祭，如心懷着景仰（顒）。
初六：如孩童之觀見，若為小人无咎，若為君子則狹吝。
六二：只能狹窄地觀見，宜為女子之自守。

六三：對自身生命作為之觀見反省。

六四：觀見國家光明之事，宜用於見王之外來賓客。

九五：在位者對其生命作為之觀察反省（喻國之治理），如是君子无咎。

上九：在位者對他國治理作為之觀察反省，如是君子无咎。

【觀，盥而不薦，有孚顒若。】

若〈臨〉言對客觀事情認知之種種樣態，〈觀〉則不同。〈觀〉從人自身一面言，既言人之自身可左右其客觀認知、亦言人更應反省其自身之一切，使自身及自身之觀見真實。正因這反身自見於人極重要，故卦辭先針對此而言：「盥而不薦，有孚顒若」。「盥而不薦」者，言自潔而不作獻祭。之所以如此，因若潔身只為了祭祀，如此潔身仍只為對象、因事始有，非真單純對自身潔不潔之反省反見。故非為獻祭而仍潔身，如此始真為自反而知。「有孚顒若」則言如心懷着景仰（顒）地……，而此為對自省其態度誠懇之表示；非只於神靈前始誠懇，人面對自身（作為）、面對自身心，亦同樣誠懇，此真正觀見所在。

【初六：童觀，小人无咎，君子吝。】

有關觀見，初六首先指出一事實：「童觀，小人无咎，君子吝」。這明白是說，人類之觀見、其對事情之明白，大多只如童稚般，無能真實地明白，人之認知能力與心態均有限故。雖然如此，《易》仍沒有視之為絕對不可，這始終是事實，亦多不得已。《易》故說，這樣觀見之狀態，若是小人可，若是君子則不可。「小人」在這裏非從無德性之人言，而應指一般百姓。一般百姓非在位，其生命只對向自身日常瑣碎事，故縱使有所狹隘不真實仍无咎；然君子不同。君子可治人，更應有道而真實，其觀見若偽與不誠，必致害。故君子觀見如「童觀」，必狹隘，吝指此。

【六二：闚觀，利女貞。】

縱使觀見之未能真實非由於心態處境，仍可由於（外在）限制，這樣的限制，《易》稱為「闚觀」，其觀見只如窺視故。《易》比喻為女子因自守於家所有見識上之限制，其狹窄非由於心、心態，而是由於外在所限。然若只是針對家務，如是觀見仍可、仍是真實，只有限而已，如作為女子之自守適宜，此所以「利女貞」。「童觀」無其真實性，「闚觀」仍有所真實，只狹窄而已。此〈觀〉初六六二兩爻首先所指出者。

【六三：觀我生，進退。】

在〈觀〉其後四爻中，再非言觀見本身之問題，而是觀見應有之對象內容。六三六四從人一般言，九五上九則從上位者言，因而代表國家這更高層級。對一般人言，觀見之對象首先是其自己、其自身生命、其作為。對這一切之反省，是人所以能真實之條件，故為觀見首先對象內容。此「觀我生，進退」所指。

【六四：觀國之光，利用賓于王。】

觀見除首先作為自我反省外，於外在對象，應先在光明正面之事上，這是向往道之正面性而有之觀見與學習。《易》形容為「觀國之光」。「觀國之光」並非教人虛偽不實地觀，如本無光明而自欺。並非如此。「國」喻存在最高層級。國之光明因而亦指人類存在中真正正面之事，這樣之事始應為人學習之對象。負面事實於人絲毫無所助益，只加深其心態與認知上之錯誤而已，不應為觀見之對象內容。若身邊存在確無如此，仍應從他國、他民族、甚至其他歷史時代學習，如孔子以三代始為真實那樣。①《易》故言「利用賓于王」，意謂如外來賓客對國其光明正面典範之學習與觀見那樣，人實應向光明正面處學習，縱使如外賓對他國之光之觀見，仍應如此，始終應以光明之事為學習對象。

【九五：觀我生，君子无咎。】

若從上位者言，上位者之觀見與學習更左右一切，直接影響人民百姓甚至人類存在。《易》故再一次指出，縱使是上位者，仍應「觀我生」，即能自我反省，對自身作為有所觀見，能如此始如君子般无咎。從這重複之「觀我生」，可見人對自身反省之重要，自百姓至上位者均如此，亦一切學習首先所在。

① 見《論語・述而》之「信而好古」。

【上九：觀其生，君子无咎。】

最後，一如「觀國之光」，在位者除對自身之觀見外，① 更應有對他國之觀見，無論好與壞，此為上位者借以警惕、防範者。此「觀其生，君子无咎」所言。「无咎」或因有所防範、或因有所自我警惕。以上四爻，《易》以如此簡明之法，指出觀見與學習之全部關鍵：一在能自我反省、另一在能向正確光明而學習。若更為上位者，則應知彼及知一切錯誤以能防範。此為學習與觀見之方向。對負面事實之察知，唯如此而已，為防範與自身更有警惕而已，非為其摹倣或用以為藉口。以上為觀見或學習之道。

① 因而亦包含對正面光明之學習。

噬嗑　欲望（存在之原始性）

噬嗑，亨，利用獄。

初九：屨校滅趾，无咎。

六二：噬膚滅鼻，无咎。

六三：噬腊肉，遇毒，小吝，无咎。

九四：噬乾胏，得金矢，利艱，貞吉。

六五：噬乾肉，得黃金，貞厲，无咎。

上九：何校滅耳，凶。

欲望，普遍，宜用刑罰禁制。

初九：於欲望（發生）前能先禁止其行動，无咎。

六二：欲望赤裸地呈現難於承受，甚至可使人窒息，故无咎。

六三：欲望若如腊肉有所修飾加工，其害雖非眼前能見，然始終如遇毒，如是修飾其狹吝氣度小，因仍自毀，故无咎。

九四：欲望若如乾胏之帶骨，其害如有所自節，所得與所害參半，如金矢：作為矢有害、作為金則有所得，那如是欲望宜有所艱難，並由自守始吉。

六五：於欲望中而得黃金，如人之單純追求美好事物，其事自身無害，如此欲望使人自守艱厲，然无咎。

上九：若為欲望所淹滅，終也揹負着刑責而已。

【噬嗑，亨，利用獄。】

〈噬嗑〉為對欲望之分析，其相對之〈賁〉則言文飾甚至文化，後者為前者之轉化。首先有關欲望本身。

對欲望，《易》曰：「亨，利用獄」。這裏「亨」，不應再解作通達，應只解為普遍普及，為見於一切人與事；人均有所欲求、亦多盲目，非由道而行，亦非有所自省與自守故。故對欲望之過度，「利用獄」，即宜以刑法禁限。相對於此，〈賁〉之所以「亨小」，因其事難於普及，對人教化不易，人多只以欲望原始地行，鮮有所文化教養。欲望雖為欲望，仍有演變與進化可能，非保持其原始甚至野蠻狀態，更有對其害掩飾。然始終仍為欲望，故《易》以「膚」「腊肉」「乾胏」「乾肉」之層次表示。

【初九：屨校滅趾，无咎。】

初九與六二先從欲望之原始言。「屨校滅趾，无咎」指在欲望發生前，先禁止其行動，无咎。「趾」喻行動，「校」為刑具。這是禁防欲望最基本亦原始之方法。

【六二：噬膚滅鼻，无咎。】

相反，若非有所先行禁止而讓欲望得其所欲，那欲望必無所節制地求其滿足，《易》用「噬膚滅鼻，无咎」表達。「膚」喻肉，用「膚」表示，其噬如禽獸般野蠻，至如「滅鼻」之貪婪程度。然之所以无咎，因過於赤裸之欲望，其自身必自行淹沒，無法能持續如此，《易》故以「滅鼻」形容，言如此貪婪之噬嗑，將連生命也可能滅掉，其无咎由此。從這裏我們可看到，古代對欲望雖言禁制，然亦同時明白欲望其自毀之事實，禁制只為防範其終自毀而言，本於善意，非如我們今日所以為，欲望本身可無窮而不自害，故禁制也只唯一對欲望毀滅之法，或討回所應得之公道。欲望之有所改進表示，其自身實知自身之不是，欲望之盲目故非純然盲目，非至死仍如此，非終惡極。以欲望之惡為人性惡之証明，故未善。

【六三：噬腊肉，遇毒，小吝，无咎。】

若欲望之原始體現終會自毀自滅，其進化《易》以「噬腊肉」表示。欲望之有所進化先只是其表面外表，其害仍然，雖非如「噬膚」之直接「滅鼻」，然始終如「遇毒」那樣同樣致命。「小吝」所指為如此進化以為表面掩蓋了欲望之為欲望、欲望表面之惡，然如自欺欺人地，實只是一種狹隘而已，對其事毫不見真正改變，其狹隘之氣度小。[①] 因其害仍為如毒害，故始終自毀自滅，故亦終自知自見，其无咎從此言。

① 「小吝」亦見於〈萃〉，意雷同。

【九四：噬乾胏，得金矢，利艱，貞吉。】

欲望其進化若非只表面，而實對欲望本身之害有所改進，如「噬乾胏」，(「胏」為帶骨之乾肉，骨使其噬有所節制)，那此時欲望之害，如「得金矢」：作為矢有害、作為金則有所得，如是兩得之欲望，再非從其事本身之引致自毀而无咎，其自制只能由人自己，非再能由其事本身，故《易》以「利艱」與「貞吉」言，即若其事有所艱難、或人能自守，始吉。若如此欲望有所容易，必使人更難自守，其害更甚。對如這樣有所得因而難免其害之欲望，故越少越好，宜艱從此言①，亦唯能自守始吉。

【六五：噬乾肉，得黃金，貞厲，无咎。】

欲望之最善者如「噬乾肉，得黃金」，既為欲望之肆、又有所得而不見害，如是欲望，如人對純然美好事物之追求，其雖為欲望然追求無害，如是欲望「无咎」。正因無見害，故相對人

① 「乾胏」之帶骨，亦喻噬嗑之不易，為「利艱」之意象。

之自守自身言為艱厲，此所以「貞厲」。欲望於此雖本身非害，然始終如使人放逐其心、難於自守，此其所以仍未盡善。

【上九：何校滅耳，凶。】

最後，《易》訓誡說「何校滅耳，凶」，即欲望至於過度必受刑責，如負荷之刑具滅耳般加之於全身，故凶。

〈噬嗑〉對欲望之分析可算全面，既見欲望之演化，由赤裸地見其惡、見其害，至欲望其害之掩飾，甚至對只純然如求美好之欲望，《易》對欲望之所以然其明白深邃。從欲望之自毀言无咎，又見《易》者之寬大豁達，非處處用盡刑法只為討回公道，而是從其事本身之致其人於不善言。「屨校滅趾」故先求其不行，使免於致更大傷害。以上為《易》對欲望其形態與層次深淺之分析。

賁　文飾與文化表現

賁，亨小，利有攸往。
初九：賁其趾，舍車而徒。
六二：賁其須。
九三：賁如濡如，永貞吉。
六四：賁如皤如，白馬翰如，匪寇婚媾。
六五：賁于丘園，束帛戔戔，吝，終吉。
上九：白賁，无咎。

文飾與文化不易普及，故其通達小，然宜有所作為。
初九：文飾最初只求外在美與表現，故寧捨車而徒步，求為人所見。
六二：文飾之進一步，非求外表，更求如文士般修養表現。

九三：文飾作為文化，必須徹底浸潤，長久自守如此則吉。

六四：文化之化若達老耆白髮所顯智慧，又如白馬奔馳生命力量姿態之美，如此追求非寇盜、而實為如求婚事般，只帶來幸福。

六五：文化至於如自然般文飾，實只以素樸素雅布帛修飾而已，雖看似狹吝，然終實吉。

上九：如白素無文之文飾，无咎。

【賁，亨小，利有攸往。】

相對於欲望，〈賁〉言文飾或文化。之所以「亨小」，因無論文飾抑文化，都一般視為非有所實際，其推行不易，若作為文教素養更有其困難，不易通達普及。然其事本身正面，故宜對之有所作為：「利有攸往」。

有關文飾與文化，《易》先從其外表言起。文飾之外表雖於高度文化中仍然，然始終為文化之本、甚至其源起。

【初九：賁其趾，舍車而徒。】

【六二：賁其須。】

有關文飾及其表面心態，《易》以「賁其趾，舍車而徒」言。人對其趾之文飾，只為求外表美而已，如是獻美獻媚之心態，使其人寧捨車而徒步，為求人人所見。《易》以此描繪文飾者幼稚之心態，然無對其是與否加以評斷：文飾縱使表面，始終無害故。

「賁其須」為文飾之進一步，此時文飾非徒求外表，縱使仍為外在文飾，然所求為內在精神修養甚至學養之體現，雖明白為偽，然始終反映人對精神素養或學養之向往，於未能者中故以外表裝扮如此，望人如是視己，此「賁其須」之意。又「賁其趾」與「賁其須」之差異，因一者為趾、另一者為須（鬚），故喻文飾中之不美與真正美一差異。「賁其趾」俗，而「賁其須」之所以美，因已確然涉及學養，如是由學養而致之真正美①，在下面六四更以「賁如皤如」表達。雖確然美，然由於非真實有所素養，故《易》仍不作評論。這學養之外表，亦可喻如今日學術之外表，非真有其實。學問之實，需如九三「濡如」之努力，徹底浸淫而深入之努力。

① 〈歸妹〉故以「須」言男子之美，非只外表，更似有學問而美。

【九三：賁如濡如，永貞吉。】

從「賁如濡如」起，文飾進入真正文化階段，文化過程必須長久浸淫，故《易》以「濡如」比喻，「濡」言霑濕。一切教化均必須由時日與環境之浸淫以成，故必「濡如」。「濡如」亦有努力之意，如〈既濟〉上六或〈未濟〉上九之「濡其首」。因「濡」，故學問始真實，非只「須」之外表而無實。對這樣教養之浸淫與努力，《易》故說：「永貞吉」，即若能永久如此自守則吉。「永」字於教化其意明白。

【六四：賁如皤如，白馬翰如，匪寇婚媾。】

文化素養其終則在「賁如皤如，白馬翰如，匪寇婚媾」。《易》以老者之白髮，既喻文化浸淫之長久、亦喻教養所顯智慧、更借「白」指點下面「白賁」之「白」，即文雅至如白素淡樸之境地，更以髮回應前用「須」之例子。《易》更用白馬奔馳姿態之美，喻文化作為存在形態之美感及其生命力量。故無論從徹實智慧抑從生命力量言，文化素養於人類存在中都是其美善成就唯一之方法，此文化教化之真實與意義。《易》更評說，人對文化之追求，實非如寇盜之害，而只如求婚事般帶來幸福而已。

【六五：賁于丘園，束帛戔戔，吝，終吉。】

在最後兩爻中，《易》則對「文」之素養作具體說明，說明「文」真正所在。「文」真正所在，在「賁于丘園，束帛戔戔，吝，終吉」。「丘園」喻自然之美，文化至如自然般美而真實，實只以素樸（素雅）布帛修飾而已。「戔戔」言微少不足道。這樣文飾（文化）雖看似狹吝，然實吉。意思是說：文化其最終實現，也只如回歸自然之美而已；於「文」中之作為，也只如微不足道布帛之簡素而已，非如「賁其趾」時之繽紛。素與不求繁多、其簡樸（「戔戔」），雖似吝，然實吉。自然與簡素、素如布帛，此始為真正文雅所在，繽紛與繁多只其偽而已。

【上九：白賁，无咎。】

如是文素，《易》於上九更以「白賁」形容。「賁」本求外表美之吸引，然至於「白」，如毫無文飾那樣，雖似太過，然實仍為「文」之真實，故「无咎」。

文之簡素自然，既對反「賁其趾」之刻意與繽紛，亦對反前欲望（〈噬嗑〉）之赤裸與貪婪無節度，既提升人其素養與智慧，成就生命向往之美，亦非如欲望之盲目，只從所得求取滿足。若欲望多有所自毀，教化則更有所提升，此〈噬嗑〉與〈賁〉之所以對反。

剝　腐敗

剝，不利有攸往。

初六：剝床以足，蔑貞，凶。

六二：剝床以辨，蔑貞，凶。

六三：剝之，无咎。

六四：剝床以膚，凶。

六五：貫魚以宮人寵，无不利。

上九：碩果不食，君子得輿，小人剝廬。

腐敗，不宜有所作為。

初六：安息（床）之根基隱晦地腐敗，無以自守，凶。

六二：安息處（辨：床身）顯著地腐敗，無以自守，凶。

六三：若腐敗只及事物，或只及一己財物，仍无咎。

六四：腐敗若使人（人民）有所感、使民痛苦，凶。

六五：腐敗若為對宮妾寵幸至如貫魚般穿插其中，无不利。（國必有所後繼故）。

上九：過於富有豐盛，連碩果亦不食，這對君子言實有助於其作為（輿載物亦能行），然對小人言將敗壞其一切所有（廬）。

【剝，不利有攸往。】

承接認知、欲望與文化，問題進一步故為道及其反面：腐敗。〈剝〉先行，因存在多為腐敗，道也只從〈復〉言而已。有關腐敗，卦辭亦只能是「不利有攸往」，即除回復道外，不宜再有任何作為。

【初六：剝床以足，蔑貞，凶。】

【六二：剝床以辨，蔑貞，凶。】

有關腐敗，因絲毫不見有正面意義，本也無須多作分析，《易》故先從其程度言。《易》以「剝床以足」及「剝床以辨」指出腐敗從隱晦至顯著之過程。以床為喻，因床為安息處，腐敗所敗，正在此，使人終無以安息。「足」喻根基，亦腐敗所以嚴重，雖似不明顯，然實嚴厲，故《易》斷為「蔑貞，凶」，即無以自守，凶。

同樣嚴厲為顯著至床身（「辨」）之腐敗，因已至床身而又顯著，故同樣「蔑貞，凶」。

【六三：剝之，无咎。】

【六四：剝床以膚，凶。】

在腐敗之程度後，六三與六四則從腐敗之樣態言，從樣態斷定腐敗之嚴重性。腐敗若只是財物物質上之腐敗，如浪費、耗費，未及人使其有所感，如是腐敗仍可，此「剝之，无咎」所言。「剝之，无咎」亦可指腐敗只一己之事，未及他人，故仍无咎。

相反，腐敗若涉及人，如影響人民百姓之生活，使之感受着困難與痛苦，如是之腐敗凶，此「剝床以膚，凶」所言。

【六五：貫魚以宮人寵，无不利。】

雖然如此，一如〈蒙〉，於不善中仍有其「童蒙」善之情況，〈剝〉亦然。對這樣特殊情況，六五故說：「貫魚以宮人寵，无不利」。意思是說，腐敗若如上位者「貫魚」般對宮妾之寵幸，「貫魚」既喻其於宮妾間之連續不斷、更明顯喻其性愛之事，之所以「无不利」，明顯指如是之腐敗，因國必得後繼者，故無不宜。此「无不利」雖可實解，然亦更可視為諷刺，為作者對上位者善意般之諷刺嘲笑。

【上九：碩果不食，君子得輿，小人剝廬。】

最後，《易》以上九一語，既指出腐敗之源起，及其結果：「碩果不食，君子得輿，小人剝廬」。腐敗非起因於貧困，貧困實無以言腐敗。能有所腐敗，必豐裕富有。如是豐裕富有（〈大有〉）雖為理想，然不無危險，含藏腐敗之可能故。①對如此豐盛富有，《易》用「碩果」比喻。「碩果不食」指出，其豐盛富有實已有所太過，至連碩果亦可不食；正因如此，更造成腐敗之條件。對如這樣富裕處境，仍有二可能：或以之更有所作為，如「君子得輿」：富有載於車輿而仍有所行；或如「小人剝廬」，小人仗恃着富有而不作，甚至耗盡一切，其腐敗終敗壞自身一切所有（廬），故「剝廬」。廬雖大於輿，然其不行故仍可致剝。以上為《易》對腐敗之分析。

① 〈大有〉故始於「无交害。匪咎艱則无咎」及「大車以載，有攸往，无咎」。後者相對本爻辭之「君子得輿」言。

復 道之復還

復，亨。出入无疾，朋來无咎，反復其道，七日來復。利有攸往。
初九：不遠復，无祇悔，元吉。
六二：休復，吉。
六三：頻復，厲，无咎。
六四：中行獨復。
六五：敦復，无悔。
上六：迷復，凶，有災眚。用行師，終有大敗，以其國君凶，至于十年不克征。

復還於道，通達。若出入无疾，朋來无咎，求返復於道，道將不久而至。宜有所作為。
初九：沒有遠去應復返之道，沒有因敬神之事而後悔，大吉。
六二：無刻意或無為地、無須大改革地復道，吉。

六三：必須重複並刻意有所作為地復道，如此復道雖艱厲，然无咎。

六四：若道已喪失，自己仍應保持中道而行，獨自回復道。

六五：君主篤厚地回復道，无悔。

上六：於復道有所昧惑不辨，凶，有災難。如興兵，終只大敗，無善於國與君，至長久仍無法勝戰。

【復，亨。出入无疾，朋來无咎，反復其道，七日來復。利有攸往。】

【初九：不遠復，无祇悔，元吉。】

〈復〉非從道之內容言，如此內容，實為《易》一書所言。〈復〉卦故只就道之回復，指出其相關問題。首先有關道之回復，《易》說：「亨。出入无疾，朋來无咎，反復其道，七日來復。利有攸往」。「亨」無需解釋，能回復道，這明顯通達。「出入无疾，朋來无咎」所指，為復道之先決條件，如其作為無所疾病、其與人交接亦无咎，既能出入、亦見朋來，於事於人仍未致敗壞，那回復道之治世不難，亦不久之事而已，故「反復其道，七日來復」，如孔子所言「魯一變至於道」（《論語・雍也》）那樣容易，「七日」指不久。雖然不久而至，仍必須有所作為，故「利有攸往」，即宜有所作為。

如是狀態，亦初九所言，為告誡人盡可能先不遠去道，如是其復返始容易。初九故說：「不遠復，无祇悔，元吉」，即沒有遠去所應復返之道、沒有因敬神之事而後悔，大吉。換言之，心沒有失去對道之向往與敬重，雖外在未必即為道，然復返不難，心仍有所繫故。此大吉善。

【六二：休復，吉。】

【六三：頻復，厲，无咎。】

六二與六三分別言兩種復道之情形：一為「休復，吉」、另一為「頻復，厲，无咎」。「休」字在《易》中另一出處為〈否〉九五：「休否，大人吉。其亡其亡，繫于苞桑」。「休」意為不被任用，引申為無所作為。「休復」故從無所刻意作為言，如無為而治那樣，無需經歷大變動、大改革而可復道，能如此，故吉。

相反，「頻復」即由於已遠去道，故必須重複刻意地、有所作為地始能回復，如此之復道，不易而艱厲，然因始終為復道，故无咎。

【六四：中行獨復。】

若以上兩種方法都無以成就，道無法客觀地實現，那人自身仍應獨自復道。像這樣道理，實為後來《論語》多提及：如世無道，人自身仍可「舍之則藏」、仍可「斯己而已矣」；或若義與禮不見行，自己仍應信與恭，故「信近於義」及「恭近於禮」。於這樣情形，《易》則多次用「中行」回應，如〈泰〉九二：「包荒用馮河，不遐遺朋亡，得尚于中行」、〈益〉六三：「益之用凶事，无咎。有孚中行，告公用圭」、六四：「中行告公從，利用為依遷國」。於道不見復，自身仍可獨自回復，即守中道地行，無需理會客觀怎樣，此「中行獨復」之意。

【六五：敦復，无悔。】

【上六：迷復，凶，有災眚。用行師，終有大敗，以其國君凶，至于十年不克征。】

六五因為上位，「敦復」所言故為上位者篤厚地回復道，能如此故「无悔」。在這裏之所以似一再重複復道一事，非相對前而為重複，而是相對之後上六一爻而有，換言之，作為君主，其所行實只有兩途可能：或復道、或不復。治與不治全繫於此。為說明這事實，故〈復〉以六五與上六作對比，一言君主敦厚地復道，另一言君主對復道有所疑惑，此「迷復」之意。昧惑於道之復還，明顯凶，其結果即有災難：「有災眚」。其災難如「用行師，終有大敗，以其國君凶，至于十年不克征」。無道而興兵，除終有大敗外，甚至至長久亦再無法有所勝戰，使國與君都只凶而已。

无妄　無虛妄

无妄，元亨，利貞。其匪正有眚，不利有攸往。
初九：无妄，往吉。
六二：不耕獲，不菑畬，則利有攸往。
六三：无妄之災。①
九四：或繫之牛，行人之得，邑人之災。可貞，无咎。
九五：无妄之疾，勿藥有喜。
上九：无妄行有眚，无攸利。

① 今本為：「六三：无妄之災。或繫之牛，行人之得，邑人之災。九四：可貞，无咎。」

無所虛妄，大而通達，但仍宜自守。其行事若非正確無誤則易有災難，不宜再有所作為。

初九：無所虛妄，一切作為吉。

六二：若非不耕而求獲，不菑而求畬，如此无妄，宜於有所作為。

六三：无妄（者）仍可有災禍。

九四：如所繫之牛被過路人牽走，使邑人有所損失。此等事可自守，无咎。

九五：无妄者縱使無所虛妄，仍可得有疾。然疾又非必災禍，仍可有无妄之疾，如懷孕而致身體不適，故勿藥有喜。

上九：若人無所虛妄而其作為仍有災難，一切無所宜。

第三大分組與人個體自身心態、所志向價值、認知、反省、教養、復道等方面有關者，其總結在〈无妄〉；而逸豫、欲望、腐敗之總結，則在〈大畜〉。〈无妄〉與〈大畜〉為一組雖非明顯，然非完全無關。從認知至復道，個體之總結故為〈无妄〉。而個體其極致，則如〈大有〉之為國家理想那樣，於人個體則在富有（〈大畜〉）。如是〈无妄〉與〈大畜〉為個體之總結，亦此第三大分組之終結：人於富有中而無虛妄，如是人之極致至為理想。

【无妄，元亨，利貞。其匪正有眚，不利有攸往。】

无妄之人雖自身真實，但非必事事正確。〈无妄〉所言，故更是人之一種處境：無虛妄之人所仍可能遇有之不幸甚至災難。人能无妄而真實，這固然大而通達：「无妄，元亨」，然因仍可有不幸與災難，故始終仍應自守：「利貞」。「其匪正有眚，不利有攸往」所言，為其行事若非正確，則易有災難，不宜再有所作為。這裏之「正」，非如今日所言之中正而真實，此後者為「中」；「正」應從人外在與行事有關之正確性言，真實而無虛妄之人，仍可於行事未必正確，此所以《易》補上「其匪正有眚，不利有攸往」，意謂其行事若非正確無誤，仍可有災難，故此時不宜再有所作為。

【初九：无妄，往吉。】

【六二：不耕獲，不菑畬，則利有攸往。】

【六三：无妄之災。】

【九四：或繫之牛，行人之得，邑人之災。可貞，无咎。】

初九之「无妄，往吉」先單純就无妄本身言。无妄、或不再有虛妄之人，其一切作為吉。這

「往吉」只就无妄本身言，與其行事之是否正確無誤無關，故六三立即指出有「无妄之災」，謂雖已无妄，然仍可有災難，如是之災難，故為「无妄之災」。

然在此前，六二先對「无妄」作進一步解釋：「不耕獲，不菑畬，則利有攸往」，意謂：若非不耕而求獲，不菑而求畬①，則宜於有所作為。從「不耕獲，不菑畬」可見其人自身確無所虛妄，既不求安逸、亦不貪婪，故為「无妄」。

然始終，无妄是一事，行事是否有誤（「匪正」）又是另一事，故无妄者仍可有「无妄之災」。對「无妄之災」，《易》故同樣以九四解釋，說：「或繫之牛，行人之得，邑人之災。可貞，无咎」，意思是：所繫之牛被過路人牽走，使邑人有所損失；此等事可自守，无咎。換言之，若非繫牛不牢、或無所防範，否則牛不應失去。邑人縱使自身勤耕而无妄，然其不謹慎仍帶來災難。《易》以此說明「无妄之災」之可能。是否有災禍與其人之是否虛妄無關。

① 菑為一歲田，畬為三歲田。

【九五：无妄之疾，勿藥有喜。】

【上九：无妄行有眚，无攸利。】

〈无妄〉最後以九五及上九兩爻對无妄作總結，一好一壞。九五之「无妄之疾，勿藥有喜」可說為承接前「无妄之災」言，意謂縱使非由於不謹慎、縱使由防範致不失牛，因而似再無「无妄之災」，然始終仍可有「无妄之疾」。疾非人能前知、更非能防範與左右，无妄之人仍可有「无妄之疾」。然《易》作者又更進一步辯証地指出：縱使為「无妄之疾」，仍非必為不善，事情之好壞與是否發生，若如「无妄之災」那樣不為无妄之人能左右，「无妄之疾」也同樣。縱使為「无妄之疾」，仍可如女子懷孕不適那樣，非但不為災難，甚至為喜事，故可「勿藥」。若「无妄之疾」扭轉「无妄之災」，使謹慎而正起不了作用，同樣，「勿藥有喜」亦扭轉了「无妄之疾」，使明為不幸之事又可只是喜事，如是更顯出无妄與命之絕然二分：無論人自身多真實无妄，始終，災與疾仍如命般不可免。《易》作者非因此而絕望，因若是命，就算如疾，仍可有喜，是災是喜，由為命故非人能決，縱使如災，也可能終為喜。

當然，「无妄之災」確然可只為災、非喜，故作者又以上九「无妄行有眚，无攸利」刻意對反「无妄之疾，勿藥有喜」而言，指出：縱使人无妄，其行實仍可有災難，以致一切無所利。

作者故利用〈无妄〉一卦，說明无妄與命之間之奧妙：既有无妄之真實、亦有命（災、疾）之真實；然作為命，因又非人能決，故是災是喜又非如此必然；始終，人能自決者為其自身之无妄，至於如災疾之命，若非「匪正」，則終只能自守而已。作者對〈无妄〉之分析，因而更似回應人多以真實之人仍有災難而以德福不一致之藉口、駁斥人應无妄與真實。作者之回應故是：縱使无妄之人仍可有災，然人人都有疾之命，非唯无妄者；又：縱使有災，仍未必不能有喜，人始終無法決定命之悲喜故。唯无妄始能是人自己事、人自身之德行與真實，此所以无妄對人仍為必須甚至唯一，无妄於人故始終為極致。以上為《易》對〈无妄〉之分析。

大畜　富有

大畜，利貞。不家食，吉。利涉大川。
初九：有厲，利已。
九二：輿說輹。
九三：良馬逐，利艱貞，曰閑輿衛。利有攸往。
六四：童牛之牿，元吉。
六五：豶豕之牙，吉。
上九：何天之衢！亨。

富有，宜自守。富有若非由依靠於家，吉。宜作大事。

初九：富有而有所艱厲，已是利。

九二：富有若只如貨物積累，也只使車載物處與車軸縛脫離，喻無所行。

九三：求富有應如求良馬，宜於艱難中自守，如得良馬而知守護（恐馬走失）。富有宜有所作為。

六四：富有若如架在童牛上之橫木，既仍有所辛勞，其所畜養亦可久，如此富有，大吉。

六五：若所有只為去勢之雄豬，豬雖實有，豕牙亦似威武，然如是富有只吉而已，非大吉。

上九：富有若如天四通八達之路，通達。

【大畜，利貞。不家食，吉。利涉大川。】

富有對一般人言，為其存在終極。然從德性角度言，唯无妄之富始真實。故有關富有，《易》沒有提及「亨」，甚至反只言「利貞」，即宜自守。「不家食，吉」是說，富有若非由於家、而是自力致此，始吉。從這點言，富有應由於艱辛，若絲毫有所容易，這對《易》言為不善。〈大畜〉一卦故主要針對富有這一方面言。當然，有所富有應有所作為，若只為己，這非富有之意義，故卦辭亦說「利涉大川」，宜有大作為。

【初九：有厲，利已。】

初九開宗明義便說：「有厲，利已」，即富有而仍有艱厲，這已是利。無論其厲從未來抑過去言，富有有艱厲始善，否則多只造成惡而已，非富有之義。

【九二：輿說輹。】

九二故立即補充說：「輿說輹」，「輿」為車載物處，喻富，《易》亦多次用為意象。輿脫離開車軸縛，喻再不能行，即無所作為。富有若只是財物之積聚，非富有真正意義。初九九二兩爻故是富有基本之道，既應有所艱厲、亦應有所作為。之後數爻，只針對富有如是之道作較細微說明而已。

【九三：良馬逐，利艱貞，曰閑輿衛。利有攸往。】

首先是九三之「良馬逐，利艱貞，曰閑輿衛，利有攸往」。《易》於此以追逐良馬比喻人求富有。再一次重申宜有所艱難與自守：「利艱貞」，並解釋說：「曰閑輿衛」，即得良馬而又知守護其所有(恐馬走失),此「艱貞」之基本。《易》再補充說:富有宜有所作為:「利有攸往」。九三只是富有道理之重複,更具體而已。

【六四:童牛之牿,元吉。】

六四之「童牛之牿,元吉」是說,富有若如架在童牛上之橫木,既仍有所辛勞,其所畜養亦可長久,如此富有,大吉。這「童牛之牿」意象,故既集合富有本身(牛)、其仍有之辛勞(耕種)、其未來之長久(童牛)、其由作為更有之成果(農作收穫),如是種種,結集了富有應有之真實與意義,非只眼前之滿足,故大吉。

【六五:豶豕之牙,吉。】

六五之「豶豕之牙,吉」雖似仍從吉言,但若對比前「元吉」,縱使更是六五之位,然單純「吉」已是退一步了。「豶豕之牙」是說,若富有只為去勢之雄豬,非童牛,雖為實有、豕牙亦似威武,然如是富有只為吉而已,非如「童牛之牿」為大吉。於此可明白,六五之位只是突顯富有其當下之勢力與顯赫、其於他人中之羨慕,非富有之無窮潛能與意義。用「豶豕」為例並只強調其「牙」，又豕之肥大明顯，這種種意象都只為突出此時富有之當下性，以與「童牛之牿」之未來性作對比。作為富有雖吉，然非大吉，非富有之意義與真實故。

【上九：何天之衢！亨。】

最後，《易》借上九「何天之衢！亨」，一反前有關富有道理之分析；非反面地言富有、非強調其艱厲、自守等道理，而單純對富有作讚歎，並以此讚歎結束這有關個體現實之第三大分組。「何天之衢！亨」是說，富有真像通向天四通八達之路！此其亨通通達！因已達天地步，其究極故為上九。富有確然除如天般廣大而又有德行，否則若只是個體之事，確實不應如此讚歎。問題故非在富有本身，在人其個體而已。若是天，其富有將「何天之衢」！《易》沒有否定富有，只以其必須如天般有大德行而已，若非如此、若仍只是個體之事，是不應過於稱羨的。

四、現實存在好壞與意義

頤　養生

頤，貞吉。觀頤，自求口實。

初九：舍爾靈龜，觀我朵頤，凶。

六二：顛頤，拂經，于丘頤，征凶。

六三：拂頤，貞凶，十年勿用，无攸利。

六四：顛頤，吉。虎視眈眈，其欲逐逐，无咎。

六五：拂經，居貞吉。不可涉大川。

上九：由頤厲，吉，利涉大川。

頤養，自守則吉。應觀察神態，並自求生活飲食充足。

初九：過於重視外表容顏而失卻長養之道，凶。

六二：長養之道，一在足食而頤（顛頤）、一在如抖脛般自在（拂經）。在自然中必自在而娛悅，然若遇有戰事般難事，對頤養言為凶。

六三：過勞（拂頤）而不能頤養，執持則凶，勿長久如此，無所宜。

六四：從足食而頤養，吉。然因有求，故仍如虎視眈眈，其欲逐逐之態，然无咎。

六五：自適而頤養，能安定自守則吉。唯不應作大事，作大事失去自適之義。

上九：頤養若順其所由，自然而然，雖艱厲然吉，亦可作大事。

在〈大畜〉結束了與個體自身有關之討論後，接着的大分組，為人於存在中之意義、其對存在之肯定與否定、其對存在所感之好與壞等方面。這些方面，包含生活、存在負面與正面情實、人於現實之性情與姿態、現實之光明與晦暗、人與人之親近與背離、作為所遇境況、及事物之得失與餽贈。這些方面，構成存在之意義、其肯定與否定、其好與壞。《易》先從生活談起，即頤養一問題，其相對為是否有所太過，之後即存在所有之事實，負面者如處境低陷及種種離別，正面者則為感動及恆常性；此後而見潛隱與強勇兩種性情與姿態；而於世中得位得勢，這明顯為人人所求之存在狀態，然亦有於存在晦暗無道時、力圖從晦中求明者；若非從成就言，存在意義將落在人上，如家人、親人，其相反為人與人之背離；若非從人，則作為上亦有所遇處境，如災難及其解、釋；最後從物事言則可有所得失損益與餽贈。存在之好壞、其意義，主要不離以上各方面，此為這第四大分組所言。

【頤，貞吉。觀頤，自求口實。】

首先有關從生活言之頤養。生活能閑適地度過，這當然是存在首先正面之事。〈頤〉故言其道。因能自守（「貞」）為《易》始終一貫而基本之道理，故生活頤養亦無例外，此所以先言「貞吉」。頤養主要有兩方面：一為心之自適甚至愉悅、另一則為身之足食，故《易》以「觀頤，自求口實」指出兩面：從觀察神態而見心況，亦督促應自求生活飲食之充足。二者為頤養之本。之後爻辭主要只為對二者之討論。

【初九：舍爾靈龜，觀我朵頤，凶。】

【六二：顛頤，拂經，于丘頤，征凶。】

首先是心之頤養。「舍爾靈龜，觀我朵頤，凶」是說，不應為外表容貌反不顧心情上自在適然長養之道，如人多因年歲而恐貌衰，只重外表，不理會心之閑適，失頤養之道，此明白為凶，其頤養亦非真實。

《易》於六二故明白說：「顛頤，拂經，于丘頤，征凶」，即長養之道，一在足食、另一在心之安閑；足食之意象為「顛頤」：腮頰之動；而心安閑之意象在「拂經」，即抖脛般自在，「經」為脛。《易》對後者(或為兩者之總結)，更解釋說：「于丘頤，征凶」，即如在自然中那樣地娛悅，這才是長養之道；然若遇有如戰爭之事，或生命仍有汲汲之意欲作為，對頤養言為凶。頤養之道故確只在這兩方面而已。

【六三：拂頤，貞凶，十年勿用，无攸利。】

【六四：顛頤，吉。虎視眈眈，其欲逐逐，无咎。】

【六五：拂經，居貞吉。不可涉大川。】

〈頤〉卦之後只為對這兩方面作註腳，首先有關頤養之整體，說：「拂頤，貞凶，十年勿用，无攸利」。「顛」輕、「拂」重。「顛頤」只因食，然「拂頤」則喻身體全然勞動、其用力致使肥頰震動。《易》以此意象喻人之過勞，勞反頤養，執持此情況則凶，更勸誡不應長久如此：「十年勿用」。不能勞累，這明顯為頤養首先之事，亦《易》教人頤養不應有所大作為之用意。於足食與閑居兩者間，心況較為重要，故《易》先言食，留待心之閑居於六五。

六四之「顛頤，吉。虎視眈眈，其欲逐逐，无咎」是說，能足食自然吉祥。然無論自身為足食而有求，抑他人對己足食而羨妒，都如有「虎視眈眈，其欲逐逐」之態，這點難免，亦口腹之慾常有之態，仍无咎。

至於心之閑居，六五則說：「拂經，居貞吉。不可涉大川」，即：自適頤養①，能安定而自

① 「拂經」解釋見前。

守則吉：「居貞吉」。唯不應作大事，作大事失去自適之義。其義明顯。

【上九：由頤厲，吉，利涉大川。】

最後，作為對頤養之總結，《易》指點出有關頤養不同於前所言之道，說：「由頤厲，吉，利涉大川」，意為：（除上述外），人若能順其所由而養，如順其自然地、從生活事中頤養，能如此雖艱厲不易，然仍吉；這樣順隨環境情況之頤養，則可作大事，其頤養自然而然故。如是頤養最自然平常，亦可於事中而達，唯不易致此，故為頤養之極致而置於上九。

大過　太過

大過，棟橈。利有攸往，亨。
初六：藉用白茅，无咎。
九二：枯楊生稊，老夫得其女妻，无不利。
九三：棟橈，凶。
九四：棟隆，吉。有它吝。
九五：枯楊生華，老婦得其士夫，无咎，无譽。
上六：過涉滅頂，凶，无咎。

太過，如棟樑曲折。宜有所作為，由改變而通達。
初六：用白茅為祭藉，无咎。喻悔改則无咎。
九二：太過若只如枯萎楊柳生出嫩芽，或如老夫得少妻，无不利。

九三：太過若如棟橈曲折，凶。
九四：太過若如棟橈因厚大而看似隆起，吉。然如此過度，可能引至其他方面之狹吝。
九五：太過可能如枯萎楊柳開花，或如老婦得年輕丈夫，雖无咎，然其太過无譽（不名譽）。
上六：太過若如過河而水淹沒頭頂，凶，然仍可能无咎。

【大過，棟橈。利有攸往，亨。】

頤養之反面為太過：〈大過〉。太過雖然本身並非一獨立事情，然人類作為確實常有所太過，故為《易》突出作為討論。對太過，卦辭說：「大過，棟橈」，即太過如棟橈曲折。像這樣之錯誤明顯，故視乎人怎樣面對而已。《易》之教誨是：「利有攸往，亨」，即宜有所作為，喻對太過立即改正，如此仍可通達。「亨」在這裏也可解釋為其事之改變，非因為過便只能有悔等。

【初六：藉用白茅，无咎。】

初六故直指出其所以能「无咎」之原因，在：「藉用白茅」，意謂用白茅為祭藉，而此喻對太過之失有所悔改而祭祀，故能无咎。

【九二：枯楊生稊，老夫得其女妻，无不利。】

【九五：枯楊生華，老婦得其士夫，无咎，无譽。】

《易》之後舉出種種太過之例，首先是九二：「枯楊生稊，老夫得其女妻，无不利」。老夫得少妻，雖看似有所過分而太過，然目的仍主要在求後繼，《易》故用枯萎楊柳生出嫩芽作比喻，雖為太過，然仍无不利。太過故非必從過失言，亦可純指一種反常作風。像這樣太過，於事實仍常見，故非極端，其置於最前原因在此。

後面九五之「枯楊生華，老婦得其士夫，无咎，无譽」，老婦得少夫，其太過則極端，雖仍無害而非有咎，然因再無明確意義，只不正常之戀情關係，故被視為不名譽，其因極端不常故被置於九五之位，所用比喻只為枯萎楊柳開花，開花只美，非生出嫩芽而與生命之再生有關。以上兩例都為無過失之太過，只從常態之過言。

【九三：棟橈，凶。】

【九四：棟隆，吉。有它吝。】

太過而可能有過失之例子則在九三與九四，一者為「棟橈，凶」，另一者則為「棟隆，吉。有它吝」。「棟橈」即卦辭之「棟橈」，棟樑曲折，如是明顯為凶。卦辭沒有言凶非棟樑曲折不為凶，只其凶明顯而急求補救而已，故立即說：「利有攸往，亨」，亦「亨」從「改變而致通達」解之原因。九四之「棟隆」不同，隆起在這裏非言曲折，而應是看似隆起之假象，如因棟樑過於厚大而看似隆起，雖看似隆起，然實更堅實，故吉。唯這樣過度，可能引起人之非議、或相對房屋整體言不雅觀，故有狹吝之態。

太過這一現象故有種種可能：或因反常而太過、或確然有過失地太過、甚或只是過度求好而太過，後者其太過既不顯示為過失、又非異於常，故反而顯得有所狹吝，為他人所未能故。

【上六：過涉滅頂，凶，无咎。】

太過仍有一最終情況，為《易》視作對太過之總結，置於上六討論：「過涉滅頂，凶，无咎」。因過河而被水淹沒頭頂，這樣的太過明白亦為凶，然之所以无咎，或因純只意外、或因仍可游渡、甚或因為災難而被救，其太過非如「棟橈」，與施工過失有關。不過，從種種例子而《易》仍選「棟橈」一例為卦辭表示，因過失而致太過，及太過之會造成凶，是太過之基本常態，故應避免，此見《易》對太過之警誡。

坎　低陷處境

習坎，有孚維心，亨，行有尚。
初六：習坎，入于坎窞，凶。
九二：坎有險，求小得。
六三：來之坎坎，險且枕。入于坎窞，勿用。
六四：樽酒，簋貳，用缶，納約自牖，終无咎。
九五：坎不盈，祗既平，无咎。
上六：係用徽纆，寘于叢棘，三歲不得，凶。

位於卑下處境時，一切亦唯從心懷志向而已，仍可通達，作為故仍應有所崇尚。
初六：位於低陷處境，如入於深坑，凶。
九二：低陷處境有險，若有所求也只能小得。

六三：若低陷為一種來勢，對如是險惡，宜潛伏地（枕）躲避。若真入於深陷之地，不應有所作為。

六四：對低陷處境之自解，應行祭祀（喻誠敬），從坎窞之出處（牖）獻出至簡約之祭物。

九五：縱使低陷處無以填平，然若突出處能平（祇＝坻，喻人自身這另一方），這仍无咎。

上六：低陷處境若如為徽纆所縛，置於叢棘之中，久久不能脫離，凶。

人生存意義或生存之好壞除由生活之頤養決定外，更多是不受制於人之事實，如〈坎〉與〈離〉便是其最顯著者，一者言處境卑下低陷、另一言離別之痛，二者都人生不得已而對存在帶來負面感。

【習坎，有孚維心，亨，行有尚。】

有關處境卑下，《易》說：「習坎，有孚維心，亨，行有尚」。「坎」為低陷處，「習坎」故為因作為而處於卑下處境。此時若仍能有心懷志向，則仍可通達，一切作為故仍應有所崇尚。如是道理明白：無論處境多卑下，人仍不能失去志向，亦不能無所崇尚，否則只會自暴自棄、或流於卑下庸俗，失去本心與自己。

【初六：習坎，入于坎窞，凶。】

【九二：坎有險，求小得。】

【六三：來之坎坎，險且枕。入于坎窞，勿用。】

【六四：樽酒，簋貳，用缶，納約自牖，終无咎。】

〈坎〉卦在這根本道理後，主要只從低陷處境之說明進行，再無從道理解懷，此大概亦卑下處境之事實。初六之「習坎，入于坎窞，凶」明白：一切如入於深坑之低下，明顯為凶。九二之「坎有險，求小得」故教人，於低陷處境時，因曝露於危險中，故不應再有大作為，若仍有所作與所求，只應從小處或求小得而已，不應求大有所得。此為卑下坎陷時之基本。若低下非只所處處境，更是一種具有危險之來勢：「來之坎坎，險且枕」，這時應「枕」，立即枕伏，以求躲過其災難。同樣，若「入于坎窞，勿用」，即不應再有作為，此亦「枕」之意。六四之「樽酒，簋貳，用缶，納約自牖，終无咎」故是進一步對處於坎窞中自解之道，實為盡一切可能誠敬而已。「樽酒，簋貳」等所言祭祀，為以至簡約之祭物①、誠敬謙下而非煞有其事地、從坎窞之可能出處（牖）作祭獻，「約」為勺，酒勺。以上言處於坎窞時之態度，及其應有作為之謙下。

【九五：坎不盈，祇既平，无咎。】

九五一反之前各爻，非從坎窞本身、而從人自身這另一方言，說：「坎不盈，祇既平，无咎」。「坎不盈」喻低陷本身，若低陷本身無以填平，然若人自身這另一方②能平，始終无咎。此教誨人應能變通，甚至「平」可有面對坎窞仍能平和、平靜之意。若人能如此，縱使坎窞無法填平，人仍无咎，坎窞非由於己故。

---

① 「樽酒、簋貳」為至簡約之祭。「簋」，食物容器。

② 以「祇」喻。「祇」為坻，為突出處。

【上六：係用徽纆，寘于叢棘，三歲不得，凶。】

不過，坎窞始終非存在中易擺脫者，故《易》最終以上六，強調其情況之可能惡劣：「係用徽纆，寘于叢棘，三歲不得，凶」。處境若如為徽纆所縛，置於叢棘之中，久久不能脫離，凶。句之關鍵應在「三歲不得」，即縱使已盡上述各爻之法，仍久久無能解去其坎窞處境，如此之坎窞，凶。

離

離別

離，利貞，亨。畜牝牛，吉。

初九：履錯然敬之，无咎。

六二：黃離，元吉。

九三：日昃之離，不鼓缶而歌，則大耋之嗟，凶。

九四：突如其來如，焚如，死如，棄如。

六五：出涕沱若，戚嗟若，吉。

上九：王用出征，有嘉折首，獲匪其醜，无咎。

離別，能自守仍通達。若畜有牝牛那樣仍有後繼，吉。

初九：離別若只由所走方向錯誤造成，應敬其事實，如是无咎。

六二：如黃昏夕陽之離別，其離別美麗自然，大吉。

九三：生命暮年之離別，若非如酒歌醉忘地解懷，則只能如老人之哀歎，如是凶。
九四：離別亦可突如其來，如遇火災、死亡、或被遺棄。
六五：死若如任重道遠，為人人景仰懷念而哀慟，「出涕沱若，戚嗟若」，其死猶榮，吉。
上九：逝別可如在戰事中，或戰死而有嘉賞，或被俘獲而離去，然無不光彩可恥，故无咎。

【離，利貞，亨。畜牝牛，吉。】

離別作為事實不可逆轉，雖似沒有多少道理可能，然仍有忽略者。〈離〉卦辭故首先說：「離，利貞，亨。畜牝牛，吉」，意思是：離別，能自守則仍可通達。若畜有牝牛那樣有所後繼，吉。離別道理故首先有二：一仍應自守，如不過於悲傷；另一則平素應多有所交往甚至後繼，不因離別而致孤獨，此離別首先道理。

【初九：履錯然敬之，无咎。】
【六二：黃離，元吉。】

若卦辭針對離別作為事實言，那初九與六二則針對離別本身之情景言。初九之「履錯然敬之」意思明白，亦離別中之至輕者。此處所言離別，應指分離，若是逝去，不應再從對錯衡量。句意為，若引致分離之原因由錯誤引起，如夫妻相處間之錯誤、甚或當初選擇上之錯誤，那仍應敬重其事實，仍應自守地分離，不應怨尤甚至傷害，如是可无咎。

六二之「黃離」，有謂即為黃鸝鳥，然獨稱鳥於此無義，而《易》用「黃」字只從色言，多與黃金色有關。「黃離」應指於黃昏中之離別，所喻為太陽西下時色彩之美，如屈原〈河伯〉①日將暮而歸時離別之感懷與不捨，為離別中至美麗情景。「黃離」取夕陽之美，下面「日昃」則取其暮之晦暗，仍從太陽西下作為離別之意言。無論何原因、無論何種離別，於離別時若能盡其美，此離別應有之道，亦離別至為極致者。如此離別，故大吉。有關離別本身，敬重與盡其美麗故為其基本道理。

【九三：日昃之離，不鼓缶而歌，則大耋之嗟，凶。】

【九四：突如其來如，焚如，死如，棄如。】

---

①〈河伯〉：「日將暮兮悵忘歸，惟極浦兮寤懷。」

九三與九四回歸事實，舉其二者：一為暮年、另一為意外之逝。前者：「日昃之離，不鼓缶而歌，則大耋之嗟，凶」，意謂：生命暮年於面對死亡，若非能解懷，如鼓缶而歌者之忘懷忘我，則只能如老人之哀歎，如是凶。能解懷而逝，如已盡生命之所是，無愧無悔，如是之離去至善。至於意外之離別逝去：「突如其來如，焚如，死如，棄如」，因過於突然，再無可說。引用於此，意大概只作警惕用，誨人不應因放肆而致此地步。

【六五：出涕沱若，戚嗟若，吉。】

【上九：王用出征，有嘉折首，獲匪其醜，无咎。】

《易》最後以六五與上九，言離別逝去所有之至顯赫者。六五之「出涕沱若，戚嗟若」，喻人之逝去為人人所懷念、並有所哀慟，如是之逝去有所光榮，故吉。

上九之「王用出征，有嘉折首，獲匪其醜，无咎」首先指出，若逝去是因為王事出征而致死，其死有所嘉賞，縱使非死而只被俘獲，然仍無不光彩可恥，其逝與離故均无咎。生命有光榮成就而逝，或只因盡職而逝，都為離別之顯赫者。離別雖似純然負面，然仍有其道理，甚至仍可光明。此離別之道。

咸　感動、感受

咸，亨，利貞。取女，吉。
初六：咸其拇。
六二：咸其腓，凶。居吉。
九三：咸其股，執其隨往，吝。貞吉，悔亡。①
九四：憧憧往來，朋從爾思。
九五：咸其脢，无悔。
上六：咸其輔頰舌。

感動，通達，宜自守。對女子愛慕而得以嫁娶，吉。
初六：感動至如手握拳，言有所意志。

① 今本為：「九三：咸其股，執其隨，往吝。九四：貞吉，悔亡。憧憧往來，朋從爾思。」

六二：感動至其腓（不停走動致不能作事），凶。能安定則吉。

九三：感動至執持其隨從而往，狹吝。自守則吉，慎悔失去一切。

九四：感動至心神不寧地往來走動（喻精神恍惚錯亂），致身邊朋友都只順從其想法，不敢逆勸。

九五：感動至脊背肉動彈不得，如癱瘓。如此為感動之極致，无悔。

上六：感動之過度，如震驚驚愕般至連話語都不能。

若存在以低陷處境與離別為其負面事實，存在亦有其正面性，一在感動、另一在恆常性，前者相反於低陷處境，而後者則相反於離別。作為存在之正面性，感動針對生命之提昇言，由生命有感感動而對存在肯定。恆常性不同，恆只從作為生命之恆常而為對存在肯定；若非因其為常態，亦可從其事有所真實致人欲其能恆久、甚至永恆，是從這樣之向度為生命對存在之肯定。

有關感動，《易》沒有從使人感動之對象作分析，這樣對象多為特殊地美善、或特殊地崇高，非一般能體會。甚至若實為如此對象，已為人欲其能永恆者。〈咸〉故只從一般生命情況所能見有之感動言，而此只一而已，即愛情之感動。從一般言，人由愛情而感受存在無比正面性，亦生命正面動力所在。《易》純以愛情之感動為分析，亦因其感動可過度而致傷害，更應為教誨之對象。

【咸，亨，利貞。取女，吉。】

感動作為生命之正面性，必然通達，「亨」。然如愛情之感動仍可帶來傷害，故宜自守，「利貞」。正因為愛情，若不得多成傷害，亦由正面轉負面，故只有終成眷屬始善，《易》因而以「取女，吉」表示此點，亦借以暗示其爻辭為從情愛一事之感動言。荀子雖沒有完全正確地掌握〈咸〉卦，然仍知說：「《易》之〈咸〉，見夫婦。（…）咸，感也，以高下下，以男下女，柔上而剛下。」（《荀子・大略》）〈咸〉言男對女之愛慕，受感動者為男方，「取女」一結果故亦從男方言，為荀子誤以為女上男下、柔上剛下之象。荀子雖從〈咸〉見男女關係，然誤解為夫婦之道。〈咸〉與夫婦之道絲毫無關，唯言感動、甚至情愛間之感動一事而已。

如我們所說，〈咸〉雖言感動，然沒有對感動內容作分析，只集中在情愛愛慕一事之感動上，言其各種程度。之所以如此，目的應為說明，縱使是感受，其強度是足以攝握人全部生命，如是可見生命在現實外確有其自身視為意義所在者，亦如是對象，使生命得以肯定。

【初六：咸其拇。】

初六之「咸其拇」，以拇指緊握為拳之意象，表達感動所首先觸動的，為人之意志，如是可見感動雖由於外，然所達為人心之至深處，扭轉其生命，此感動之力量，及生命動力於人之首要，決定着其作為個體之一切。

【六二：咸其腓，凶。居吉。】

六二之「咸其腓，凶。居吉」，以腓（小腿背肉）為意象，喻感動至如不停走動，致不能做任何事，如是故凶。《易》對此故訓誡說：「居吉」，即能安定始吉，誡其不應因愛慕而太過，致如茶飯不思、輾轉難眠地不能正常做事。

【九三：咸其股，執其隨往，吝。貞吉，悔亡。】

更強的感動，如九三之「咸其股，執其隨往，吝。貞吉，悔亡」，股為大腿，非如腓之往來行走做事，而是喻求見女方之遠行，《易》故明白說：「執其隨往」，「隨」雖言隨從、甚至朋友，如《易》提及求婚事時往往用羣行意象，故說：「乘馬班如，匪寇婚媾」或「乘馬班如，求婚媾」等。然如此前往之衝動，非成事之舉，更不應用在婚姻大事上，始終應慎行一切。故《易》評為「吝」，並教誨說：「貞吉，悔亡」，即因一時衝動而作為實狹吝，應能自守始吉，更應慎悔失去一切。「貞吉，悔亡」若置於九四，無義。

【九四：憧憧往來，朋從爾思。】

至於九四之「憧憧往來，朋從爾思」，其意思亦明顯，言愛慕者因不能即近（達）其所愛，心智有所混亂，既心神不寧（「憧憧」）地往來走動、甚至可能精神恍惚、神智錯亂，致使身邊朋友都只能順從其想法，不敢逆勸。

【九五：咸其脢，无悔。】

感動其致者，為「咸其脢」，故置於九五之位。脢為脊背肉，位脊椎兩旁。《易》以此喻全身，更可能喻身有所癱瘓。然《易》之評語反而是「无悔」，原因有二：一為之前所言感動，大多限定在如情愛一類之感動上，其為感動仍有求得。然若非從情愛而從生命更高價值對象之感動言，如孔子「在齊聞韶，三月不知肉味。曰：不圖為樂之至於斯也」（《論語・述而》），類如這樣極致之感動，縱使「三月不知肉味」或如《易》之以癱瘓喻，然再非負面，生命遇其所求極致故。縱使致身體如不能動彈，仍始終无悔，此其感動之所以為極致。以「无悔」言之另一原因則在：縱使是情愛之感動，之前所言，仍有求得之欲、或心思因不得而有所錯亂，都非顯示其感動之真誠與深邃。若是後者、若確然深至內心之感動，縱使換來身體癱瘓，然對愛慕者言只遺憾、非有悔。從无悔，始見感動之深、及感動者之誠，此感動之極致所在。無論是生命價值抑極真誠愛慕，感動作為生命之全部，從此而見，亦生命其力量所在，為生命對存在之肯定。

【上六：咸其輔頰舌。】

最後，對感動之有所過度，《易》以「咸其輔頰舌」表達。「輔」為唇頰，感動至其唇頰舌故意謂：如在震驚前因驚訝而致不能言語之狀；無論好與壞，如是驚訝實為太過，其震撼力過於強烈，如驚愕，非再是感動、非感動之真實。

《易》由以上對感動程度之分析，實已間接區別其中正與誤。能作為生命真實之感動，不應使其行動虛妄一時：或力欲取得、或致精神錯亂迷惘。縱使對身體行為有所震懾，仍始終應由於心，非只由於身①，此《易》對感動及其真誠之分析，「无悔」指此。「凶」「吝」「悔亡」之評語，與「无悔」其差異，使見感動其真與偽而已。當然，縱使如情愛欲望之感動，特別當其致人於「憧憧往來」般有所哀傷不能自已，《易》所盼仍其終能「取女」而吉；然作為道理，唯致「无悔」地步之感動始為正。以上為《易》對感動之說明。

① 腓之不能作事、股之往、心思之亂，都只屬身體欲望之事而已，非亦見心之誠及感動真正之深。

恆　恆常、持守

恆，亨，无咎。利貞，利有攸往。
初六：浚恆，貞凶，无攸利，悔亡。①
九二：不恆其德。
九三：或承之羞，貞吝。
九四：田无禽。
六五：恆其德貞，婦人吉，夫子凶。
上六：振恆，凶。

恆常，通達，无咎。宜自守，宜有作為。

初六：持續地以抒取或深挖之態（對恆）有所求取，實已太過，亦破壞恆常之態或平常性之

① 今本為：「初六：浚恆，貞凶，无攸利。九二：悔亡。九三：不恆其德，或承之羞，貞吝。」

真實，如是之執持為凶，亦無所宜，甚至慎悔失去一切。恆於此從平常之態言。

九二：對應有所持守者（如德行）不持守。

九三：縱使持守然內感羞愧，如是心態之執持狹吝。九二與九三之恆從應持守其恆久性之真實對象言。

九四：不恆久田事而有所荒廢，連禽獸亦將不至。此從人自身之努力言恆。

六五：婦人從一而終地自守，其恆本於性，故吉。夫子性不專一，其執持本性（恆其德貞）則凶。句從性之恆常言。

上六：持久地求救濟（喻實已不能持久），凶。此恆之最為荒謬所在：以不能持久者為持久。

【恆，亨，无咎。利貞，利有攸往。】

〈恆〉一方面對反〈離〉，另一方面相對〈咸〉：感動雖構成生命動力或力量，然始終非常態。生命或存在之另一種真實性，在恆常；正是此恆常、甚至與恆常聯繫在一起之平凡，為生命感動之對反。二者從正面言時，都是生命能持續之力量所在。此所以〈恆〉通達。附加上「无咎」，原因應在：只持守恆常性，對生命本有之種種變化與求取言，實似過於保守，未如〈咸〉

感動所有之力量感。然能守常而平凡，這更應是存在之真實，其所以「无咎」在此。能恆常地持續，故一方面在能自守於此（「利貞」），另一方面由其持續性（如恆心）故宜於作為（「利有攸往」），否則若事事不能持續，無論怎樣作為，即失去其意義與真實。從〈恆〉卦而觀，恆有四方面，二屬對象或客體、二屬人自己。屬客體方面：一為平常性或常態性；另一由應恆久而至真實事物言恆，如德行便是。至於人方面：一為如努力或勞動之持續性，從持續性言恆；另一則為人如內在本性、性情甚至人性之長久性，這雖非與努力或恆心有關，然始終屬人方面，非客體事物。這四種恆，分別為〈恆〉卦前五爻所言①。而從恆這四者中，雖二屬對象、二屬人方面，然與人之恆心有關，則在第二與第三兩者上，第一之常態性與第四之人本性均與人恆心無關，唯致力於如德性之真實事物、與人自身應有之努力與勞動，始與恆心有關。如是說，恆則有五種形態內容。此外，恆正因為存在之一種極致價值之體現，能恆或應恆者，應至為真實而有價值，故存在中虛假地視為真實者，往往亦以恆之姿態呈現，如人虛構的上帝，便是永恆之存有，《易》故不得不對恆種種虛假性作分析，亦暗藏於各爻間，此〈恆〉爻辭

① 九二、九三兩爻所言內容對象同一。

雖極約，然於中所有之深義。

【初六：浚恆，貞凶，无攸利，悔亡。】

初六所言之「浚恆」，「浚」為汲取或抒取，甚至帶有深挖之意。無論「浚恆」解為對恆常性有所如急取般深求，抑解為人對其所欲持續地深挖，都明顯違反平常之義：或有求於一時、或有過求而不常態故。任何類如此之深挖或急取，雖表面為持續（恆），然實更是對恆常性（平常性）之破壞，故為凶。「貞凶」是說，執持如此作為實為凶，亦明白地「无攸利」，及「悔亡」。恆常如平常心，先是一種狀態，任何急進或刻求必對此平常之態有所破壞，使恆常不再，其持續故更是恆之正反。恆常性為存在根本之道，而恆常、平常之態，更是存在真實性之本。生命如有突發之大感動，亦不應從「浚」言，對生命感動有所圖得而過求，只偽而已。恆於本爻故從恆常、平常之態言，為恆常性首先之真實；從中亦見恆之第一種偽，在以為持續地求發展改變上，如今日所謂世界存在。

【九二：不恆其德。】

除平常性或恆常之態可被如「浚」之過度破壞外，於人中本應恆常者，亦可為人因不持守而破壞。《易》於此舉德行為例（「不恆其德」），然如人性本性等恆常之真實，亦可因人之不持守而破壞。本爻之「不恆」，故與「浚恆」相反，一不持守應持守者，另一過求而使恆常者有所破壞而失去。

【九三：或承之羞，貞吝。】

九三之「或承之羞，貞吝」實繼續「不恆其德」言，只又另一種情況。此時雖表面有所持續，然心不以其事為真實，其持續只一種無奈或虛偽。如是之持守，故明顯偽，此「承之羞」之意。「貞吝」是說，執持於這樣心態者，實狹吝。

《易》在這〈恆〉前三爻中，指出恆常性及應永恆之事物實為恆之根本。恆非只是時間上之永恆，而應有其真實對象在：或為恆常、平常性之態本身，或在真實而應永恆持續之對象事物上，如德行、如人性、如美善價值，後者是因其對象之真實性故應恆，非只從時間之永恆言恆；恆故應實說，非為時間之永恆地虛說。《易》更指出，正是這應恆常存在者反為人所破壞摒棄，或縱使似持守，仍非出於真實。人對應恆常者實無視，既無視其價值、亦無視恆常之意義與真實。《易》雖從世間變易言道理，然對恆常性多麼重視，亦深明其義：以應恆常之真實者直在世間，非如西方神話與哲學，以永恆者只在神靈或他世，使恆常性（永恆性）虛構而不真實，失去恆常對人之意義。恆常性在前三爻，故是從客體對象方面言。王維於〈皇甫岳雲溪雜題五首〉枚舉世態之五種恆常性：靜謐、生活之常、獨立性、勞作、萬物之分合重復。作為世態，其恆在常態性，然亦為詩人王維切願其為永恆者，故同為存在所（應）有真實。恆常性始終應落於真實事物上，非只時間上之不朽。

【九四：田无禽。】

在教人從對象客體見恆常性之真實後，九四說：「田无禽」。「田无禽」意義明白，亦田因荒廢故禽鳥不至。從荒廢言恆，明白指人生活努力應有之恆。如是之恆對人言必然，然非如前，為客觀存在之態與真實，只人類存在不得已之事實而已。當然，我們可如王維那樣，從世態觀勞動之永恆性①，然撇開世態，勞動更是人自身事實，其為與不為仍在人，非為客觀存在本身之模態，亦非如德行本身因真實故應恆。始終，人之勞動不應從態或真實性言，縱使不能真實或無真實成果，人仍必須勞動，甚至在可能下，持續其勞動而不應有所荒廢。此恆於人自身之真實，直對向其一切努力及其作為人言而已。

【六五：恆其德貞，婦人吉，夫子凶。】

若非上述恆之三義，恆仍有最後一義，即人本性或品性之恆，其所以恆，因至為內在而已，既非為存在模態、亦非必由於真實、更非對人之作為人言必須。對這樣的恆，六五說：「恆其德貞，婦人吉，夫子凶」。先須注意，《易》雖再次提及德，甚至從「恆其德貞」言，然關鍵非在此，而在何以「恆其德貞」而結論會有「婦人吉」而「夫子凶」如此大差異？當婦人及夫子各恆其德而自守仍一者吉另一者凶，必也二者所守不同，一者吉、另一者凶。這裏之「德」，故再非前面「不恆其德」時之「德」。「不恆其德」之「德」是從不恆或可不恆言，這裏之「德」

① 王維詩故言：「朝耕上平田，暮耕上平田。借問問津者，寧知沮溺賢？」（〈上平田〉）

則是從「恆其德」甚至「貞」言。不得不恆之「德」，故為本性或品性性情，人所謂本能亦屬此。婦人本性從一而終、夫子本性多不專一，此其二者之差異。作為本性，仍是一種廣義之德，甚至，性若從人性或性善解，更是一種德之本。當婦人自守其從一而終之本性時，這固然吉，然夫子之自守其不專一本性，這則凶。《易》透過這一事指出下列兩道理：一、縱使從本性言，本性仍有好與不好之別，甚至有如人性與個體性情這深淺之差異，前者必然善，後者未必然。舉婦人與夫子之差異，可能於一者強調其女性本性，而另一者則強調其個人品性性格。二、如「浚恆」中「浚」之持續反而是一種惡、一種恆之偽，同樣，在這與本性有關時，持守亦可為惡、為偽，如夫子之持守其性情為偽那樣。同樣，不恆其德者若偽，似恆其德而實「承之羞」者亦偽。換言之，恆若單純從持續性言，若其事為非，或「承之羞」，都實只偽而已。恆故不應只為持續，更不能只是時間上之永久，而必須另有其真實性在，品性性情之可偽而恆，明白說明這一點。

【上六：振恆，凶。】

繼恆之真偽，上六故從極端情況總結：「振恆，凶」。「振」指救濟。「振恆」故言：若必須持續地求救濟，凶。這明顯又相對「田无禽」而說，意謂持久地不勞動，致使持久地有所依賴他人之救濟，從持久言，這樣的持久性至為虛假，較「浚恆」之執持、「或承之羞」之似恆、夫子之自守其性，「振恆」之恆較三者更偽，其由於一無所有正是再不能持久故。「振恆」之矛盾故在：其持久求救濟雖持久如此，然由一無所有故最不能久，此其恆之荒謬性：以不能恆為恆、以不能持久為持久。此恆之假象與荒謬。《易》明顯以此總結說：恆非表面、非恆之偽與假象，明白恆其真實所在，始知恆真正意義。人類所追求之恆，無論是神靈抑資本財富，其偽故在此：雖表面永恆，然最為虛假。

遯　潛隱

遯，亨小，利貞。
初六：遯尾，厲，勿用有攸往。
六二：執之用黃牛之革，莫之勝說。
九三：係遯，有疾厲。畜臣妾，吉。
九四：好遯，君子吉，小人否。
九五：嘉遯，貞吉。
上九：肥遯，无不利。

潛隱，通達小，宜自守。
初六：只虛假或不徹底地潛隱，艱厲，有所作為者不宜用此。
六二：隱遯於黃牛革內，不為人所發現，喜悅莫勝於此。

九三：隱而心仍有所繫、有所圖，有疾厲。若所繫只為臣妾，則仍吉。
九四：心真以潛隱為好，對君子言為吉，對小人言為否。
九五：潛隱而見美善，其自守吉。
上九：潛隱而如無隱時之得獲，如是優渥之潛隱，无不利。

【遯，亨小，利貞。】

潛隱與強勇，為人面對世間兩種姿態。本來，隱與不隱，是由世有道無道所致，如《論語・泰伯》所說：「天下有道則見，無道則隱」，然在《易》這裏，隱反而只是一種存在姿態，或見於人之所好、或迫不得已，然其原因不必與無道有關。對如此不再有所作為之姿態，故明顯為「亨小」，無所通達故。又既已為隱遯，故應自守：「利貞」，否則便已非潛隱。

【初六：遯尾，厲，勿用有攸往。】

《易》對隱遯之分析，主要有兩部分：前兩爻針對隱藏本身言；後四爻則對潛隱四種狀態作說明。有關前者，初六首先說：「遯尾，厲，勿用有攸往」。若有求隱遯，不應只如隱藏尾巴而非徹底地潛隱，這樣的隱藏既虛假、亦艱厲不易，始終易為人發現。若本為了潛隱而仍如此不真實，更只是一種自欺欺人而已，故「勿用有攸往」①，即有所作為者不宜用。若為隱，故必須徹底，不能只「遯尾」而已。②

【六二：執之用黃牛之革，莫之勝說。】

六二故相反地說：「執之用黃牛之革，莫之勝說」，即如隱遯於黃牛革內、以黃牛之革包裹而躲藏，因而不為人所發現，從這樣隱藏或躲藏言，其喜悅莫勝如此。這如孩童於遊戲中之徹底躲藏，能如此隱於人世中，無論大隱抑小隱③，確然有着喜悅在。④首兩爻故言隱之

---

① 非「不利有攸往」而是「勿用有攸往」，即「有攸往」者「勿用」。

② 本爻若用於人隱藏自身某方面、如其所有過錯，以圖欺人，如此情形亦可。此時「遯尾」即隱藏其缺點或過失；「勿用有攸往」則解為：不應以這樣隱藏之法圖作為。

③ 小隱隱於野，大隱隱於市。

④ 本爻之「說」若解為脫，則所言為人以一外表全然隱藏其自身內裡事實，為圖欺騙，如以謊言圖騙事實，如此之謊言難脫去，必須製造無窮謊言以自圓，其偽難脫止。

真與偽，為潛隱首先道理。

【九三：係遯，有疾厲。畜臣妾，吉。】

〈遯〉卦有關隱之四種狀態，從其最未善者言起。「係遯，有疾厲。畜臣妾，吉」，「係遯」言雖隱，然心仍有所繫、甚至仍有所圖，故非真為隱、或最低限度，心非甘於隱，如有所不得已那樣。這樣的隱，明顯「有疾厲」，即其艱厲立即可見。《易》補充說：若心所繫只為臣妾，則仍吉；換言之，若如失國之君王，其不得已之躲藏仍心懷着舊臣妾，如是仍吉。然若如為士而隱，所懷仍為權勢利祿，如此之隱，明顯有偽，其厲疾。

【九四：好遯，君子吉，小人否。】

真正為隱而隱，《易》稱為「好遯」，即心真以潛隱為好，此為多數隱士之隱，其隱或出於性情、或出於不隨世虛偽、或出於世無道、甚或只是一種避世。無論是哪一者，隱對其人言為好。《易》故對此說：「君子吉，小人否」，即這樣的隱，確對君子言為吉，對小人言則為否，道理也明白，小人難於處約、難於隱而仍能自守故。如是之隱雖「好」，然未必「嘉」。

【九五：嘉遯，貞吉。】

九五之「嘉遯」，因「嘉」為美善，〈隨〉亦有「孚于嘉」，「嘉遯」故為隱遯之至善者。所謂「嘉遯」，非只隱而已，更從隱中而見美善，如人於隱居中成就作品、或於隱中更有境界之體會。詩人之隱大多如此，非只隱沒而已，更有從隱中所成就之美善。對這樣歸隱，故其自守吉：「貞吉」。

【上九：肥遯，无不利。】

最後，作為潛隱之極端而太過者，《易》以「肥遯」形容。可想而知，從「好遯」、「嘉遯」至「肥遯」，是一遞增過程。若「嘉遯」所言仍只美善之達至，「肥遯」則非只美善而已，更是大有收穫，其為收穫，非再與歸隱之存在狀態有關，而如無隱時之收穫那樣。能於隱居而仍如無隱地收穫，於隱居中過着非隱居生活，如是之優渥狀態，即為「肥遯」，其有所太過在此。不過，歸隱若只因為貶官，於其當地仍致力富庶，未必不能有優厚之可能。縱使與隱居本義似違，仍始終是一種隱居。《易》故仍列入。對如此能於隱居中過着豐裕生活，《易》故斷為「无不利」。確然，對如此似與隱居清淡之義有違者，明顯不能稱為吉，以「无不利」為判語，最為適合。這「无不利」曾見於〈坤〉之「不習无不利」、〈屯〉之「求婚媾，往，吉无不利」、〈大有〉之「自天祐之，吉，无不利」、〈謙〉之「不富以其鄰，利用侵伐。无不利」、〈剝〉之「貫魚以宮人寵，无不利」、〈大過〉之「枯楊生稊，老夫得其女妻，无不利」，及〈晉〉〈解〉〈鼎〉等卦中，除〈坤〉因言「不習」故「无不利」外，其他都是特殊地、如有過地「无不利」者，雖無否定之意，然仍如有勉強之感，「无不利」始終次於吉善故。「肥遯」屬此類。

從《易》這有關潛隱之討論可見，無論是哪一種歸隱，若其為真實而非虛假、或有所繫掛，縱使明知「亨小」，《易》都予以肯定。從〈乾〉之「或躍在淵」與〈坤〉之「括囊」便即如此。因求生命之真實而隱，除「肥遯」外，莫不已是德行，故於「好遯」中，《易》直以君子、小人對比，見歸隱者其人格故。以上為《易》對隱遯之說明。

大壯　強勇

大壯，利貞。

初九：壯于趾，征凶。①

九二：有孚，貞吉。

九三：小人用壯，君子用罔，貞厲。羝羊觸藩，羸其角，貞吉。

九四：悔亡，藩決不羸，壯于大輿之輹。

六五：喪羊于易，无悔。

上六：羝羊觸藩，不能退，不能遂，无攸利。艱則吉。

① 今本為：「初九：壯于趾，征凶，有孚。九二：貞吉。九三：小人用壯，君子用罔，貞厲。羝羊觸藩，羸其角。九四：貞吉，悔亡。藩決不羸，壯于大輿之輹。」

強勇，宜自守。

初九：強勇若只是敢作敢為，如敢於征事，凶。

九二：強勇而仍有心在，知自守而吉。

九三：小人只用強勇，君子則用網羅，然作為自守艱厲。強勇者如公羊以角頂觸藩籬，易為藩籬所纏繞。能自守始吉。

九四：〔強勇縱使非被束縛〕，仍應慎悔失去一切。縱使藩籬可被衝斷不能束縛，然如是強勇仍可使大車車軸縛斷裂，不再能運行。

六五：真正強勇應在：縱使有所喪失，然仍視為輕微而无悔，此始為真正強大之強勇。

上六：強勇若（太過）只如公羊以角頂觸藩籬，不能進退，無所利。強勇若用於艱難則吉。

【大壯，利貞。】

隱遯（〈遯〉）雖退，然為《易》所肯定；強勇（〈大壯〉）雖似進，然多為非。從敢於對抗言強勇，為西方自古希臘始便視為德性之一，《易》與《論語》均無如是看法與立場：中國傳統始終知徒勇之非是，君子尚義而已，非尚勇；孟子「至大至剛」「浩然之氣」，亦只由「集義所生」，非北宮黝或孟施舍等之無懼。究其原因，孔子說得很清楚：縱使是君子，「君子有勇而無義為亂」，而「小人有勇而無義為盜」（〈陽貨〉）。面對世間存在，強勇者之無懼，多只致亂而已。有關〈大壯〉而卦辭只言「利貞」（宜自守），其原因在此。

【初九：壯于趾，征凶。】

【九二：有孚，貞吉。】

初九與九二為對強勇本身道理之基本。「壯于趾，征凶」言強勇之非，「有孚，貞吉」則言強勇其所應是。「壯于趾」明白指純憑強勇而敢作敢為，「趾」喻行動；然敢於行動者非真勇，未必有所反省而知道義故。若用於意氣之事或如戰事有所傷害傷亡，明顯為凶。故「壯于趾」只「征凶」。然強勇若仍有心，換言之，非只純憑性情性格，而始終有對對象之感受、有着人性之價值與體會，如是知自守之強勇始吉。《易》未從道義之客觀條件而只從「有孚」言，知心於人多麼根本。人能有心，已不會太過，縱使未知道義所在，仍會自我克制，心始終為人性之心故，為人性落實之具體所在。

【九三：小人用壯，君子用罔，貞厲。羝羊觸藩，羸其角，貞吉。】

九三與九四則列舉強勇之兩種情形，前者為：「小人用壯，君子用罔，貞厲。羝羊觸藩，羸其角，貞吉」。「小人用壯」為「壯于趾」之重複，突顯用此法者為小人而已，非為大事者，故亦刻意對比君子而言。君子遇有如必須用強勇之對象，非先用強勇，而用網羅（「罔」）。換言之，以智包羅其對象，非徒以強勇抵觸。儘管如此，兩者其自守仍有所艱厲，不易自守故。對「小人用壯」，《易》更比喻為公羊以角頂觸藩籬，因可為藩籬所纏繞，故徒用壯不智。若能自守始吉。強勇之道，始終在自守而已。

【九四：悔亡，藩決不羸，壯于大輿之輹。】

九四更進而言另一情況：「悔亡，藩決不羸，壯于大輿之輹」，即縱使用壯沒有被束縛，其壯能衝破一切，然如是破壞力，終會連自身亦破壞，因而失去一切。對如此強勇，九四故先誡以「悔亡」，並舉例說：縱使藩籬可被衝斷不能束縛，然如是強勇仍可使大車車軸縛斷裂，不再能運行。「輿」為車載物處，「輹」為車軸縛。「壯于大輿之輹」故意為連自身所以能行及所有都為強勇所衝破，強勇縱使強大致不被束縛，然始終只會破壞，仍害而已，故終「悔亡」。

無論強勇只徒勇、抑更有所強大，若用於對抗，都只引致負面結果，傷己害人，無正面意義。

【六五：喪羊于易，无悔。】

強勇其真正並理想者，本於一種真實強大，亦正因如此，故不計較得失，亦無以強勇為衝突或破壞傷害之力量，純然正面。《易》舉「喪羊于易，无悔」之例說明。縱使失去，然因只視為輕微，一切無所後悔，如是之強勇始強大而真實，成就自身之更真實而有道。強勇應用於自身，成就自身之更大，非用於對抗、更非用於計較之間。能如是闊大之強勇，使人無所悔。

【上六：羝羊觸藩，不能退，不能遂，无攸利。艱則吉。】

最後，作為總結，《易》說：「羝羊觸藩，不能退，不能遂，无攸利。艱則吉」，即若如上述，強勇只是盲目對抗之力量與果敢，如公羊以角頂觸藩籬，其結果多只是不能進退，達不到目的，故實無所利。強勇若非只從用於己而使自身強大不計較，那從對象方面言，強勇唯用於艱難處境或情況中始吉。此強勇真正之用。強勇之道，故或自守、或有心在；或自強而闊大、或用於艱難處境。若以為用於對抗、用於他人而破壞，都只強勇之偽而已。

晉　得位、得勢

晉，康侯用錫馬蕃庶，晝日三接。
初六：晉如摧如，貞吉。罔孚，裕，无咎。
六二：晉如愁如，貞吉。受茲介福于其王母。
六三：眾允，悔亡。
九四：晉如鼫鼠，貞厲，悔亡。①
六五：失得勿恤，往吉，无不利。
上九：晉其角，維用伐邑，厲吉，无咎，貞吝。

① 今本為：「九四：晉如鼫鼠，貞厲。六五：悔亡，失得勿恤，往吉，无不利。」

得勢位，如安國之侯用眾多賜馬，日間多所接待賓客。

初六：得位得勢者易有所摧折，唯自守始吉。位與權勢能網羅人心、亦得富裕，然无咎。

六二：得位得勢者，或因其位、或對下有所體恤而有所憂愁，如是之自守吉。將受到王母（尊貴者）之福庇。

六三：因為眾人所許任，故應慎悔失去一切。

九四：利用其位如鼫鼠般貪婪，其自守艱厲，慎悔失去一切。

六五：得位者不對得失有所關懷，其作為吉无不利。

上九：有道之得位者若有所強勇，應行伐邑之大事，縱使艱厲，仍吉、无咎，若只自守則狹吝。

【晉，康侯用錫馬蕃庶，晝日三接。】

〈晉〉言得勢、得位，明顯為現實視為存在之意義。然這始終只是現實，現實與真實又有極大差距，得位者亦未必有德行或能力才幹，故〈晉〉卦辭只對其事舉例，沒有作任何如通達或宜有所作為等評斷。「康侯用錫馬蕃庶，晝日三接」指安國之侯用眾多賜馬，日間多所接待賓客；「康侯」無必須指認為武王弟衛康叔。以眾多賜馬接待賓客，如是尊貴性，為「晉」之表徵。

【初六：晉如摧如，貞吉。罔孚，裕，无咎。】

初六與六二為對顯貴者其道理之首先說明，一負一正，亦地位所有之兩面。有位而無道，其勢力只摧折破壞，故《易》直言為「晉如摧如」。對這樣勢力，唯自守始吉。「罔孚，裕，无咎」是說，顯貴而得勢者，既易網羅人心、亦易富裕，這因由勢使然，故仍无咎。

【六二：晉如愁如，貞吉。受茲介福于其王母。】

相反。若非順承勢力而享盡顯貴，反因其地位而有所憂愁：「晉如愁如」，無論是因位責之高、抑對下有所體恤，都顯出其善。如是之自守為吉。一旦為上位顯貴，無論作為怎樣，從其位言必須能自守（貞），此其善之前提。順勢而享盡顯貴者固然得人與富裕，然因位而愁恤者，將更「受茲介福于其王母」，即受到王母至尊者之福庇，雖位高然善故。《易》借此指出，同是晉者，仍有「摧如」「愁如」之差別，二者之所得不同：一者只從下而得，雖仍「无咎」，然只「罔孚，裕」而已；另一者從上而得，如「自天祐之」那樣。無論多麼上位，始終仍有更上，其是受福於上，抑只由下而裕，二者於尊貴性仍有所差異，非因得位便確然上。能愁下又受福於上者始真實地尊貴，用盡其位與權勢者，反只低下而已，雖未必有咎，然已非「晉」尊貴之真實。此《易》對尊貴性首先之說明。

【六三：眾允，悔亡。】

【九四：晉如鼫鼠，貞厲，悔亡。】

對「晉如摧如」者，《易》以六三九四兩爻作告誡。一為「眾允，悔亡」，另一為「晉如鼫鼠，貞厲，悔亡」，仍是針對「罔孚」與「裕」這兩方面言。只因權勢得人者，其所得於人實只一相互依存關係，非真能獨立，故實往往為居下者所決定，如黑格爾形容之主奴關係那樣。《易》用「眾允」表達如此上位，實仍由下（眾）所支撐而已。正因其地位只為眾所支承許任，故一旦失去如此相互關係，其一切亦將全然失去，故「悔亡」。

同樣，若得位而利用其位如鼫鼠（《詩・碩鼠》）般貪婪，不但自守艱厲，更易失去一切，亦「悔亡」。

【六五：失得勿恤，往吉，无不利。】

無論得人抑富裕，得位者心都不應在所得上，以如此為得位之意義。〈晉〉因已然得位，故六五非只從得位言，更從其真實言：「失得勿恤，往吉，无不利」，即應對所得不再在乎，亦應有所作為，如此之得位，始「吉，无不利」。用「勿恤」二字表示，其心所關懷非在得失、只在作為上，此始為位之真實。

【上九：晉其角，維用伐邑，厲吉，无咎，貞吝。】

故對這「往」(作為）如過分之用，上九形容為：「晉其角，維用伐邑，厲吉，无咎，貞吝」。「角」仍本於〈大壯〉意象，言得位得勢者作為之強勇。如是強勇，應用於伐邑之事，雖艱厲，然為吉，亦无咎；若只自守則狹吝。從這「貞吝」而觀，此時之得位者應有道，如六二、六五，否則也只如前，為「貞吉」而非「貞吝」。得位者宜自守，然有道而得位者則應有所作為，若只自守，只狹隘而已。

明夷　晦中求明

明夷，利艱貞。

初九：明夷于飛，垂其翼；君子于行，三日不食。有攸往，主人有言。

六二：明夷，夷于左股，用拯馬壯，吉。

九三：明夷于南狩，得其大首，不可疾，貞。

六四：入于左腹，獲明夷之心，于出門庭。

六五：箕子之明夷，利貞。

上六：不明晦，初登于天，後入于地。

晦中求明，宜於艱難中自守。

初九：晦中求明者之飛（作為），非求為得位得勢，故垂翼。君子之作為非求食。求道之為，多為無道君主拒斥。

六二：晦中求明者多傷（痍）於其忠誠逆諫之行動（左股），若得承輔者救助以能強勇，吉。

九三：晦中求明若如入南蠻獸羣中得其大首，如是之作為不可疾速，應自守。

六四：入於腹內而知不能，已達晦中求明之心志，故可離去。

六五：箕子諫紂不達，佯狂不去。其晦中求明之志為至，宜自守。

上六：不明白晦暗或不明之晦，以為登天而顯赫，實入於地而逝沒而已。

【明夷，利艱貞。】

若〈晉〉之得位得勢仍可由有道而光明，〈明夷〉則不同，〈明夷〉所言，為無道時世之晦暗，縱使為臣，仍只能於晦中求明，非能光明，如是努力，即〈明夷〉。雖只晦暗，然仍有如是之生命努力，非因存在晦暗而再無意義。〈明夷〉故仍為一種存在真實。面對這樣處境，故沒有言「亨」，唯「利艱貞」而已，即宜於艱難中自守。

【初九：明夷于飛，垂其翼；君子于行，三日不食。有攸往，主人有言。】

初九與六二兩爻言晦中求明之基本。一有關晦中求明之真實：「明夷于飛，垂其翼；君子于行，三日不食。有攸往，主人有言」。因「飛，垂其翼」，故傳統以「明夷」為鳥。然句意亦可單純借鳥求飛之意象，說：於晦中求明而飛者（作為者），實非如〈晉〉那樣求為得位得勢，故只垂其翼；君子之求作為，非為求食，故多日可不食；如是求道之作為者，往往為無道主人（君主）所拒斥。晦中求明而努力，其真實如此。

【六二：明夷，夷于左股，用拯馬壯，吉。】

對如是艱難險阻之努力，六二故說：「明夷，夷于左股，用拯馬壯，吉」。古代「左右」之意，今無以確定，有謂右便而左不便，故以右臣為助者、不助者為左，右尊而左僻。此解意較明，以「左」言，明白指其為臣因忠誠逆諫而降秩為左。《易》因而說：因晦中求明逆諫而致行動（股）有所傷害（痍）者，若仍有承輔者救助使其強勇，則吉。初九言晦中求明者之真實，六二言晦中求明者之事實，多因諫而傷，宜得有力者協助。六二是否有喻文王，不可確知。

【九三：明夷于南狩，得其大首，不可疾，貞。】

【六四：入于左腹，獲明夷之心，于出門庭。】

九三與六四則從晦中求明之兩種結果言，一得一不得。九三之「明夷于南狩，得其大首，不可疾，貞」，晦中求明如入南方蠻獸羣中而得大首，如是之得為大，然其事不可疾速，宜自守。有謂喻武王，亦不可確知。能「得其大首」固然善，然仍「不可疾」。

有關不得者，六四說：「入于左腹，獲明夷之心，于出門庭」，意謂：為求諫而入於無道者腹內，知不能有所作為，因已達晦中求明之心志，故可毅然離去。「明夷之心」故兩指，既言知無道者之心、亦言晦中求明者心志之真誠。句似微子之行，亦相對下箕子而言；然始終，如是不得，明為晦中求明其一種結果：雖無得，然仍為「明夷之心」，《論語》故說：「微子去之、箕子為之奴、比干諫而死。孔子曰：殷有三仁焉」（〈微子〉）。

【六五：箕子之明夷，利貞。】

六五直以「箕子之明夷」言，箕子諫紂不達，佯狂不去。其不去為晦中求明之志之極致，故置於六五位，亦直以箕子言。雖然如此，仍宜自守。

【上六：不明晦，初登于天，後入于地。】

《易》最後以上六，非言求明者，而是其中晦者之過：「不明晦，初登于天，後入于地」。「不明晦」或解為不明而晦者、或解為不明白晦暗者，如紂，以為登天而顯赫，實入於地而逝沒而已。晦中求明者雖非為勢位而求、亦多不得而傷，然其「明夷之心」，始終光明，故為存在之真實與意義。

家人　家

家人，利女貞。

初九：閑有家，悔亡。

六二：无攸遂，在中饋，貞吉。

九三：家人嗃嗃，悔厲，吉。婦子嘻嘻，終吝。

六四：富家，大吉。

九五：王假有家，勿恤，吉。

上九：有孚威如，終吉。

家，宜女之自守。

初九：對家應謹慎，慎悔其失去。

六二：應專心於家之養、育事，不有他求，如此自守則吉。

九三：治家應嚴厲，雖恐悔太過，然實吉。若對家人過愛使無所尊卑地知敬重，終實狹吝而已。

六四：家能富，大吉。

九五：縱使為君主，仍不能對家過於愛恤，如是始吉。

上九：對家心有懷威嚴，如是終吉。

【家人，利女貞。】

若非從〈咸〉〈恆〉〈遯〉〈晉〉〈明夷〉等生命之真實言生存意義，作為一般人，其生命多只繫於家，此〈家人〉所言。家由女性維繫，女能自守於此，家始能吉善，故卦辭先簡明地說：「利女貞」。

【初九：閑有家，悔亡。】

【六二：无攸遂，在中饋，貞吉。】

【九三：家人嗃嗃，悔厲，吉。婦子嘻嘻，終吝。】

【六四：富家，大吉。】

家因為至平常事，故只需言其基本道理，無須有所深入。而此有四：一為「閑有家，悔亡」。「閑」意為防禦，「閑有家」故指對家應有所謹慎，慎悔其失去。家始終為人存在之本與終，為存在之內在。失去家亦將失去存在之基礎，首爻誡「悔亡」，其意重要。

二為家之中心在養育，《易》以「中饋」喻，並說：「无攸遂，在中饋，貞吉」，即應專心於家之養、育事，不應有他求（「遂」如心願），如此自守則吉。家實亦如此而已，為養育之本而已。

三為縱使為家人，仍應有治家之嚴厲，若隨便，家人亦將失去人倫之分寸，非更由家而立。《易》故說：「家人嗃嗃，悔厲，吉。婦子嘻嘻，終吝」，「嗃嗃」嚴大之聲，喻嚴厲。對家人嚴厲，必有恐太過，然唯如此始吉。相反，若對家人過愛致使無所尊卑約束，終實狹吝而已。

人在成長過程中，若不知嚴厲而處處輕浮而自我，終將狂妄自大。「嗃嗃」之嚴厲非從權力言，只使家亦能有敬而已。

四最後為使家能富，不應因奢華浪費或不事而貧。此「富家，大吉」道理，為人人所知，唯忘記，仍先有前三者，非獨富家而已。若失去養育、失去嚴敬之心，富有只更虛妄而已，更使家喪而已，非真富。

【九五：王假有家，勿恤，吉。】

故九五於上位者與家之關係，《易》說：「王假有家，勿恤，吉」，即縱使為君主，仍不能對家過於愛恤，一由於心應在國事、另一則不應因自身特殊地位致家人有所放肆放縱，如是始吉。這一道理，故同可落於「富家」中，始終對家之防閑為本，非因富而放縱。若連在位之王者仍如此，一般家道更應如此。

【上九：有孚威如，終吉。】

故《易》於上九再一次重申其事，說：「有孚威如，終吉」。對家，心應懷有威嚴，如是終吉。不過，威嚴非背離，非家人相背，始終只恐無心養育時之肆無忌憚而已。

睽　背離

睽，小事吉，悔亡。①
初九：喪馬勿逐，自復，見惡人，无咎。
九二：遇主于巷，无咎。
六三：見輿曳，其牛掣，其人天且劓，无初，有終。
九四：睽孤遇元夫，交孚，厲，无咎，悔亡。②
六五：厥宗噬膚，往何咎。
上九：睽孤見豕負塗，載鬼一車。先張之弧，後說之弧。匪寇婚媾。往遇雨則吉。

---

① 今本為：「睽：小事吉。初九：悔亡。喪馬勿逐，自復，見惡人，无咎。」
② 今本為：「九四：睽孤遇元夫，交孚，厲，无咎。六五：悔亡。厥宗噬膚，往何咎。」

背離，若為小事始吉，慎悔失去一切。

初九：縱使有所失去亦不應追咎，自求復得便是，能如是不計較，縱使所遇為惡人，仍无咎。

九二：與人背離若只一時、非終究地遠去，无咎。

六三：艱困至如拉拽着車與牛，甚至有天生之殘缺（失去鼻子），如是生命之背離，如本初一無所是，然仍可有終（成果）。

九四：妻子因背離而孤，遇原夫而有求復合之心，艱厲；雖无咎，然仍應慎悔有所失去。

六五：上位者若其宗族妄求所欲，對其離棄另有所作為又何咎。

上九：性情乖離而孤獨者，視一切事物如卑賤（見豕負泥）、見人如鬼、又有所敵對猜疑，以來者非善而惡，如是癲狂之人，其作為若遇着逆境始吉。

【睽，小事吉，悔亡。】

若〈家人〉為存在至平常意義，背離或背離感則多所負面。背離或從命對人之否定、或從人與人之背離言。無論因事抑因人，若其事小則仍可，若為大事，所造成背離必有嚴重後果。卦辭故言「小事吉」，喻大事則凶；背離若為大，易失去一切，故「悔亡」。有關背離，首兩爻從其小事言；中兩爻則從較大事言；分別地一爻言物事、另一爻言人事。

【初九：喪馬勿逐，自復，見惡人，无咎。】

初九之「喪馬勿逐，自復，見惡人，无咎」意明白，言人失去馬匹，必心有所不快而感事不順遂。然失去之事物自己始終能再次獲得，故實不應在意。「自復」非言失去之物自身必復返，只是自己仍可憑藉自身努力再次得到同樣事物而已，故不應對喪失過於執着。能不追究或追討，如是縱使遇着惡人，也不會造成傷害，人由計較始造成對立故。

【九二：遇主于巷，无咎。】

九二則從人言。「遇主于巷」喻與主人因事而背離，又從「遇主于巷」可見，其事為小，故不造成出走或真正離開，始於巷而再遇。《易》以此說明背離若只一時、非終究地遠去，如是人與人之背離仍「无咎」，其事小、其背離亦非徹底故。

【六三：見輿曳，其牛掣，其人天且劓，无初，有終。】

六三與九四情況不同，為背離之大者。六三：「見輿曳，其牛掣，其人天且劓，无初，有終」所言，類如孟子「天將降大任於是人也，必先苦其心志、勞其筋骨、餓其體膚、空乏其身、行拂亂其所為」（《孟子・告子下》）如天對人之背逆。《易》所舉為例只兩面：一、生活艱困至如拉拽着車與牛；二、天生有所殘缺、失去鼻子。二事已足以使人感到生命之背逆，《易》甚至用「无初」形容，喻人本初如一無所是。雖本初如此，然從生命努力（「見輿曳，其牛掣」），人仍可有終（成果），此《易》對生命所感背離之安慰。

【九四：睽孤遇元夫，交孚，厲，无咎，悔亡。】

至於人與人之背離其大者，《易》以夫妻分離而說：「睽孤遇元夫，交孚，厲，无咎，悔亡」，分離開之妻子再遇見原夫，雖有求復合之心，然有所艱厲；雖无咎，然仍應慎悔有所失去而不得。《易》以此本有情感者之背離，言人一旦分離，其復合實不易，以此誡人背離其大者所有之嚴重性。若非有所必然，則不應致此地步。

【六五：厥宗噬膚，往何咎。】

於六五，《易》相反舉一背離之正當性，甚至為對宗族親戚之對反：「厥宗噬膚，往何咎」。「噬膚」喻無節度之欲望（見〈噬嗑〉）；居上位者若見自身宗族妄求所欲、無節無制，對其離棄另有所作為又何咎，此「往何咎」之決斷。若因其人無道，對人有所背離，又何咎。此背離之真實，不容有所虛假故，居上位者尤是。

【上九：睽孤見豕負塗，載鬼一車。先張之弧，後說之弧。匪寇婚媾。往遇雨則吉。】

相反於此，對人之背離，其過分者在自身先在地對立一切人，如人對社會刻意反叛那樣。如是心之扭曲，易成癲狂，《易》形容為「睽孤見豕負塗，載鬼一車。先張之弧，後說之弧。匪寇婚媾。往遇雨則吉」。性情乖離而孤獨者，視一切事物如見豕負泥般卑賤，又見人如隔世之鬼；甚至對一切人均有敵對猜疑之心（張弓而射），以為來者非善而惡（寇）……。此明為癲狂之描述，亦由於妄與人背離而孤獨所致。對如是心背離人之人，《易》之教導為：若其作為能遇着逆境，始吉，由能體會他人之困難而不致乖離虛妄故。

從簡單之失物至生命之否定、從與人反目至因分離而孤獨、從決然離棄至性情之乖離而癲狂，〈睽〉對背離之分析極徹底。背離多使存在失去意義，或造成失落感，其過者可至癲狂地步，或為孤獨感之本。上九所形容之癲狂狀態，如卑賤感、虛幻而負面、敵對性、一切為惡又再無美善，實是存在無所意義之原因。如是之無意義，由背離或對立所造成。若非人確然無道，是不應致如此背離對立的。

蹇　災難

蹇，利西南，不利東北。利見大人，貞吉。
初六：往蹇，來譽。
六二：王臣蹇蹇，匪躬之故。
九三：往蹇，來反。
六四：往蹇，來連。
九五：大蹇，朋來。
上六：往蹇，來碩，吉。利見大人。

災難，宜能承擔艱事者，不宜只能平順者。宜遇有大人之助，自守則吉。
初六：往對災難救助，所來將為聲譽。

六二：能為王承擔災難之臣僕，非為自身之好處。
九三：往對災難救助，可能引致其相反、或招致人之反對。
六四：往對災難救助，自身亦可能受牽連而不幸。
九五：大災難多見真誠之人來，故得朋。
上六：往對災難救助，可能得到意想不到豐碩成果，吉。宜得遇大人之助。

【蹇，利西南，不利東北。利見大人，貞吉。】

在與人有關之〈家人〉與〈睽〉後，存在意義亦見於與作為有關之所遇處境上，《易》總言為〈蹇〉與〈解〉。〈蹇〉因為災難，故卦辭以「利西南，不利東北」言，西南高而險，東北平而順，遇有災難，能艱事者較只能平順生活者更能承擔其事。因為災難，故亦宜有大人之助：「利見大人」，及能自守始吉：「貞吉」。有關災難，明顯只涉及好壞，《易》對其事故只從好壞言。

【初六：往蹇，來譽。】

【六二：王臣蹇蹇，匪躬之故。】

初六之「往蹇，來譽」首先指出，單純從災難發生言固然其事非有所好處，然若往救助，所得可能為聲譽，此其意外所得，非因為災難故只災難而已。

雖然如此，六二則指出，為災難而往助者，多非為其自身聲名，《易》舉「王臣蹇蹇，匪躬之故」為例以說明：因災難而為王奔走救助之臣僕，非為自身好處，於災難所見之人多如此。若真有為自身而狹隘者，只躲避災難之承擔。於災難中故可得見有能作為與承擔艱事者，亦災難中意外之得。

【九三：往蹇，來反。】

【六四：往蹇，來連。】

若初六六二言災難中意外之所得，九三與六四則相反，言於災難中意外之不好。於災難往救助中（「往蹇」），所意想不到之惡或為「來反」、或為「來連」，即或引致其相反與招致人之反對、或甚至自身受牽連而不幸。二者實災難中之災難。災難作為意外之事，所連帶之好與壞故難決。

【九五：大蹇，朋來。】

【上六：往蹇，來碩，吉。利見大人。】

最後，若從至理想方面言，於大災難所見多為真誠之人，故「大蹇，朋來」。而若往救災難，可能更得意想不到之大收穫，從有所收穫言雖為過分，然若有如此事實則仍為吉，此「往蹇，來碩，吉」之意。「利見大人」者，言於災難中所遇若為大人，如是之救助，始可能有意外之善果。

從《易》對〈蹇〉之討論可見，縱使為災難，仍可有意想不到之收穫，或得朋、或「來碩」。縱使非如此，仍可能「來譽」或見真實能事之人。《易》以此說明人於世之一切作為，其結果難定，非必以為之好壞。存在之好壞故往往如災難般意外。

解

解、釋

解，利西南。无所往，其來復，吉。①
初六：有攸往，夙吉，无咎。
九二：田獲三狐，得黃矢，貞吉。
六三：負且乘，致寇至，貞吝。
九四：解而拇，朋至斯孚。
六五：君子維有解，吉。有孚于小人。
上六：公用射隼于高墉之上，獲之，无不利。

① 今本為：「解：利西南。无所往，其來復，吉。有攸往，夙吉。初六：无咎。」

解、釋，宜能承擔艱辛者。〔解之意象如〕：雖似不能有所作為（不解），然困難不再而回復原初（解），故吉。

初六：若遇有必須解決之事情，應盡早作為，如是始吉而无咎。

九二：解決若如田獵意想不到地有所收獲（得三狐與黃矢），仍應狐疑而謹慎，不因解而鬆懈，故仍能自守始吉。

六三：負着事物又乘於車上，如是為物所束縛（不解），若遇有致寇至，後果嚴重，如此執持狹吝。

九四：解人之困或惑必為人所讚許，朋因這樣心懷之人而至。

六五：君子（間）有相互明白、諒解及解懷，故吉。君子之對小人，心既有所懷、亦有所戒。

上六：對來自上之威脅，如隼于高墉之虎視眈眈，對其解決无不利。

【解，利西南。无所往，其來復，吉。】

存在雖有突如其來之災難，然亦有意想不到之解釋、解決。〈解〉所言即為如此種種困難中之解開。卦辭言「利西南」，因越是能承擔困難之人，解決之能力越大。「无所往，其來復，吉」

則指點出「解」之奧妙：於其困難前本似無能作為（無解），然結果所迎來者，是其解決。如此而解，明顯為吉。有關〈解〉，《易》分三方面討論：一為解基本之道、二為解之現實情況、三為解之極致。各兩爻。

【初六：有攸往，夙吉，无咎。】

【九二：田獲三狐，得黃矢，貞吉。】

首先有關解基本之道，有二：一為解非一般平素事之作為，而有其突發之急與必須，故面對如此事情，應如初六所言：「有攸往，夙吉，无咎」，即遇有如是事情，必須立即盡早（夙）往行解決，如是始吉而无咎。

二為縱使困難突然解開、解決，仍應如有所疑惑地謹慎，不能因已解而鬆懈。《易》九二以如下意象說明：「田獲三狐，得黃矢，貞吉」。於田獵中獲得三狐，又於其中得黃矢（黃金或黃銅箭矢），對如此意外，應狐疑，不應因意外得獲（喻解決）而興奮鬆懈，故若仍能自守始吉：「貞吉」。解而仍自守，此為解基本之道。

【六三：負且乘，致寇至，貞吝。】

【九四：解而拇，朋至斯孚。】

至於解之現實情況，六三說：「負且乘，致寇至，貞吝」。負着事物又乘於車上，因而如動彈不得地難於脫身，如是又正遇着極寇之出現……。《易》以如此意象或情況說明，人若有所束縛而不能解，其後果將多麼嚴厲。負物而乘，可喻為物所困，因欲望之執着而不能解脫。如是可見，因解而自在無困，多麼重要。若因對物之執着而不能解，如是之執着，實狹吝而已：「貞吝」。此解於現實情況之一：於現實或存在中不應有所困或執着而不能解。

其二是：「解而拇，朋至斯孚」。於見他人有所困，應盡力協助解決；解人之困，必為人所讚許(以豎立拇指喻)，朋亦因如是心懷之人而至。於人與人間，解困或解惑，均為人所感恩者，由解故得朋。

【六五：君子維有解，吉。有孚于小人。】

最後，有關解之極致，《易》從解之一內一外說。內者為六五：「君子維有解，吉。有孚于小人」。「君子維有解」意為君子或君子間（對比下面「有孚于小人」而言）始有真正之明白及相互諒解，人與人能如是解懷、能如知音地明白，此從內言，為解之極致，其吉明顯。「有孚于小人」是說，縱使君子與小人兩者間未必能解，然君子始終心懷着小人，無論好與壞，無論對其仍有所切望抑對其不善有所戒心。此仍為一種對小人之了解。① 確然，能人與人相互了解，明白對方心懷心志及努力，不致「人不知」，如是是解之極致，亦成就人存在之意義感與真實。

【上六：公用射隼于高墉之上，獲之，无不利。】

至於從外言解之極致，《易》舉「公用射隼于高墉之上，獲之，无不利」為例。隼從高處虎視眈眈，喻一切從高處而來勢力或權力之威脅與欺壓。能以箭射下擒獲，解除其威脅與欺壓，這是存在莫大之善、莫大之喜悅。自上而至之惡，至為窒息生命，能解之，故「无不利」。

① 句不應解作小人間仍有心機，「有孚」於《易》多正面，非負面。

損

損益

損，有孚，元吉，无咎，可貞，利有攸往。曷之用？二簋可用享。

初九：已事遄往，无咎。酌損之，利貞。①

九二：征凶，弗損益之。

六三：三人行則損一人，一人行則得其友。

六四：損其疾，使遄有喜，无咎。

六五：或益之十朋之龜，弗克違，元吉。

上九：弗損益之，无咎，貞吉，利有攸往。得臣无家。

---

① 今本為：「初九：已事遄往，无咎。酌損之。九二：利貞，征凶，弗損益之。」

損失，若有心懷在，仍大吉，无咎，及可自守，宜有作為。於失去如何仍能有所作為？微薄之物仍可用為高尚之祭祀。

初九：對已過去之損失，其事將急速地過去，无咎。若執着地斟酌計較其事，只更損害而已。宜自守。

九二：以為征伐能圖得更多，只凶而已，以為能由損他人而益己，實只益人損己而已。

六三：從情愛之事可見，多非有得，少亦非損；損益故不應從多少言。

六四：急於有子而易損其身，心故不應急於求益，如此无咎。

六五：以貴重之物贈人（益人），人不會有所違逆，大吉。

上九：〔上位者〕之弗損而益人（民），无咎，自守則吉，亦宜有所作為。因為民事使自身如无家般有損，然始終得臣，故非只損而已，實仍有得。

【損，有孚，元吉，无咎，可貞，利有攸往。曷之用？二簋可用享。】

在人與作為所遇之好壞意義後，存在意義亦多扣緊事物而有，其道理故在〈損〉〈益〉。贈益均落於〈益〉卦討論，故損益之關係與道理，全見於〈損〉卦中。有關損益，《易》說：「有孚，元吉，无咎，可貞，利有攸往。曷之用？二簋可用享」。因損而再無有，若仍有心懷在，如此仍大吉而无咎，仍可自守，亦宜有所作為。「曷之用？二簋可用享」則針對此時之作為言，如問：既已為損，又何所有而作為？《易》之回答是：縱使只是極微薄之事物，如只二簋①，仍可作為祭祀之用。能對神靈如是，於人世又有何不可。作為非必靠着多有，縱使沒有，若有如祭祀之誠心，是亦可有所作為。② 此損基本之道。有關損益之道，《易》分三方面言：其基本、其實行、及其極致。

【初九：已事遄往，无咎。酌損之，利貞。】

首先有關其基本，道理有二：一、「已事遄往，无咎。酌損之，利貞」。「已事遄往」者，言過去之事已急速地過去，如此本无咎，故不應再執着地斟酌計較，如此更有損而已。從這斟

① 「簋」，食物容器。

② 句亦可含以下意思：若只有微薄之物，因而難於有世俗作為，仍可高尚地行作，如以「二簋可用享」那樣，非必因而隨波逐流。微薄處境仍可有高尚作為。

酌而言，可見其事本為損失，故人多難不計較。《易》反說：既然已損，將快速地過去，不應再斟酌計較，否則只造成更多損害而已。故宜自守。此面對損害首先道理。

【九二：征凶，弗損益之。】

其二是：「征凶，弗損益之」。從「弗損益之」可見，其征伐本初之意圖為從損人而得益。《易》故說：若以為能損人益己，終也只更損己益人而已，此「弗損益之」之意。不執着於損，不損人求得益，此二者實為損益極重要而基本之道。人於損益間之虛妄往往在：以為能更得益而實更損、及以為能由損人益己而實終只益人損己而已。損益之真偽在此。

【六三：三人行則損一人，一人行則得其友。】

繼損益道理之基本後，中兩爻所言為損益之實行，即在實行損益時往往所有現象。其首先是：「三人行則損一人，一人行則得其友」。這裏所用，明顯為男女情愛例子。若以為多人，反而有損；若以為孤，反而能得。得與否，故與多少無關，必先視其所求關係而定。人吃藥亦然。一切事情，都自有其客觀真實之要求，非以多少即為損益：非必多為益、少為損。在情愛這特殊關係中，多反而損、少始有得。這才是損益之真實，與多少毫無關係。這是在事情實行中，其與損益有關之道理。

【六四：損其疾，使遄有喜，无咎。】

其次是，除損益得失與多少無關外，對得益本身亦不能急求，急求益處反招致損害而已。《易》故用「損其疾，使遄有喜」為例。人為求有喜①、為急求兒女與生育，可能因服藥而反使身有疾而損。之所以仍「无咎」，因始終只心急而已，於見有害或不成便自知停止，甚或這樣的急取通常造成傷害不致於不能彌補，故視同无咎。然始終，急於求益多致損而已，此事情實行中與損益有關另一道理。

有關損益，其道理故有如下：既不應執着於損、更不應損人而求得益；又：既不應以損益得失與多少有關、亦不應對得益有所急求。以上四者，幾近是損益得失之全部道理。能不在乎損、亦不損人；能不求多、亦不急於求，能如是，已為求取中之有道。《論語・述而》之「子

---

① 此處「有喜」，可如〈无妄〉九五之「无妄之疾，勿藥有喜」解為婦女懷孕之事。

釣而不綱，弋不射宿」，一言不應盡求益於自己、另一言不應乘虛或乘勢而得，不盡取一切、亦不盡取己之所能，如是取得之道理，實已涵攝在《易》損益之道內：前者從不求多言，後者從不損人言。《易》之不求多與不損人從對方或對象言，而不在乎損及不急於求則從自己方面言，故為損益全部道理，其基本、及其實行。

【六五：或益之十朋之龜，弗克違，元吉。】

最後，有關損益其極致方面，《易》從益人言：益人而非損人，此所以為至。益人之道理，一在：「或益之十朋之龜，弗克違，元吉」，另一在：「弗損益之，无咎，貞吉，利有攸往。得臣无家」。這兩道理均從益人言，然前者無損己而後者有，其置於如有過度之上九原因在此。能贈人以貴重之物，如「十朋之龜」，必得人心，故人不會有所違逆，故大吉。

【上九：弗損益之，无咎，貞吉，利有攸往。得臣无家。】

至於更為極端情況，如居上者犧牲其自己與所有而為人民，如此之「弗損益之」，明顯必為「无咎」，亦宜其一切作為，唯能自守始吉，不能損己而過度。對這居上者「弗損益之」之作為，

《易》更用一極端例子解釋說：「得臣无家」，即在位者之為民事如出征或奔走在外，雖如无家那樣有損，然縱使不從益民這方面言，其自身實仍有所得益，得忠臣故。縱使於此例如有損，實終仍有所得而已。此《易》對「弗損益之」之分析，與九二之「弗損益之」差之遠矣。

有關損益之道，及其中辯証：非損而益、非益而損，及有損有益，如是種種，已為損益其道之窮盡。此〈損〉卦對損益之分析。

益　贈益

益，利有攸往，利涉大川。

初九：利用為大作，元吉，无咎。

六二：或益之十朋之龜，弗克違，永貞吉。王用享于帝，吉。

六三：益之用凶事，无咎。有孚中行，告公用圭。

六四：中行告公從，利用為依遷國。

九五：有孚惠心，勿問元吉，有孚惠我德。

上九：莫益之，或擊之，立心勿恆，凶。

贈益，宜有所作為，甚至宜有大作為。

初九：贈益宜用於大作為之發起，大吉，无咎。

六二：贈人以貴重之物，人不會有所違逆，然己永能自守始吉。應如王向帝之祭祀那樣，真誠而無所圖，如是始吉。

六三：若為益人，用凶事（如戰事）无咎。唯必須有真實心懷，及依中道而行，亦告公一切均先以禮而已。

六四：縱使如遷國有益於民，仍須告公依從中道而行，不能固執。

九五：人懷我之心實有惠（慰）我心，故不應再問好處，懷我之心已對我德行有所助益了。

上九：不益而反加害於人，如是立心切勿長久，只凶而已。

【益，利有攸往，利涉大川。】

有關贈益，因如〈損〉末兩爻所言，必為善道，故〈益〉卦辭直為「利有攸往，利涉大川」，即宜有作為、甚至宜有大作為，必得人心故。〈益〉對益惠之分析，分三部分：其本然所是、其具體之行、及其極致。

【初九：利用為大作，元吉，无咎。】

如已說，能對人有贈惠，必得人心，故宜有大作為。初九之「利用為大作，元吉，无咎」中之「大作」，非只言作為而已，更有發起（作）之意。能贈人惠人者，其一切發起必順遂，亦大吉而无咎。

【六二：或益之十朋之龜，弗克違，永貞吉。王用享于帝，吉。】

六二之「或益之十朋之龜，弗克違，永貞吉。王用享于帝，吉」用〈損〉六五爻辭再次指出，贈惠直達人心，使人不違逆。然在這裏所強調的，非贈惠之結果、非其所得、非「元吉」，而是用這樣方法者，其應有心態上之真實，故與贈惠之本然有關。正因贈惠從客觀言能成就一切作為，故於人自己方面，更應有所真實，不應利用為惡事，此爻斷語故非「元吉」而是「永貞吉」，即必須永能自守，不能有咎，如是始吉。《易》更以「王用享于帝，吉」說明，贈惠本然應有之真實，如王對上帝之祭祀那樣，絲毫不能有所欺騙利用、亦不能只為己益處與所得，如此「享于帝」之心，始為贈惠真正之心，其用本此。除非確然造益於人，非利用，否則非為贈惠之本義。贈惠能「吉」由此。益之本然，故一在客觀所成（初九），另一在人自己之真實（六二）。

【六三：益之用凶事，无咎。有孚中行，告公用圭。】

贈惠之具體實行，《易》以二方式說明：一為「益之用凶事，无咎。有孚中行，告公用圭」、另一為「中行告公從，利用為依遷國」。之所以從「用凶事」（如戰事）言贈惠，因益本應只為益，非損，故仍能以「用凶事」為益，這樣贈惠之實行，必已包羅其他一切可能，其他贈惠更正面故。① 從下一爻之「利用為依遷國」可推想，這裏之「益之用凶事」，應從對他國而言，如解救其人民於暴政、或協助他國受到侵伐等等，故仍為益，唯「用凶事」而已。因為益人，縱使「用凶事」故仍「无咎」。「有孚中行，告公用圭」是說，如前一爻已言贈惠之心必須誠摯，這裏亦然，故「有孚」，即有真實心懷，不能有為己圖得。「中行」即中道而行，以合乎其事之正而行、依道之中正而行。若從所益與所損之雙方方面言，「中行」即不損損、不益益，使雙方損益均等，如《論語・雍也》中，孔子對貧富而用中道那樣，「周急不繼富」。「中行」故為

① 「用凶事」之益，故包含教誨人時之用嚴厲等等。

一切行之正道，贈惠亦然。「告公用圭①」有二解可能：或是以禮儀方式向公稟告，或是告公以禮之方式宣戰，換言之，縱使「用凶事」，然其事之執行，仍盡以禮，非可暴行。

【六四：中行告公從，利用為依遷國。】

至於對內國民之益，一切均必須依據中正之道而行：「中行告公從」，縱使為遷國大事亦然：「利用為依遷國」。換言之，縱使本為益人（民）之事，然若其事重大，仍只應依從中道而行，若人民不從，仍不能執意而行，此始為真正益人。從以上兩爻可見，縱使為益，其中損益關係仍微妙：或以損（凶事）而益、或益於對方中有感為損，故仍只能從中道，不能因以為益而過於執着。藉損而益、及不能過執於益，這是益實行時重要道理。人多只以益為益，不顧其損而行；或相反，不敢「用凶事」以益，都於益實行中未得其道。道在中行而已，再無他。盡心與禮之誠、絲毫非為己有所圖得、並以中行而行，此已為益之道。

① 「圭」為禮祭之器，《說文》：「瑞玉也。上圓下方，圭以封諸侯，故从重土。」

【九五：有孚惠心，勿問元吉，有孚惠我德。】

最後，作為贈益之極致，《易》從一巧妙例子而說：「有孚惠心，勿問元吉，有孚惠我德」。從「勿問元吉」（勿問好壞益處）可見，「益」實可以一微妙方式呈現；句意思為：人懷我之心實已有惠於我，對我心有所安慰故，故不應再問好處，不應更求如利益之贈惠，因懷我之心，已有惠於我的德行。這一例子指出以下四點：一、以心懷着他人，本身已是一種惠；二、贈惠非必從「元吉」或利益言，可更高而內在；三、能致人有德、以德為惠，是贈惠中之至高者、其極致在此；四、以心真誠地懷着他人，已是使其有德之方法：人妄為，多因以對方為不善而已；若善，自身亦只能以善回應，此舜「善與人同」或「與人為善」之法[1]；懷我之心，故使我有德行。《易》以此不贈之惠作為贈惠之極致，亦使贈惠（益）與德行連為一體，甚至借助贈惠一事見人心間之有懷，如此種種，實以至善方法對贈惠作說明。

① 見《孟子・公孫丑上》。

【上九：莫益之，或擊之，立心勿恆，凶。】

從〈益〉之本然、其實行，至其極致，《易》之分析精微而深邃。而上九：「莫益之，或擊之，立心勿恆，凶」，只是以上道理之複述而已：若非益人，凶事只擊之而已，如是損人之心，切勿長久，否則凶。損與益、以損而益、或弗益而損、於損益中之「立心」與「有孚」，均盡於此。

五、前各內容之補充性總結

夬　明察

夬，揚于王庭，孚號有厲。告自邑，不利即戎。利有攸往。
初九：壯于前趾，往不勝，為咎。
九二：惕號，莫夜有戎，勿恤。
九三：壯于頄，有凶。君子夬夬，獨行遇雨若濡，有慍，无咎。
九四：臀无膚，其行次且。牽羊悔亡，聞言不信。
九五：莧陸夬夬，中行无咎。
上六：无號，終有凶。

明察，如於王庭前有所宣告，其心因見艱厲而疾呼。所告於國人，不宜興兵動武。如是明察，宜有所作為。

初九：明察若只是一時行動之勇，但作為終無所真實，為咎。

九二：明察若只因惕懼而疾呼，夜未至而即有戰事，是無需如此過於憂慮的。

九三：明察若只是果敢正面衝突，有凶。君子之明察，使其作為孤獨獨行，如遇雨而霑濕，雖有慍，然无咎。

九四：羞惡醜陋之事若過於赤裸地呈現，使明察者之行猶豫不進：牽羊行走有恐其失去，聞言又不敢相信。

九五：能如山羊於高地視察般明察，仍應能以中道而行（作為），如是始无咎。

上六：國再無明察疾呼者，終有凶。

在以上對存在其意義與好壞各面相分析後，《易》進入最後一部分。這第五大分組，以兩兩卦為一組問題，深層地把之前所有面相作總結。這些面相，主要分為四大類：

一、作為個體自身之智與志兩面：〈夬〉〈姤〉、〈萃〉〈升〉。

二、作為存在現實之生活、國家及其近於超越性之現象面貌：〈困〉〈井〉、〈革〉〈鼎〉、〈震〉〈艮〉。

三、女與男之存在面相：〈漸〉〈歸妹〉、〈豐〉〈旅〉。

四、人作為人其感受、作為、心懷與成就之面相：〈巽〉〈兌〉、〈渙〉〈節〉、〈中孚〉〈小過〉、〈既濟〉〈未濟〉。

以上這些方面，既如補充性、亦如總結性，甚至有如為作者自身視為重要之特殊主題、或對一問題之獨立探討，故始見有如〈夬〉對明察、〈姤〉對假象、〈震〉對震撼性、〈艮〉對不為人所知見、〈漸〉〈歸妹〉對女性生命、〈中孚〉對心懷等之分析。這樣主題，已非落於一般對象或理解，因而似為更高反省者而設，故非如前面各大分組來得基本。

【夬，揚于王庭，孚號有厲。告自邑，不利即戎。利有攸往。】

首先是〈夬〉。〈夬〉言明察甚至精明，為智力之穿透性，其反面故為〈姤〉，即表象甚至假象。明察雖為智力上等之表現，然相對更重視德行甚至承輔謙下德性之古代中國傳統言，這西方視為最重要甚至為人本質所在之智思力量非如是為《易》及因而古代中國所肯定，過於精明非必至善德行故。有關明察，《易》說：「揚于王庭，孚號有厲。告自邑，不利即戎。利有攸往」。「揚于王庭，孚號有厲。告自邑，不利即戎」只為對明察者之形容或描述而已，唯「利有攸往」始是斷語。明察者如在王庭前有所宣揚，其心因獨知見艱厲而必須疾呼；於人人以為應戰時，獨明察者知其不宜，故向邑人急誡而號。能有如此獨特知見、能深明事實之所以然，明察者故宜有所作為：「利有攸往」。國若再無如此明察而疾呼者，故必凶，此上六「无號，終有凶」之意，已失去最後明智之警誡故。

正因明察為獨特智力，其正面無用分析，亦似無可批評，《易》故只從其可能之反面缺點言，如是說：縱使為明察者，仍有其自身未察之一面。〈夬〉卦前兩爻從明察者之性情言，而中兩爻則從其對世態之反應言，均非明察之正。

【初九：壯于前趾，往不勝，為咎。】

初九：「壯于前趾，往不勝，為咎」，明察若只是一時行動之勇，而其作為終沒有真實成果，如此之明察為咎。這裏所描述，明顯為明察者常見之偽：或過於求個人表現而行動、或根本未盡深思道理而只求行動，均明察其表面顯淺狀態，故終無以成，更無真實成果。

【九二：惕號，莫夜有戎，勿恤。】

九二之「惕號，莫夜有戎，勿恤」則相反，非因有所察知便妄求行動，而是因稍有察知便過於警惕懼怕，因惕懼而疾呼說：夜未至便有戰事發生①。對如是明察者，《易》故說：「勿恤」，即無需過於擔憂。無論怎樣，過於擔憂往往是明察者性格上另一缺點。

【九三：壯于頄，有凶。君子夬夬，獨行遇雨若濡，有慍，无咎。】

九三與九四所言缺點，非從明察者自身性情、而是從其由見世態而有之錯誤反應言，均與

① 夜至而有戰事仍可理解，因承夜易有襲擊故。然夜未至便有如此恐懼，這樣之警覺性實已太過。

明察有關。九三：「壯于頄，有凶。君子夬夬，獨行遇雨若濡，有慍，无咎」。「頄」指面頰，「壯于頄」因而為因察知力而敢於正面衝突。縱使對方有所不對，這樣之反應仍可太過，故「有凶」。①《易》更糾正說：若是君子之明察，雖見世有所非是，仍只如獨行遇着困難般，縱使有慍，仍不會以強勇之方式衝突，故无咎。因明察是非而不顧一切地衝突，雖仍為明察，然非君子之行。

【九四：臀无膚，其行次且。牽羊悔亡，聞言不信。】

九四相反：「臀无膚，其行次且。牽羊悔亡，聞言不信」。臀之暴露本已不雅，若至於「无膚」，其醜陋無比。《易》以此意象比喻世態之醜惡。明察者若對這樣世態多所見聞，可使其行動與作為受到阻礙，如「鳥獸不可與同羣」、清者與濁者難在一起那樣，故「其行次且」，即一切行作猶豫不進。非只不能作為，由其對世態之了解，使如事事有恐而質疑、亦不再有任何信賴可言，故「牽羊悔亡，聞言不信」。這樣心態，確亦常見於明察者身上，與其因明察而

① 初九「為咎」與這裡「有凶」之所以非單純為「咎」及「凶」，因始終由明察所致，非完全毫無原因甚至對確性。

敢於衝突正好相反。雖非單純由於性情而實有客觀事實根據，然如此明察仍非明察之正，再無所作為故。

【九五：莧陸夬夬，中行无咎。】

以上四者，均明察所有之缺失或偏頗，故《易》以九五言其正：「莧陸夬夬，中行无咎」。「莧陸」有謂即商陸，多年生草本，然《說文》有：「莧，山羊細角者」，「莧」故應單純指山羊，「陸」為高平地。「莧陸夬夬」者，言山羊在高地如視察般明察①。《易》意為，縱使有能明察地觀見一切，仍應以中道而作為，非止於明察便以為是。縱使如前確見世態之非是與醜惡，仍應有所作為，以中道行便是，如此始无咎。縱使有夬，仍應中行，此《易》始終以中行始為正，明察只其輔助性條件而已。於此亦可看到，前初九九三、及九二九四，為從明察言之狂狷之士，九五之中行故實相對二者而言。

① 以山羊於高處視察言明察，因山羊非猛獸，只能以視察防範襲擊，《易》故取此為「夬夬」之意象。

【上六：无號，終有凶。】

上六之以國無明察者終為凶，這點前已有述，不再重複。

姤　表象與假象

姤，女壯，勿用取女。
初六：繫于金柅，貞吉，有攸往見，凶。羸豕孚蹢躅。
九二：包有魚，无咎。不利賓。
九三：臀无膚，其行次且，厲，无大咎。
九四：包无魚，起凶。
九五：以杞包瓜，含章。有隕自天。
上九：姤其角，吝，无咎。

表象或假象，如外表強勇之女性，勿娶為妻。

初六：為外表所制繫（柅），若能自守則吉、往見則凶。於誘惑前，如被纏繞之豬，心躍動不已。

九二：包裝（外表）內確有實物，无咎。然不宜用外表接待賓客。
九三：羞惡醜陋之事若赤裸無所掩蓋，使人猶豫不敢前，雖艱厲，然无大咎。
九四：包裝（外表）內無實物，被發現（揭起）則凶。
九五：以杞條包瓜，內含文章，如天落下之物（天之觀象），（為外表之極致與真實）。
上九：為假象所困，狹吝，然无咎。

【姤，女壯，勿用取女。】

〈姤〉言表象、假象，如是主題之反省，在人類如此早期，不可思議。卦辭之「女壯」，實為女之一種外表假象，以為強勇能事，然女之為女，特別娶為婦，所貴在能自守①，非在「壯」。「女壯」故是一種假象，此所以《易》斷為「勿用取女」，不應用為成立家室之婦女。②〈姤〉

---

① 見〈家人〉之「利女貞」及「在中饋」。
② 在人類古籍中，均同以女性為假象之代表：希伯來之夏娃、古希臘之潘朵拉、及《易》之「女壯」均是。夏娃為外在誘惑、失去內在誠信，潘朵拉為神之工藝傑作、其美無比，而「女壯」則從家婦言，三者反顯三個民族原始所求不同。

前二爻先言外表之基本問題，中二爻則從外表之運用進一步討論。

【初六：繫于金柅，貞吉，有攸往見，凶。羸豕孚蹢躅。】

外表之基本問題，其首先者，即為誘惑。若非為誘惑，是無須有外表之刻意。《易》沒有從誘惑者作分析，只從被誘惑者方面說。「柅」乃制動之木，以「金」言只示其為人所欲望，故反被金柅所束縛而制繫，此「繫于金柅」之意。若人本能自守，不為金柅所繫則吉，否則若「有攸往見，凶」。用「見」於此，明顯對象從外表之誘惑力言。對被誘惑之心況，《易》形容為「羸豕孚蹢躅」，即如被纏繞之豬，其心躍動不已（蹢躅）。以豬躍動之態形容心欲望之態，無能更貼近。外表多為誘惑，此其所以偽。

【九二：包有魚，无咎。不利賓。】

在誘惑外，外表若有其實、與內裏相應，其問題不大，《易》用「包有魚，无咎」表示。「包」為包裹包覆，指外表，若裏仍有實（有魚），則无咎。「不利賓」是說，不宜於用在賓客前。原因在於，賓客因非如親人能熟識親近，其關係只能靠着真誠之心始得以接近，若仍徒用外表，縱使內裏有誠意，仍已如阻隔，非真誠之顯示，故不宜用於此刻。用此者，已表示無心接近了。此人相交之道。《易》此爻非言外表之真偽，只就外表作為外表其用之討論：縱使有實，外表仍只外表而已，不能取代或代替其內裏，此外表之限制。外表其基本，故一在誘惑，另一在只作為外表而已。

【九三：臀无膚，其行次且，厲，无大咎。】

至於外表之用，亦其用有所真實時，為所覆蓋包覆者為醜陋之物，《易》再次用前〈夬〉之例以說明：「臀无膚，其行次且，厲，无大咎」。臀本已不雅、其「无膚」更醜陋不堪；若赤裸地無所掩蓋，將使一切猶豫不前。本例在〈夬〉中使明察者失去對世事之信任，故如「牽羊悔亡，聞言不信」地無以作為。然在本例中，「臀无膚」非從世態之醜惡、而是泛指一切醜陋事物，如《詩・野有死麕》所言：「野有死麕，白茅包之」①。若赤裸地面對如此事物雖艱厲，然始終无大咎，故《易》斷語只為「厲，无大咎」。然始終，對如是事物有所包裹，這才是善，沒有

① 《詩》「野有死麕，白茅包之」句，正好亦用在誘惑事中，故接言「有女懷春，吉士誘之」。

人願醜陋曝於人前故。此外表其真實之用。非為誘惑或只圖外在，求不暴露其中醜陋而已。

【九四：包无魚，起凶。】

相反，若內裏非因醜陋而包裹，而只因內裏無實、無真實而掩蓋圖欺騙，如此外表之偽，明顯為凶。《易》對「包无魚」故說：「起凶」，即若被發現（揭起），則凶。此亦明顯。

【九五：以杞包瓜，含章。有隕自天。】

若都非以上例子，外表仍有一極真實意義，《易》以「以杞包瓜，含章。有隕自天」表達，亦置於九五之位。以杞條包瓜，應是當時食物之裝飾法[①]甚至烹飪法[②]，因似有一定難度，必非通常，故《易》說為「含章」，即內裏有進一步內涵。「以杞包瓜」既表達其事本身外觀上之美，亦指點出內裏所有之特殊，二者又是一體，無可分割開：「以杞包瓜」之美與其作為食物時之美

① 杞枝條可用作編織物器。
② 如枸杞、甚至其根皮、枝葉均可食用，亦有藥效。

味與養生之義同體。這「含章」之外表，故再非只外表，直是其事本身，如子貢所說：「文猶質也，質猶文也。虎豹之鞟，猶犬羊之鞟」(《論語・顏淵》)。能如是之外表，其本身已是一種更高真實，如禮作為文時之外表那樣。這達至觀象之外表，其表裏一體如一，亦含具自身之真實性，為外表中之至美者，其美同亦真實故。《易》沒有把這樣觀象視為只是外表，故非從誘惑、非從包裹之必須、甚至非從偽飾欺騙等方面言；無論作為外表抑內裏，觀象本身即其真實：其象之美與其美味同一。於此可明白，在外表(表象)與其所包含者間，表象之所以偽，因內裏所含藏為不真實事物，是從這點言故表象為偽：如誘惑外表上之吸引，始終含有不善在；或「包无魚」之徒只外表而無實；或有實而只醜陋物；甚或作為外表，與內裏根本無關。以上情形，使外表都無以立。外表其唯一真實，故只因自身之美、同為其真實本身，如禮文之美與真實那樣。文確然美而真實，《易》亦以「含章」指點①。這文至高美善之體現，為外表之唯一真實。西方之表象，為指向一超越地更真實之他者而設，其為表象，故非從可觀而美言，只涉另一他

① 「章」本多從音樂言，《說文》：「樂竟為一章」。《論語》之「文章」，甚至為對文之彰顯，見〈公冶長〉：「夫子之文章，可得而聞也。」〈坤〉之「含章」，亦應從這方向解，為文之學養素養、其體現時之美。

者之真而已，非如文之外表，直是美與真實本身，同為人性之美與真實之體現。是在這意義下，能同時為觀象之外表，始為《易》視為唯一真實而美者。對「以杞包瓜」而言「含章」，其意義在此。《易》故補充說：「有隕自天」。即：這內外一體而含章之美，實如天觀象之美那樣，由天落下，非人之作。舉天之觀象已表示，本爻所言之外表或外觀，已為觀象中之極致，與掩蓋欺騙或有所他指之外表無關。從這對觀象之討論可見，除外表之假象性外，《易》更知「含章」文外表之美與真實，故以「有隕自天」喻。此《易》於表象、假象、以致觀象反省之深邃。

【上九：姤其角，吝，无咎。】

最後，在結束前，《易》再對外表所造成之虛假性作告誡說：「姤其角，吝，无咎」，意為：為假象所困，狹吝，然无咎。這可能因為，於古代外表始終只為外表，故縱然為外表所困，仍不會造成大害，故只視為一種狹隘、為外表所迷惑時之狹隘，非大咎。然若如今日，外表之事非只外表，已達取代內裏真實之地步，一切只從外表、表象決定，再無真實，非只「包无魚」，而是「包為魚」，如是地步，將應只凶而已。

萃　不得志

萃，亨。王假有廟，利見大人，亨，利貞。用大牲吉。利有攸往。
初六：有孚不終，乃亂乃萃。若號，一握為笑，勿恤，往无咎。
六二：引吉，无咎。孚乃利用禴。
六三：萃如嗟如，无攸利。往无咎。小吝。
九四：大吉，无咎。
九五：萃有位，无咎，匪孚。元永貞，悔亡。
上六：齎咨涕洟，无咎。

不得志，仍可通達改變。王若真仍有宮廟後繼之人與力，宜見大人求協助，則有所通達改變，然仍宜自守。可用犧牲之祭祀禱告，吉。宜有所作為。

初六：有心懷志向者若沒有成果結果，其心志混亂。若有所疾呼，應一笑置之，不用放於心中，應有所作為，无咎。

六二：得人引介，吉，无咎。誠心地用春祭向神靈求助。

六三：失志而嗟歎，無所利。若有所作為，无咎。否則有小狹吝。

九四：〔失志而知奮發向上〕，大吉，无咎。

九五：失志而得位，无咎，再非只是心志之事而已。應永能自守，否則仍慎悔失去一切。

上六：懷志並涕洟地（向天）而問，无咎。

【萃，亨。王假有廟，利見大人，亨，利貞。用大牲吉。利有攸往。】

若〈夬〉〈姤〉與智思有關，〈萃〉〈升〉則與人志向有關，〈萃〉言不得志、〈升〉言求上進。〈萃〉卦辭之所以似言「亨」、「吉」，只是從假定言，故「王假有廟」。卦辭：「萃，亨。王假有廟，利見大人，亨，利貞。用大牲吉。利有攸往」是說：縱使不得志，實仍可通達改變；王若真仍有宮廟後繼之人與力，宜見大人而求協助，則有所通達改變，然仍宜自守；可用犧牲之祭祀禱告，吉；宜有所作為。不得志者宜有所作為始能通達改變，然仍宜自守、不能過，又必須有至誠之心；若本已有後繼或協助性力量，又得大人之幫助，如是更易改變其處境，達亨通地步。雖然如此，〈萃〉之分析仍主要從不得志言。

【初六：有孚不終，乃亂乃萃。若號，一握為笑，勿恤，往无咎。】

首先是：「有孚不終，乃亂乃萃。若號，一握為笑，勿恤，往无咎」，意思是：有心懷志向者若沒有成果結果，其心志混亂；若有所疾呼，應一笑置之，不用放於心中，應有所作為，无咎。不得志者仍應豁達，從行動作為求改變。

【六二：引吉，无咎。孚乃利用禴。】

其二是：「引吉，无咎。孚乃利用禴」，不得志者應求人之引介，如此仍吉无咎；誠心地用春祭（禴）向神靈求助。春物未成，故春祭薄，宜未得志者之行。

【六三：萃如嗟如，无攸利。往无咎。小吝。】

若既不豁達，又不求人引介，則「萃如嗟如，无攸利」，即失志而只嗟歎，無所利。仍必須「往无咎」。「小吝」於此所指，為不往而只嗟歎之狀態，如是狀態，仍為狹吝；其所以「小」，因只涉及自身，與他人無關。

【九四：大吉，无咎。】

九四之「大吉，无咎」純為斷語，其意應類如：失志而知奮發向上，再不嗟歎，則大吉，亦再无咎。之所以不以「大吉」指得位，因九五始有「萃有位」。九四之吉仍應在志，非在位。

【九五：萃有位，无咎，匪孚。元永貞，悔亡。】

失志而得有位，无咎，非再只是心志之事而已。因曾不得志，得志故更應知能永遠自守，否則仍慎悔失去一切。「萃有位，无咎，匪孚」亦可解為：有位而不得志，无咎，非心欲如此。仍應永能自守，慎悔失去一切。

【上六：齎咨涕洟，无咎。】

最後，若終仍不得志，將只為「齎咨涕洟，无咎」。「齎」，持遺，言懷着志。終不得志者，將如懷着志並涕洟地向天而問，然无咎，沒有因失志而為惡或懷恨故。

不得志主要亦心況而已，此《易》之分析所在。唯更求為對不得志者之啟導鼓勵，故見亨、勿恤、无咎、吉、大吉等斷語。

升　求上進

升，元亨，用見大人。勿恤，南征吉。

初六：允升，大吉。

九二：孚乃利用禴，无咎。

九三：升虛邑。

六四：王用亨于岐山，吉，无咎。

六五：升階，貞吉。①

上六：冥升，利于不息之貞。

① 今本為：「六五：貞吉，升階。」

求上進，大而通達，必須有大人之提拔（或：上進之事，應用於大人身上）。不用過於掛心，若作一番艱難大事，吉。

初六：得信任而上進，大吉。

九二：誠心地用春祭向神靈求助，无咎。

九三：應朝未被開發之空邑上進或求發展。

六四：應對自身傳統有所繼承，如王向周立國或興起地祭祀那樣，如是吉，无咎。

六五：上升為官，自守則吉。

上六：達致境界般之升進，宜不止息地自守努力。

【升，元亨，用見大人。勿恤，南征吉。】

相對於不得志，〈升〉則明白教人上進之種種方向，故同為〈萃〉之補面。能上進，明白為大通達，故「元亨」。「用見大人」所言，為必須有大人之提拔，非只「利見大人」而已。「用見大人」亦可解為，上進之事，應在大人身上實現，非小人之事。《易》唯此處用「用見」。「勿恤，南征吉」者，言求上進之人，不應事事過於憂慮擔憂，應如南征地，作一番艱巨大事，如是始吉。《易》對〈升〉之分析，分三方面：其基本、其實踐方向、及其終極。

【初六：允升，大吉。】

【九二：孚乃利用禴，无咎。】

基本有二：一為「允升，大吉」，二為「孚乃利用禴，无咎」。「允」為信，「允升」故言得信任而升，此明白為「大吉」。求上進其首先基礎在能有所真實而得人信任，否則若只虛假地上達，始終非吉。若「允升」為相對〈萃〉六二「引吉」言，無論〈萃〉抑〈升〉，均應有所誠心、有心之真實真誠在，故二者同然「孚乃利用禴」，即誠心地用春祭向神靈求助。「无咎」於〈升〉中針對心之真實言，而在〈萃〉中，則針對「引吉」言。已為升，故唯心真實始无咎，若偽，其升也偽。

【九三：升虛邑。】

【六四：王用亨于岐山，吉，无咎。】

至於升之實踐方向，亦有二：「升虛邑」及「王用亨于岐山，吉，无咎」。升進之方向所在，首先是朝向人沒有開發、發現之方面邁進或求拓展，此《易》用「虛邑」作比喻。若已是人人已達並極度被探索之領域，是難有所作為的。「升虛邑」一道理明白。

其次是，「王用亨于岐山」中之「岐山」，為周人之立國或興起地，無論「王」所指為文王抑更後之君王，《易》於此之意象，應謂對向自身之傳統而作為，此為升進真正之方向，換言之，對自身傳統之繼承，故吉而无咎。升進之方向故有二：一為開拓與創新，另一為對自身傳統之繼承。此升進其應有方向之兩面。

【六五：升階，貞吉。】

最後，有關升進之終極，從世俗或世間角度言，明顯在得位，故《易》於六五直以「升階」言。然縱使能得上位，仍應自守，故「貞吉」。

【上六：冥升，利于不息之貞。】

除以得位為上進之終極外，其另一終極，甚至更高終極，《易》形容為「冥升」。「冥」在這裏應解為幽冥，換言之，非人一般能至之境地。「冥升」所言，故為進於境界，如詩人哲人生命最終所及地步①，此境界地步，既超越凡世，故置於上六，其作為終極，確又是至上者，故為上進之終極。若得位為外在，那境界則內在，為個體自身之事，與他人無關。正因為境界，其努力必不能止息，故《易》斷說：「利于不息之貞」，即宜不止地自守努力。所謂境界，實一種「不息之貞」而已，《易》用「不息」唯在此。以上為人志向求上進時之道理。

① 「冥」亦有生命終結晚暮之意，見〈豫〉之「冥豫」。

困　困限

困，亨，貞，大人吉，无咎。有言不信。

初六：臀困于株木，入于幽谷，三歲不覿。

九二：困于酒食。朱紱方來，利用享祀，征凶。无咎。

六三：困于石，據于蒺藜。入于其宮，不見其妻。凶。

九四：來徐徐，困于金車，吝。有終。

九五：劓刖，困于赤紱。乃徐有說，利用祭祀。

上六：困于葛藟，于臲卼，曰動悔。有悔，征吉。

困限，可通達改變，應自守，於大人始吉而无咎。困如縱使有言，然仍不為人所信。

初六：處境之困限限制，如人處於株木間、或隱逸於幽谷，多年不見人或為人所遇見。

九二：為生活現實所困限。縱使求現實爵祿而有所得，也只宜心存誠敬，若更求征服，凶。為生活所困本无咎。

六三：困亦可為種種艱難，如困於石間、所處所據只為有刺之蒺藜；如人縱使顯貴（入於宮室），仍不得相伴之人而困難。如是困難，凶。

九四：能緩緩似安行而來，仍可為富裕所困，狹吝，然如是之困可有終結。

九五：居上位仍可為刑罰所困、困於官場勢力間，其解脫也只能慢慢地求，宜有所誠敬敬畏。

上六：因極度纏繞致動盪不安，求動又有憂悔，對如是有悔之情形，用如征服之大改變始吉。

在以上有關個體智與志之總結後，即對存在現實之總結，分一般生活、國家、及存在現實現象三方面。先是基本生活之總結，在〈困〉與〈井〉。《易》有關生存上負面處境，除特殊情況如〈訟〉〈蠱〉〈剝〉〈離〉〈睽〉〈旅〉等外，主要有〈小畜〉〈否〉〈坎〉〈遯〉〈明夷〉〈蹇〉〈損〉〈萃〉〈困〉〈艮〉〈未濟〉十一卦。在這十一種負面處境中，除〈困〉外，其他所有負面性均單一地負面，〈小畜〉之貧窮、〈否〉之被否定、〈坎〉之低陷卑下處境、〈遯〉之潛隱、〈明夷〉之晦中求明、〈蹇〉之災難、〈損〉之損失、〈萃〉之不得志、〈艮〉之努力有所背（人不知）、〈未濟〉之未有成就，均單一地負面，唯〈困〉非是：縱使富有、縱使已有成就甚至得位，都仍可困，此困之特殊。困因而非一種單一負面性，而可出現在生活或任何處境中，正是這一原因，故《易》以之作為生活現實處境之總結，以教人生活之常見狀態。

【困，亨，貞，大人吉，无咎。有言不信。】

〈困〉卦辭為「亨，貞，大人吉，无咎。有言不信」，這是說：困限其事仍可通達、可解、可改變；又因已為困，故必須謹慎地自守。「大人吉，无咎」是說，困若落於小人中，多引致虛妄作為，難於自守，因而多凶，如孔子所說：「不仁者，不可以久處約」，唯「君子無終食之間違仁。造次必於是，顛沛必於是」（《論語・里仁》），此所以大人於困仍能吉而无咎。「有言不信」既承接大人之困言，亦為對困初次描述。所謂困，即縱然已有，仍可受着限制，如沒有那樣，故如人有言（見解），仍不為人所相信信任。這「有言」亦可指大人其作為之困，其善言善道不為人所信故而困。有關困，〈困〉從其卑至高之種種情況分析。

【初六：臀困于株木，入于幽谷，三歲不覿。】

首先是：「臀困于株木，入于幽谷，三歲不覿」。人受限於株木間，如隱逸於幽谷，或甚至如原始人之本然處於如此境地，故多年不見人或為人所遇見，無論如此處境是由人自身選擇造成、抑伴隨所生而來，因而無法接觸他人與世界，這明顯是困之最基本形態。困故非言其如物質缺乏或有所痛苦等負面性，而是單純一種狀態而已，在這裏，即不能接觸之情狀，故用「臀困于⋯⋯」言。這種困限，非必限於株木間，縱使已在人間，仍可有如是之困，孤獨至如不見人那樣。這都是困之處境，隱逸處境更是。對這類如不得已之困，《易》無斷語評論或教誨。

【九二：困于酒食。朱紱方來，利用享祀，征凶。无咎。】

其次是：「困于酒食。朱紱方來，利用享祀，征凶。无咎」。這「困于酒食」始是言生活現實中之艱難，為生活所困、一無所有。這為現實所困，除物質外，更多是心態上的，故《易》更說：「朱紱方來，利用享祀，征凶」。從以「朱紱」言，明見其人有求爵祿之現實心，非只為物質困限而已。故誡說：縱使有得爵位，仍宜心存享祀般地有所誠敬，否則若有所圖得、如有征伐之野心，如此將凶。「无咎」是針對之前生活現實之困言，非對征事之野心言。因生活現實而困，本无咎，反而，若因得勢而妄作，如此始凶。生活之困仍一如前處境之困，多自然而不得已，反而無困而妄為，這始為不是，亦「不仁者，（…），不可以長處樂」之意。

【六三：困于石，據于蒺藜。入于其宮，不見其妻。凶。】

在前兩種較基本而卑微之困外，更有如六三之「困于石，據于蒺藜。入于其宮，不見其妻。凶」。此時之困，是從困難言，非從處境言，故用「困于石，據于蒺藜」為比喻，蒺藜為帶刺植物。當人有這類困難時，縱使本為顯貴，然入於宮室仍無以見相伴親近之人。這「入于其宮，不見其妻」可說為是對這樣困難之形容所舉例子：無論處境多好，人生仍有種種困難在，如無妻兒相伴而孤獨那樣，疾病之困亦屬此例。對如是困難，《易》只能結論為「凶」，其困難既偶然亦非人力能改變，能入於宮者亦有是困。

【九四：來徐徐，困于金車，吝。有終。】

若非從困難言，又縱使處境非似負面，人仍可受困，《易》形容為：「來徐徐，困于金車，吝。有終」。能緩緩似安行而來，如是生活必然優渥無缺乏。縱使如此，正因為富有，為人人所向往，然因富有作為價值本身實非是，非能帶來如心之豁達坦然、或生命之光明升進，故對人始終仍是一種困限，困囿於人人追求之盲目中，難於自己。如是困囿於富裕及其追求，《易》故評為狹吝。「有終」可有二解：一為這樣富有，始終有終結之一日，非有無窮意義；另一則為：對這「困於金車」一事，若真有想改變，始終仍可有改變，故可結束，非如前幾種困，多無以脫離其事實。是否解金車之困，在人自己而已。

【九五：劓刖，困于赤紱。乃徐有說，利用祭祀。】

除富有困心外，得權位者亦有其困，此九五「劓刖，困于赤紱。乃徐有說，利用祭祀」所言。從「困于赤紱」可見，此時之困，是困於其權位間。在位者雖似有權勢，然權勢間必有爭鬥，故有「劓刖」之可能，此刑罰亦可從敗國時言，非因為上位便可豁免。縱使非二者，於位仍可失勢而不得志，非必順境。如是之困，非想解脫便能解脫，如「金車之困」「有終」那樣。故只能慢慢地求解，此「乃徐有說」之意，「說」讀為脫。「利用祭祀」言此時應以祭祀誠敬之心慢慢地求脫離。因在位，故慢慢求解，仍可有解脫之一日。

【上六：困于葛藟，于臲卼，曰動悔。有悔，征吉。】

最後，《易》對困作最後一種說明：「困于葛藟，于臲卼，曰動悔。有悔，征吉」。即困若為極端纏繞、致極度不安，如「困于葛藟，于臲卼」那樣，此時連基本之改動都似會造成有悔，對如此已「有悔」之狀態，那只能以極端之法求解，《易》故用「征吉」言，即有如征服之志與事始能改變，如是之志與作為始吉。這「征」只針對困之極端言，若為平常之困，縱使難去，仍非以「征」達成，如「困於酒食」便「征凶」，不能因生活困窮而胡作非為故。以上為生活中困之形態。

井　生活之經營

井，改邑不改井。无喪无得。往來井井，汔至，亦未繘井，羸其瓶，凶。
初六：井泥不食，舊井无禽。
九二：井谷射鮒，甕敝漏。
九三：井渫不食，為我心惻。可用汲，王明，並受其福。
六四：井甃，无咎。
九五：井冽，寒泉食。
上六：井收勿幕。有孚，元吉。

經營生活，居地可改易然生活無法改變。盡應保持其常態、無喪亦無所刻求。若揮霍耗盡其生活資源，於乾竭又不用繩汲水，甚至如束縛其瓶，如是凶。

初六：若不維護生活資源，使井泥不能飲用，這將只如被廢棄舊井，連禽鳥亦不顧。
九二：若對生活過求，連井中鮒鯽也以射圖得，終必如甕漏那樣使井被破壞而已。
九三：井漏而不能用，使人民悲傷。若預先對資源有所開發，如有所汲引，這是君王之英明，王亦並受其福。
六四：對井加厚，鞏固舊有資源，將无咎。
九五：若井凍結不能用，那泉雖寒也不得不用。
上六：縱使井過多可結束其中一些，仍勿覆蓋堵塞，留以備用。心對資源經營有所懷，如此大吉。

【井，改邑不改井。无喪无得。往來井井，汔至，亦未繘井，羸其瓶，凶。】

若〈困〉為對生活中種種困限之分析，〈井〉相反。《易》借「井」一意象，說明生活經營之道理。卦辭之「改邑不改井」首先指出對生活經營之重要，縱使邑地可改變，然生活本身及其資源無法改變，不能絲毫費棄不管；「无喪无得」所強調的，是盡可能對生活保持常態，沒有喪失亦不過於刻求。「往來井井，汔至，亦未繘井，羸其瓶，凶」是說，若只任意作為把井水耗盡，於乾竭（汔）又不用繩汲水①，甚至束縛其瓶②，如是凶。生活之道其本態故應如「无喪无得」般平靜平淡。這「无喪」「无得」兩面，亦為初六與九二所討論。

【初六：井泥不食，舊井无禽。】

【九二：井谷射鮒，甕敝漏。】

有關前者，《易》說：「井泥不食，舊井无禽」。若不好好對生活資源維護，如使井只充滿泥土不能飲用，這將只如舊井廢棄一樣，連禽鳥亦遠去不顧。

而有關後者，《易》說：「井谷射鮒，甕敝漏」。「鮒」為鯽，淡水魚。若連井中之魚也刻意以射求得，使井有如破甕那樣，水資源漏盡，只為一時之欲，如是破壞，亦非生活經營之正。

---

①「繘」，汲水之繩索。

② 喻不求開發。

【九三：井渫不食，為我心惻。可用汲，王明，並受其福。】

九三與六四則進一步言對資源之開發與鞏固保護。首先是開發：「井渫不食，為我心惻。可用汲，王明，並受其福」。「渫」《說文》雖解為「除去也。一曰治井也」，但在這裏則應解作漏或汙①；解為漏更與前後文相應，故下言「可用汲」，亦與前「井泥不食」不再重複。「井渫不食」意非只言不維護，更是資源因歷久而耗損，故本應有所繼續開發。正因開發為大事，故涉及王或國家政策，非單純人民對資源維護而已。若國家對資源之開發毫不理會，使「井渫不食」，此所以為作者「心惻」之原因。《易》作者故對上位者勸誡說：「可用汲，王明，並受其福」，即應另行作引水、另行對井作開發，使水源保持充足。能如是始為王之英明，又若能如此，王亦並受其福，非只人民而已。在維護與破壞外，故更應開發，使資源無盡。

【六四：井甃，无咎。】

若非開發新資源，那仍應對舊有資源有所加厚，《易》用加厚井壁為例：「井甃，无咎」，「甃」

① 見《康熙字典》。

為井壁，喻使井壁加厚。對井之維護在使汙泥不積聚，然對井壁加厚則是對舊有資源之鞏固，一如〈升〉之「升虛邑」與「王用亨于岐山」之差別。有新資源固然為福，然對舊有資源強化與鞏固亦「无咎」。以上四者，為《易》對生活資源之討論，為生活經營基本之道。

【九五：井洌，寒泉食。】

【上六：井收勿幕。有孚，元吉。】

〈井〉餘下兩爻，均為與資源有關之警告，一其缺乏時、另一其充裕時。置於九五與上六，因為對上位者之告誡，二事亦上位者之事，故置於此。九五之「井洌，寒泉食」言井若凍結，那泉水雖寒也不得不用，言生活將只艱苦而已。

相反，若資源過於充足，《易》仍告誡說：「井收勿幕」，即縱使井因過多而不需用，仍不應覆蓋或甚至堵塞，應留備用。《易》最後一語：「有孚，元吉」，可說為是對以上各爻之總結，言於生活經營而有用心懷，這即大吉。

生活之經營莫不只在維護、不致破壞、開發與鞏固甚至留有備用而已，道理雖約，然實盡於此。

革 改變

革，己日，乃孚。元亨，利貞，悔亡。
初九：鞏用黃牛之革。
六二：己日乃革之，征吉，无咎。
九三：征凶，貞厲，革言三就，有孚，悔亡。①
九四：有孚改命，吉。
九五：大人虎變，未占有孚。
上六：君子豹變。小人革面，征凶，居貞吉。

① 今本為：「九三：征凶，貞厲，革言三就，有孚。九四：悔亡，有孚改命，吉。」

變革所本，乃盛極轉衰之時，並以真實心懷。能改變，大而通達，然仍宜自守，亦慎悔失去一切。

初九：不欲有所改變，用黃牛之革捆綁，使其事鞏固而不衰。

六二：若事已由盛轉衰，應進行改革。改革應以為大事之志進行，如是吉，无咎。

九三：若改革凶而失敗，又自守艱厲，應改變言語態度，盡量設法（多次）接近其目標，如此始有求改心之真實，然仍應慎悔失去一切。

九四：真實有心之改變，為對處境徹底之改變，如是吉。

九五：大人之變如虎變，其變非由占問而直由於心。

上六：君子之變如豹變（迅速改變）；小人只改變其表面（非由心），若為征事則凶，安分自守始吉。

【革，己日，乃孚。元亨，利貞，悔亡。】

繼從生活層面言之〈困〉與〈井〉後，即為從國家層面言之〈革〉與〈鼎〉。〈革〉言改革、改變之道理。有關變革，卦辭說：「己日，乃孚。元亨，利貞，悔亡」。「己」為天干第六，已過半，喻盛極轉衰之時，為變革所本，若待至衰始革，恐已晚。「乃孚」者，因變非常事，若非有所心懷，必無以成。知變，必大而通達，然仍宜自守，不能妄作，亦慎悔失去一切。這都是求改變應有之道。《易》對變革之討論分三方面：其基本、其實行、及其真實。

【六二：己日乃革之，征吉，无咎。】

【初九：鞏用黃牛之革。】

有關基本，初九先指出：「鞏用黃牛之革」，意謂若欲事情能不變衰，應先對之作鞏固，如用黃牛之革紮實捆綁。換言之，從根本言，事若不會轉衰，本無改變之道理。故應從根本鞏固，不使有變。

其次是：若不得不改變，應「己日乃革之，征吉，无咎」。「己日」如上述，為盛轉衰之時，因見衰，故應進行改革。改革因為大事，必須有所意志，如征伐事那樣始吉，能如此即无咎。

【九三：征凶，貞厲，革言三就，有孚，悔亡。】

【九四：有孚改命，吉。】

變革之實行有二，一較為外在、另一則內在；前者為九三，後者為九四。九三：「征凶，貞厲，革言三就，有孚，悔亡」中之「征凶」，非與前爻「征吉」矛盾，亦非具體針對征伐事言，非言以征伐求改變。「征凶」承前爻而進一步假定說，若前爻之改革失敗，是從這假定性言為「征凶」。《易》意思是，假若改革失敗，那其自守也只變得艱厲，失敗故。此時仍能作為的，只為「革言三就」，即改變言語態度、設法盡量（多次）接近其所求理想或目標，如此始有求改心之真實，然仍應慎悔失去一切。換言之，從實踐言，改革本非容易之事，非必能輕易成功。真有心於改變者，不能氣餒、應力求達至目的，縱使先從言語態度等較外在方面着手，仍始終應致力即近其所欲達，能如是作，始對改革一事為真實，「有孚」言此，為心誠於改變之表現。然縱使如此，仍不能保有目標必達之心，故始終應慎悔失去一切。此改革其實行道理之一。

其二是：「有孚改命，吉」，即真實有心之改變，必同是對自身客觀處境以致命運之改變，是自身內在而徹底者，非表面或片面之事而已，能如是改，始為吉。確然，有心改革必須盡全力不斷求達成，失敗仍不放棄，並自內地全面並徹底改變，不能只一時或片面局部，此為改革之道，亦其實行之法。

【九五：大人虎變，未占有孚。】

【上六：君子豹變。小人革面，征凶，居貞吉。】

最後，有關改革其真實，《易》於九五與上六兩爻以大人、君子與小人之變作對比，其中意思，應從這對比而觀見。九五說：「大人虎變，未占有孚」，上六則說：「君子豹變，小人革面，征凶，居貞吉」。「虎變」「豹變」「革面」之差別，應從意思確定者定奪。「小人革面」，指其改變只單純在外表，如遇上而似謙下、遇下而驕橫，所變在臉面，因而全然取決於對象，絲毫無心之真誠與真實。如是可明白，大人因依道義及德行而行為，本有其自己真實，其作為之獨立，故有如虎般之威猛決斷，《易》更明白以「未占有孚」言，謂其改變之意志純然發自心之真實，非因對象而反應、非反應性質，故縱使「未占」，然已有改變之心。占問所指，一為其改變只順承占卜之訓示、另一則為其改變之心不能決、故始有求問；都表示其志本無主見、無志之真實。大人其改革之志故唯「未占有孚」。至於君子，則介乎其間。君子雖仍為真誠之人，然其未必如上智「生而知之」者（大人），非生命自始便知從道；然一旦聞道，其改變仍如豹般迅速，毫不猶豫不決，此其改變之真實：雖仍因對象而改變，然其改變仍真實，非如小人只革面，始終無變之真誠真實。此《易》所以比較三者，為指出改變之真實與表面之差異，亦從此而見改變其意志之強弱。能「過則勿憚改」或「擇其善者而從之」，如是君子之改變，仍屬真實。「征凶，居貞吉」一斷語應只針對「小人革面」言：若非有真實心懷，其以為為大事只凶，此時能安守其分、自守而不妄作始吉，其作為只表面而非真實故。《易》以此對比說明改革、改變其真實所在：既本於心懷之真實、亦決斷而迅速；或如大人、或如君子。

鼎　國家政權與治理

鼎，元吉，亨。
初六：鼎顛趾，利出，否。得妾以其子，无咎。
九二：鼎有實，我仇有疾，不我能即，吉。
九三：鼎耳革，其行塞，雉膏不食，方雨虧悔，終吉。
九四：鼎折足，覆公餗，其形渥，凶。
六五：鼎黃耳金鉉，利貞。
上九：鼎玉鉉，大吉，无不利。

國家政權（穩定），大吉，通達。
初六：政權若失去基礎而翻覆，宜遠去，亦不幸。若仍能有後繼，可无咎。
九二：政權若堅實有力，其敵如有疾不能即近，吉。
九三：若政制腐敗而知改革，其執行將遇阻礙，縱使有美食亦不能享用，又如大雨後因有所虧損而悔，然終吉。

九四：若政制腐敗仍不改革，政權將完全崩壞，再珍貴所有亦將全覆滅，只沾濡四方，凶。

六五：政權有如黃銅金鉉制度之行，仍宜自守。

上九：政權有文教之立，大吉，无不利。

【鼎，元吉，亨。】

〈革〉雖亦針對國家及其處境（命）言，然〈鼎〉更明白代表國家這一層面。有關國家政權，若不從歷史中國家之腐敗與權力欺壓等方面言，其本身作為支承存在、替人民百姓建立生活之安定，明顯為大吉而通達：「元吉，亨」。有關國家及其政權，《易》分為基本、現實、理想三方面言。

【初六：鼎顛趾，利出，否。得妾以其子，无咎。】

【九二：鼎有實，我仇有疾，不我能即，吉。】

首先有關國家之基本，初六說：「鼎顛趾，利出，否。得妾以其子，无咎」。「鼎」喻國家及其政權。「顛趾」言政權完全翻覆，對此，故宜遠去，國家失去基礎，為不幸：「利出，否」。「得妾以其子，无咎」所言，為若政權仍有其後繼，始无咎。用「得妾」言，因失去政權之國家，同亦失去其妻，《易》所言為若仍有他法得以保存其後繼者，故始以妾喻。

相反，「鼎有實，我仇有疾，不我能即，吉」所指為國家政權堅實、有其實質與力量，此時，其敵如有疾，不能即近，國家因政權穩定強盛故吉。這國家基礎之一負一正，其是否堅實強盛，人民是否安定抑只求出走，明顯為國家之基本。

【九三：鼎耳革，其行塞，雉膏不食，方雨虧悔，終吉。】

【九四：鼎折足，覆公餗，其形渥，凶。】

然於現實中，國家政權多腐敗，故《易》以九三九四討論其情況，前者從腐敗而求改革言、後者從腐敗而不求改革言。九三之「鼎耳革，其行塞，雉膏不食，方雨虧悔，終吉」，從「鼎耳」（國家政制）之改革言，其執行必遇到種種阻礙障礙，縱使有美味亦不能食，如大雨過後有所虧損而悔那樣，然因已求改革，故終吉。此言政制腐敗後求改之不易。

至於不求改革，故九四說：「鼎折足，覆公餗，其形渥，凶」。國家若腐敗仍不求改革，其政權將如「折足」般完全崩壞。「餗」為鼎中八珍之膳，因政權崩壞故王公之鼎食（珍貴財物）也將全覆滅，只沾濡四方①，故凶。

【六五：鼎黃耳金鉉，利貞。】

【上九：鼎玉鉉，大吉，无不利。】

國家政權其理想有二：一為有輝煌健全之制度，因只為政制，故《易》置於六五，相對上九而言為基本。六五故說：「鼎黃耳金鉉，利貞」，鼎之耳鉉喻政制，以黃金言，明謂其政制輝煌健全，無腐敗之虞。

至於上九則更說：「鼎玉鉉，大吉，无不利」，以玉而非以黃金，從玉之溫文，應指其文教，文教為更進一步之事，故後於一般政制，亦更為理想，故《易》相對六五只言「利貞」，即縱使制度完善，仍應自守，然若已有文教之立，其善始為「大吉，无不利」。

對國家政權與制度之討論，六爻雖簡約，然已完備。國家問題基本在此而已。

① 「渥」，霑濡。以霑濡言，喻其惡散播於一切而污染。

震 震撼

震，亨。震來虩虩，笑言啞啞。震驚百里，不喪匕鬯。

初九：震來虩虩，後笑言啞啞，吉。

六二：震來厲，億喪貝，躋于九陵，勿逐，七日得。

六三：震蘇蘇，震行无眚。

九四：震遂泥。

六五：震往來厲，億无喪，有事。

上六：震索索，視矍矍，征凶。震不于其躬，于其鄰，无咎。婚媾有言。

震撼，及遠而通達。震撼之事來時恐懼（虩虩），事後若非有害則或笑或議論紛紛。震驚百里之震撼（有害者），應不失去對天之祭祀（匕鬯）。

初九：無害之震撼來時使人恐懼，事後又只顯得可笑、為人所議論。因無所損失，故吉。

六二：如災難般震撼帶來艱厲，甚至有大損失。應往高處躲避，對財物不應追逐不捨，不久（七日）將再會復得。

六三：震撼可使人醒覺，震撼之作為使人再無目翳（清晰地見其事）。

九四：震撼使人縱使深陷於泥中仍能有所前進（「遂泥」而非「于泥」）。

六五：震撼之作為招來艱厲，縱使因富裕如無所喪失，然必有事將至。

上六：震撼可致人於顫抖及驚懼四顧地步，如此如征伐般之作為，凶。縱使非發生在自己而在鄰人身上，因而似无咎，然此時若自己仍有所喜悅之事，必受到非議批評。

【震，亨。震來虩虩，笑言啞啞。震驚百里，不喪匕鬯。】

在對生活及國家層面作總結後，《易》以〈震〉〈艮〉二卦，對類如現象般層面作總結。這類如現象之事，本只落在〈震〉、震撼力，〈艮〉不為人知之背向，只為〈震〉之反面而已。雖似不造成現象，然實仍是存在默然之事實，真實者，非必能震撼而為人知見故。有關〈震〉，《易》卦辭說：「亨。震來虩虩，笑言啞啞。震驚百里，不喪匕鬯」，意謂：因為震撼，故通達，亦可及遠；之所以說：「震來虩虩，笑言啞啞」應為指出，震撼只為震撼，非必災難本身，故縱使其出現使人有所驚愕、甚至恐懼，然因非必害，故又「笑言啞啞」地或笑或議。當然，若確帶有災難，如是只能求助於天，故卦辭說：「震驚百里，不喪匕鬯」，即對震驚百里之震撼，應不失去對天之祭祀（匕鬯）。《易》對震之討論，分三方面：其形態、其意義、及其後果。

【初九：震來虩虩，後笑言啞啞，吉。】

首先有關形態，主要指有害無害兩種。「震來虩虩，後笑言啞啞，吉」為雖震撼然不至害者，故之後只「笑言啞啞」，或自嘲過於恐懼、或因無失喪而復喜幸地議論。不致災害之震，故吉。

【六二：震來厲，億喪貝，躋于九陵，勿逐，七日得。】

相反，帶來災害之震，為「震來厲，億喪貝，躋于九陵，勿逐，七日得」，即其震撼帶來艱厲，甚至有財產（「貝」）上之大損失（「億」）。對如此震撼，應往高處躲避，不應對財物追逐不捨，財物始終（「七日」：不久）再會復得。這些都是對震正常之反應。

【六三：震蘇蘇，震行无眚。】

【九四：震遂泥。】

至於震撼性其意義有二：一為使人覺醒、使人再無目翳地看清楚其事：「震蘇蘇，震行无眚」，這是震撼作為所具有之首先意義。

其次更進，震撼可使人「震遂泥」，《易》此處用「遂泥」而非「于泥」，故非深陷於泥中，而更是縱使深陷於泥中，仍能有所前進（「遂」）。震撼故可使人蘇醒醒覺、亦可為人奮發之力量、使人有所作為，此其意義所在。

【六五：震往來厲，億无喪，有事。】

【上六：震索索，視矍矍，征凶。震不于其躬，于其鄰，无咎。婚媾有言。】

最後，震撼所帶來後果或影響，一在：「震往來厲，億无喪，有事」，另一在：「震索索，視矍矍，征凶。震不于其躬，于其鄰，无咎。婚媾有言」。在前者中，《易》用「震往來厲」而非只「震來厲」，意故應為震撼性之作為所帶來者只為艱厲。故縱使本富裕致如沒有損失喪失，然始終有事：「億无喪，有事」。這「震往」，明白指震撼人之作為，雖未必只限於在位者，然置於六五之位必含喻有過人能力者，故亦以其有「億无喪」之可能。《易》意為如是有過人能力者，其對人之震撼，始終有事。用「有事」而又不斷以吉凶，其事可吉可凶，為對震撼之迴響，甚至可能如樹大招風那樣地「有事」。

至於後者，從「震不于其躬」可見，為震撼而致「震索索，視矍矍」之人，是從影響其人自身言。換言之，震撼其強烈時可致人於顫抖而驚懼（「震索索」）、驚懼地四顧（「視矍矍」），再非對人言為外在、或如災難般只為財物之損失。對如此之震撼而仍「征」，其結果為「凶」。人不應致人於如此不仁地步、不應對人心靈精神造成傷害故。因而若非發生在自己而在他人身上，雖因此而如「无咎」，然此時若自己仍有喜悅或有所喜悅之事，必招致他人之非議與批評，此「婚媾有言」之意。無論從作為者抑從受者言，震撼始終或「有事」、或致人於「震索索，視矍矍」地步。此《易》對震撼其影響之說明。

艮

背向（人不知）

艮，艮其背，不獲其身，行其庭，不見其人。无咎。

初六：艮其趾，无咎，利永貞。

六二：艮其腓，不拯其隨，其心不快。

九三：艮其限，列其夤，厲薰心。

六四：艮其身，无咎。

六五：艮其輔，言有序，悔亡。

上九：敦艮，吉。

背向，如只見其背地、無法超前以見其身；縱使至其庭，仍無法見其人。无咎。
初六：步伐（能力）超於人而有所背向，无咎，宜永自守。
六二：作為有所背向於人，連跟隨者亦不得協助，如是跟隨者心不快。
九三：生命努力背向於人，使身（裂其夾脊）心都極為艱厲。
六四：人全然背向於人而如主體獨立，无咎。
六五：言說背向在位者，因言應有分寸次序，故慎悔失去一切。
上九：敦厚之背向，吉。

【艮，艮其背，不獲其身，行其庭，不見其人。无咎。】

〈艮〉非如〈否〉〈坎〉〈遯〉〈睽〉〈蹇〉〈困〉〈未濟〉，為現實存在或人之具體處境，而如〈震〉那樣，是一種存在中之超越性。〈震〉〈艮〉都相對他人而言，非其自身之事，或震撼人、或無論怎樣完全不為人所知見。〈艮〉雖如〈遯〉隱沒，然非是人自身所選擇之潛隱，只因過人而不得已地背向而已。〈艮〉本應為震撼，然較震撼更有所超過，故反使其人不為人所知見。有關此不為人知之狀態，卦辭說：「艮其背，不獲其身，行其庭，不見其人。无咎」，即背向因背向人，人無法超前以見其身；縱使至其庭，仍無法見其人。前者言其在外時，後者言能入於其內時。換言之，之所以無法得以正面對向，或因其人確然走在他人前，人無法追趕而超越，故無法正面面對；或縱使入其內，然其內在仍有所更內在，如庭與屋室之差別，故始終無以得見。《易》以此喻人因過於高深而不為人所知見，故背人。雖與人無以通達，然只因為高深而已，非由於其他原因，更非由於過失，故无咎。人因高遠而孤立、而背人，為屈原形容為「余處幽篁兮終不見天，路險難兮獨後來。表獨立兮山之上，雲容容兮而在下」(〈山鬼〉)。有關背向，《易》如〈咸〉那樣，以身體部位反顯其種種樣態，〈咸〉有「咸其拇」、「咸其腓」、「咸其股」、「咸其脢」、「咸其輔頰舌」，而〈艮〉則有「艮其趾」、「艮其腓」、「艮其限」、「艮其身」、「艮其輔」。〈咸〉與〈艮〉之所以雷同，因一由感動而被動、另一由超越他人之作為而主動，主動被動二者都可以身之樣態而呈現。〈艮〉雖為背向而似限制，然其事實反而因所作為遠為人不及而背，故〈艮〉所言實為如此超前或超越人時之作為，故用身為意象。

【初六：艮其趾，无咎，利永貞。】

首先，「艮其趾」所言，為其前進之步伐過快，故有背人之現象。對如此背向，故為「无咎」，因能力超前而已；對如此因能力超前而背人，故「利永貞」，即不宜以如此能力與人有所爭，永自守言此。

【六二：艮其腓，不拯其隨，其心不快。】

因能力而背人，既平常而基本。若是作為上之背人則不然：「艮其腓，不拯其隨，其心不快」。「艮其腓」言因作為與人不同而背人，如此背人再非只前後之事，其作為本身已有所不同，故連本欲跟隨其作為者，都未能得到協助或受到幫助，其跟隨者心故有所不快，此「不拯其隨，其心不快」之意。「其心不快」之「其」，指跟隨者而言。

【九三：艮其限，列其夤，厲薰心。】

「限」指腰，為上下身之分際；腰主屈伸，為勞動之意象，故喻人之努力。努力非只作為而已，更有心生命在。「艮其限」故言人之努力與他人相背，因而實亦其生命與他人相背，故「列其夤，厲薰心」①，即身心都受到極大痛苦與艱難，其用心而又極努力之生命均與他人相背故。

【六四：艮其身，无咎。】

六四之「艮其身」不同，指其人之一切全然與人世相背，非只努力而已。步伐與人相背而走在前，仍只是前後問題；作為與人相背，其作為仍在世間；生命努力與人相背，作為努力仍有期盼於人世；然「艮其身」之「艮」，因已全然背向人世，無論是作為、能力、以致價值，故反而「无咎」，再無求於世故。人致此，必亦人世無道，故其自身（身）純然獨立，既不與世同流、亦無求無怨，其背向故徹底，亦「无咎」。《易》在卦辭中所言「艮其背，不獲其身，行其庭，不見其人」實指此地步。〈咸〉之「咸其脢」雖仍從人全身言，然只着重其全然為對象「无悔」之癱瘓，故只用「脢」，非如〈艮〉主體全然背向於人世而獨立，故用「身」字。

① 「夤」通「瞔」，指腰絡或夾脊。「列」為裂。

【六五：艮其輔，言有序，悔亡。】

因六五本從在位者言，然與人背向者必不得位，故六五之背向，只為背向上位或得位者，非為艮者自身之得位。對在位者之背向，多為言語或態度上之背向，故為「艮其輔」，「輔」為脣頰。因所對向為在位者，此時之言又須有分寸次序（「言有序」），故如是背向，《易》誡之以「悔亡」，慎悔失去一切。非其有過，只對方有權位而已。

【上九：敦艮，吉。】

最後，於上九而言「敦艮，吉」，上九因多從過度言，然艮作為背向本如過度，故上九反而只為背向者之返回自身內在狀態言，非再從背向他人或世道言。從背向者自身，道理故單純是「敦」，即篤厚於其自身之一切，若本然已為背向，又背向本由於超越或超前他人，故若能篤守其道，非再有求於世，如是因背向而有之作為與生命努力等，始終為「吉」，其背向本由於真實故。若從世人之角度言，背向如一種限制，為背向，然從其自身言，背向只為一種全然獨立，故若敦厚於此，仍為吉。

超越現實故有二：或震撼、或背向。以上為背向之事實與道理。

漸　女性之人生

漸，女歸，吉，利貞。

初六：鴻漸于干，小子厲，有言，无咎。

六二：鴻漸于磐，飲食衎衎，吉。

九三：鴻漸于陸，夫征不復，婦孕不育，凶。利禦寇。

六四：鴻漸于木，或得其桷，无咎。

九五：鴻漸于陵，婦三歲不孕，終莫之勝，吉。

上九：鴻漸于陸，其羽可用為儀，吉。

女性之人生，以婚嫁為歸，吉，宜自守。

初六：女歸於水澗旁（喻平凡人家），丈夫艱厲，有所爭執，然无咎。

六二：女有歸如磐石地安穩，生活安定愉快（衎衎），吉。

九三：女歸於陸地而艱難，夫遠征而不復，婦又無子，凶。宜有所防範。

六四：女歸於樹木，得其屋室之蔭庇，无咎。

九五：女歸於高陵，因其不凡故久久未有配偶，終未能嫁娶，然仍吉。

上九：女歸於陸而艱難，然其身之賢淑甚至德性可為人效法，吉。

【漸，女歸，吉，利貞。】

在有關個體之〈夬〉〈姤〉〈萃〉〈升〉、有關現實之〈困〉〈井〉〈革〉〈鼎〉〈震〉〈艮〉後，這作為總論之第五大分組進入對女性與男性之總結。有關女性，《易》從其生命或人生樣貌、及特別其婚嫁這兩方面言，一為〈漸〉、另一為〈歸妹〉。以「漸」言女性之人生，因女性在古代非主動有所作為者，其人生多只內在，甚至只以家室為目標，如是人生之進程，似默然而漸，非顯赫地突出。相對於此，男性生命故一在求豐榮、另一在戰鬥，從這樣的急進性格，可見女性生命其穩定前進為「漸」之表徵。有關女性之人生，〈漸〉卦辭說：「女歸，吉，利貞」。我們不應因這裏用「女歸」一辭便以為其所討論為女性之婚嫁，婚嫁本身之道理，見於〈歸妹〉，用「女歸」於此只表示，從人生言，女性以婚嫁為其生命中心，故《易》環繞婚嫁一事以顯其生命，非對婚嫁本身道理之論述。對這環繞婚嫁而有之生命，《易》斷語為「吉，利貞」，一方面為吉、另一方面則為宜自守，守其家室故。從環繞婚嫁言，女性之生命主要有四：

【初六：鴻漸于干，小子厲，有言，无咎。】

一：《易》用「鴻雁」代表女性，「漸」言其因婚嫁而有之歸宿。初六所言，為女歸於水澗旁（「干」），而這為平凡人家之比喻，此時之丈夫（「小子」）多艱厲，亦有所爭執（「有言」），縱使如此，仍无咎，這樣人生平常一般故。

【六二：鴻漸于磐，飲食衎衎，吉。】

二：女歸「于磐」表示，其歸宿如磐石地安穩，因而生活必承之而安定愉快（衎衎），如此生命亦明顯為吉，多為女性所期盼。

【九三：鴻漸于陸，夫征不復，婦孕不育，凶。利禦寇。】

三：鴻雁喜棲息於河川湖泊等近水環境，冬季始活動於陸，「于陸」故表示，如冬氣候之艱辛，女歸宿有所不善，而此主要有二：一其夫遠征①而不復返，而二婦人又無子②，如是孤獨，對女性言明顯為凶。「利禦寇」是說，應及早對如此處境有所防範。從本爻可見，丈夫與兒女對女子之生命形態言重要，若二者失去，女子其生命無真正歸宿。

【六四：鴻漸于木，或得其桷，无咎。】

四：「桷」為方形椽子，在屋樑間。鴻雁之歸於樹木，或女子之得其屋室，均為庇護之處。此可能相對前爻而言：若女子夫遠去又無子，但仍有所蔭庇，雖非吉，然仍可「无咎」。蔭庇喻女子除家室外，仍有被保護之生命盼望，故《易》並列於此。

① 亦喻有所作為。
② 亦可能喻無所作為。

【九五：鴻漸于陵，婦三歲不孕，終莫之勝，吉。】

若非以上情況，女子本身如因有才學或為名門而有高於一般女性者，此時之女子未必能單純以歸宿為生命中心，其自身可能更有所求，對如是女性，《易》故置於九五之位，非必因為有位者，然仍應是有所特異。《易》對這樣女性，用「鴻漸于陵」比喻，取高陵之高為意象。[①]這不以歸宿為生命目標之女性，明顯亦無子，《易》用「婦三歲不孕」言。解為不以歸宿為目標，因若單純無子，《易》之寫法為「婦孕不育」；「孕」喻有夫，「不孕」故指無夫。從「三歲」之多言，非女子不願嫁娶，其高尚之能事或出身之尊貴耽誤其選擇合適配偶之時機致無婚嫁而已，故《易》更說：「終莫之勝」，即其婚事終無以成願。雖然如此，因女子自有其陵之高大，非必只能以歸宿為生命，故仍吉。於古代因而已可見，女性非必以歸宿為生命目標，而對《易》言，如此女性之生命仍吉。

---

① 《說文》：「陵，大阜也」。故亦可從「大」喻，非只「高」而已。

【上九：鴻漸于陸，其羽可用為儀，吉。】

最後，《易》以上九，非從女性生命之具體情況言，而是從女性之理想或最高典範言，而這仍是順承着女性之本性而有者：「鴻漸于陸，其羽可用為儀，吉」。於此仍用「鴻漸于陸」表示，此時之女性實可有生命之艱辛，雖然如此，若女子仍不失其女性德性，甚至其羽之潔淨美麗與柔順能作為人人典範，其身可為人效法，如是女性，無論其生命處境怎樣，本身已為吉。從〈漸〉這最後兩爻可見，縱使女性本性以歸宿為本，然作為女性，仍可從事實或從德性而非止於此。能「鴻漸于磐」固然吉，然「鴻漸于陵」及「其羽可用為儀」亦同然吉。以上為《易》對女性生命之分析。

歸妹　婚嫁

歸妹，征凶，无攸利。

初九：歸妹以娣，跛能履，征吉。

九二：眇能視，利幽人之貞。

六三：歸妹以須，反歸以娣。

九四：歸妹愆期，遲歸有時。

六五：帝乙歸妹，其君之袂不如其娣之袂良，月幾望，吉。

上六：女承筐无實，士刲羊无血，无攸利。

婚嫁，若只為了意圖、圖得，凶，无攸利。

初九：女性婚嫁若有從嫁之娣，縱使跛而不美好，仍能行，用於遠方或有所意圖之婚嫁中，故吉。

九二：（婚嫁對象若為無位無富之幽人），然眇者始終能視，非只為缺陷不善，婚事仍有宜於幽人之自守。

六三：若只為男子美貌（以鬚喻）求婚嫁，男子亦可能以其娣之美貌而求索。愛情若以貌表面愛惡為本，將有反歸之情況。

九四：女性婚事仍有禮之適時與否，故往往顯得如有所延期。

六五：婚姻亦有下嫁情況，如帝乙之歸妹，其君之袂不如其娣之袂為好，故有對故往之懷念。婚嫁非必門當戶對，然仍可吉。

上六：婚姻若非男女均有其情感真實，無所宜。

【歸妹，征凶，无攸利。】

繼女性生命後，〈歸妹〉討論女性婚嫁道理。從女性角度言婚嫁，因婚嫁對女性生命言為其歸宿。男性生命在事，非主要在婚姻上。有關婚嫁，卦辭劈頭地說：「征凶，无攸利」。如我們多次指出，《易》對作為以三種意象表達：「往」、「涉大川」、及「征」。「往」單純指作為或言一般作為、「涉大川」言大作為、而「征」更大，既為意志之事、又可為大圖得之事、更可具有破壞性作為之意。婚嫁而言「征」，故指利用婚嫁有所意圖：或為求得利益、或如在政治中利用婚嫁以圖勢力之穩定與擴張。如是之婚嫁為凶，非為女性真正幸福，故「无攸利」。上六即指出此「无攸利」之意，因男女雙方再無情感真實故。有關婚嫁，〈歸妹〉分三方面：其基本、其次要方面、及其最終真實。

【初九：歸妹以娣，跛能履，征吉。】

首先關於女性婚嫁之基本，有二：其一是：「歸妹以娣，跛能履，征吉」。古時女性因嫁於遠方，難以歸家，若有娣妹從嫁，其婚姻縱使有所不善，非意想地美滿，如跛而不美好，仍能行，非只能獨自孤獨地承受而已，仍有相隨之伴。「征吉」於此故只是說，縱使婚嫁本為着意圖、或因此而行遠，能仍有相伴者隨往，非獨自而孤立，如是對女性言為吉。「征吉」非與卦辭之「征凶」矛盾，只為在本「征凶」情況下而吉而已。非因婚嫁而致孤立，這是婚嫁之基本。

【九二：眇能視，利幽人之貞。】

其次是：「眇能視，利幽人之貞」。「幽人」指幽隱隱逸之人，喻其人無位甚至無富，以如此人為婚嫁對象，必因雙方相愛，然非女方家人所期盼者。對如此平淡婚事，《易》故肯定說：「眇能視」，即縱使只有一目，仍能視，非以為若只幽人便為缺陷，如是婚嫁，實仍宜於幽人之自守，即對對方有所幫助。換言之，婚嫁非應以圖得為目的，更應先在雙方對對方之協助上，使成更美善之生命，此始為婚姻基本意義及真實所在，故《易》用「跛能履」「眇能視」等為意象。

【六三：歸妹以須，反歸以娣。】

【九四：歸妹愆期，遲歸有時。】

婚嫁次要問題：首在「歸妹以須，反歸以娣」。「須」（鬚）另一次出現在〈賁〉，言男性外表之美。「歸妹以須」故言，若女子之求婚嫁只因為對男子其外表美之仰慕，那可能結果是：「反歸以娣」，即男子同樣可因愛慕其娣（之美貌）而別有所求。婚嫁若只基於外表之愛而求得，絲毫再非真實，只愛惡表面之所圖而已。

其次是：「歸妹愆期，遲歸有時」。婚嫁若如有所延誤，這只是因婚事仍有適時與否之問題在而已，「時」於此喻禮，為在兩人愛情外仍必須考慮關注者。《易》以此言愛情之當下性與禮涉及他人時之有所約束。愛情仍須有禮在，此始為善。兩爻所言，故為婚姻中男女雙方之欲望，或在美貌之欲、或在愛情之欲，此故為婚嫁所應反省考慮者。

【六五：帝乙歸妹，其君之袂不如其娣之袂良，月幾望，吉。】

最後，《易》用「帝乙歸妹」一例，說婚嫁若為下嫁、非門當戶對時之問題。〈泰〉六五說：「帝乙歸妹以祉，元吉」，帝乙為紂父，時商衰弱，帝乙以胞妹嫁給西伯昌，欲穩定兩國關係。帝乙之歸妹，「其君之袂①不如其娣之袂良」，故非門當戶對，女子亦有對故往之懷念，為「月幾望」②所喻。雖然如此，然文王賢，如是婚嫁又可使國安定，故仍可「吉」。《易》借此上位者之例子，說明婚嫁非必門當戶對始能幸福。婚嫁與財富地位無關。

【上六：女承筐无實，士刲羊无血，无攸利。】

最後，上六明白指出，於婚姻中雙方若無其真實、無真實情感，如是婚嫁無所宜，「无攸利」。婚嫁最終由情感所維繫，與財富地位無關。以上為《易》對婚姻所言道理。

---

① 「袂」，衣袖，亦喻結伴。

② 「望」，農曆十五日。「月幾望」，月將圓前對月而懷望，心願未能圓滿故。見下〈中孚〉。

豐　豐榮

豐，亨。王假之，勿憂，宜日中。

初九：遇其配主，雖旬无咎，往有尚。

六二：豐其蔀，日中見斗，往得疑疾，有孚發若，吉。

九三：豐其沛，日中見沬〔沫〕，折其右肱，无咎。

九四：豐其蔀，日中見斗，遇其夷主，吉。

六五：來章，有慶譽，吉。

上六：豐其屋，蔀其家，闚其戶，闃其无人，三歲不覿，凶。

豐榮，通達。作為真實王者而有這樣豐榮，勿憂，然仍應是光明坦然、無絲毫晦暗的。

初九：豐榮若是出現在其相配之人身上，縱使持久如此，无咎，其作為有所崇尚高尚故。

六二：豐厚其草席屋蓋，致日中如見晚上之星斗，如是作為似得疑疾，其心若能終醒悟，則吉。

九三：使水勢豐沛，為求於日中見瀑沫，因而致折肱，无咎。

九四：豐厚其草席屋蓋，致日中如見晚上之星斗，如是豐榮所遇若只是一平實真實之人，吉。

六五：豐榮若來自文之素養，（非由物質之虛妄），亦由此而受到祝賀與稱譽，吉。

上六：豐厚其屋，以草席厚其家，然若窺探其屋內，空無一人，久而仍不見人，凶。

【豐，亨。王假之，勿憂，宜日中。】

〈豐〉與〈旅〉若置於〈困〉〈井〉及〈革〉〈鼎〉之後，仍單純屬現實存在道理之總結，唯今置於〈漸〉與〈歸妹〉後，多出指認男性生命性格之意思，而此或在求豐榮、或在戰鬥。有關豐榮，其卦辭說：「豐，亨。王假之，勿憂，宜日中」，即豐榮一事若從其單純言，為通達，而這點明顯。「王假之」是說，王若有此豐榮，可無須因其為豐榮而憂慮或顧慮；而這表示，豐榮若有其相對應之真實，如為有德行王者之豐榮，如此豐榮仍是真實的，否則多只表面而虛假而已。用「憂」言，反顯其人確已有所德行，對自身豐榮恐無實而偽故。《易》更說：「宜日中」，即之所以致此豐榮狀態，是由於光明而致、其中無絲毫晦暗，換言之，其豐榮確由於真實德行，非有所虛假；置於日中，故既有其光芒、但亦能為人檢視而坦然光明，絲毫無所隱匿或偽飾。此為真正豐榮之條件。

有關豐榮，《易》分三方面討論：一其真與偽、二其兩種情況、三其所由。

【初九：遇其配主，雖旬无咎，往有尚。】

有關豐榮其真實，即卦辭所言，豐榮只應見於真實者身上。《易》用「遇其配主，雖旬无咎，往有尚」表達，即豐榮必須有其相配之主人，其豐榮縱使持續長久，仍不會有咎。若為小人，只會借助其豐榮虛假虛偽而已。順承此點，《易》故補充說：「往有尚」，「往」指作為，言有真實豐榮者，其作為有所崇尚高尚，非為豐榮而豐榮。真實豐榮與價值應為一體，若只流為虛榮而無所崇尚，此非豐榮之真實。

【六二：豐其蔀，日中見斗，往得疑疾，有孚發若，吉。】

六二相反，言豐榮之虛假。「蔀」，障光之草席，反卦辭「日中」之意象。草屋本非富有之家，然由好豐榮之妄念，故貧者亦以草席加厚其屋頂，使顯得豐厚；如是豐厚，使縱使日間仍如見黑夜之星斗，其豐榮之虛妄如此。《易》評說，如是作為似得疑疾，若心對如此妄疾終有所醒悟，知自身之虛偽，如是仍吉。豐榮多由貧者對富者之諂羨而致，其極端如有疑疾地瘋狂盲目，亦《易》「日中見斗」所喻。此豐榮之虛假。

【九三：豐其沛，日中見沬，折其右肱，无咎。】

有關豐榮其情況有二，一是：「豐其沛，日中見沬，折其右肱，无咎」。「沛」，水勢浩大。為求水勢浩大充沛，致如日中見瀑布飛沬，為此而折其右肱①，如是之求豐榮雖亦妄，然无咎，為其豐榮有所勞動甚至付出故。如是豐榮，已由單純虛妄之心轉變為一種愛好，《易》故以求「日中見沬」為意象，「見沬」非如「見斗」之日夜顛倒，只求事物其現象之美而已。其无咎在此。

① 強調「右肱」，因左較不重要。喻其為豐榮之求而犧牲確然有所真實。

【九四：豐其蔀，日中見斗，遇其夷主，吉。】

豐榮其另一種情況是：「豐其蔀，日中見斗，遇其夷主，吉」。「豐其蔀，日中見斗」之豐榮雖如六二同樣虛妄，然若所遇為「夷主」，則仍吉。人求豐榮本只為傲視於他人，然若所遇者均只平實之人（夷主），如是虛榮全起不了作用，平實之人對豐榮毫不在乎、視若無睹故。如是情況故吉。

從以上對豐榮之討論可見，豐榮或必須真實、或最低限度有所愛好其事而付出，若非如此而只確然虛妄，若因對方對豐榮毫不在乎而真實、或自身最終有所覺悟其非，否則豐榮將帶來虛妄與虛偽，其嚴重時如《易》所形容，為「疑疾」、一種瘋狂盲目。對豐榮之追求既可傷身而折肱、亦可傷心而有狂疾；而其真時可仍「有尚」、最低限度可如對「日中見沫」幻象之真實愛好，非單純虛榮。以上為《易》對豐榮之基本分析。

【六五：來章，有慶譽，吉。】

豐榮其至理想者，即「來章，有慶譽，吉」。「章」如在〈坤〉及〈姤〉之「含章」，喻文之學養素養。由「來章」而致之豐榮，故來自文之素養，而此由其確然懿美，亦與物質虛榮無關，故如是豐榮值得祝賀與稱譽，其吉由此。《易》把這樣豐榮置於六五之位，因而顯示唯由文之素養而致之豐榮，為至理想而真實者。此從豐榮之內容而非只從其相配之人言。

【上六：豐其屋，蔀其家，闚其戶，闃其无人，三歲不覿，凶。】

至於虛妄豐榮其內容，《易》以上六總結，亦見其太過：「豐其屋，蔀其家，闚其戶，闃其无人，三歲不覿，凶」。《易》直從「屋」而非從「蔀」言，一方面再非止於貧者之求豐榮、另一方面亦為表示，此時之物質豐榮是全面的，再非如點綴式地局部。故在「豐其屋」後，為突顯這物質性，《易》補上「蔀其家」及「闚其戶，闃其无人，三歲不覿」一事實，即這豐榮之家屋，純然只物而已，再無人於其中，甚至多年再也見不到人。這「无人」非從事實無人解，否則再無「豐其屋，蔀其家」之可能。「无人」所喻，應為無如人性或人品之人，如人自身亦物化那樣，純為物之虛榮佔有其心身，失去作為人之尊貴，以為物之豐榮始是。人之尊貴純由物之豐榮定奪，故再「无人」，亦所以「凶」。此明顯為《易》對豐榮其偽之總結。

從這一討論可見，男性於事業中所求豐榮之性格，其能真實者極少，多只虛榮而已。人之真實，或在其「配主」、或在其「夷主」，若非如此，亦實「无人」而已。

旅

戰事（〈豐〉積而〈旅〉毀）

旅，小亨。旅，貞吉。
初六：旅瑣瑣。斯其所取災。
六二：旅即次，懷其資，得童僕，貞。
九三：旅焚其次，喪其童僕，貞厲。
九四：旅于處，得其資斧，我心不快。
六五：射雉，一矢亡，終以譽命。
上九：鳥焚其巢，旅人先笑後號咷，喪牛于易，凶。

戰事，少有所通達。戰事能自守始吉。
初六：軍甲相擊之聲如瑣瑣玉聲。戰事實人妄然自取之災。

六二：軍旅到達其駐地，懷其物資，若得童僕（當地百姓）資助，仍應自守。

九三：軍旅若自毀其駐地，失去當地百姓資助，自守艱厲。

九四：軍旅於其備戰之地，縱使得其物資，然始終因戰事而心不快。

六五：戰事若如射雉，既得其食，又能輕易至如「一矢亡」，其終仍以是否有所善譽為其真實（命）。

上九：若敵方先自毀其巢，軍旅固因大勝而笑，然於發覺所求得勝利品為對方所毀，只能號咷，易得之大牛又失去，終一無所有，凶。

【旅，小亨。旅，貞吉。】

〈旅〉言戰事，無行旅之意。戰鬥如豐榮，為世俗性之兩面，亦多見於男性性情。卦辭中之「小亨」，非如〈賁〉〈遯〉〈既濟〉之「亨小」；「亨小」仍有亨，唯小而已；「小亨」相反，意為少有亨、少有所通達，意即無有通達，故唯見於〈旅〉及〈巽〉。「旅，貞吉」是說，正因為戰事，故能自守始吉。〈旅〉對戰事之分析，純然在其中會發生之事實與道理。

【初六：旅瑣瑣。斯其所取災。】

首先是初六。「瑣瑣」為軍甲如玉相擊之聲。玉溫文而軍甲戰鬥，聲雷同而實極端地相背。「斯其所取災」明白是說，戰事實人妄然自取之災。爻辭簡單，然其對戰事及人之批判強烈。

【六二：旅即次，懷其資，得童僕，貞。】

六二言軍旅到達其駐地（次），懷其物資，若得童僕（喻當地百姓）資助，應自守。此明戒不能因為軍隊故能對百姓無視地傷害、胡作非為。

【九三：旅焚其次，喪其童僕，貞厲。】

九三言軍旅若自毀其駐地，失去當地百姓之資助，其自守艱厲。這自守艱厲亦含其戰事有所艱厲之意。

【九四：旅于處，得其資斧，我心不快。】

九四言軍旅於其備戰之地（處），縱使得其物資，然始終因戰事而心不快。

【六五：射雉，一矢亡，終以譽命。】

六五言戰事若如射雉，既得其食，又能輕易至如「一矢亡」，其終仍以是否有所善（譽）為其真實（命）。換言之，戰事無論其多似勝利，始終仍只以其為戰是否出於道義，如武王伐紂，否則無論多強勇而勝，均只無譽而已。此為戰事之根本道理，亦其唯一真實。《易》以「一矢亡」之強與「譽命」對言，實對一般戰事之嚴厲批判。

【上九：鳥焚其巢，旅人先笑後號咷，喪牛于易，凶。】

最後，上九。本爻承前爻之「一矢亡」，甚至提昇至「喪牛于易」地步，言縱使得勝，然終也只「號咷」而已。爻辭說：若敵方（鳥：被射者）見失勢而先自毀其巢，此時軍旅雖因大勝而似笑，既嘲笑對方亦自感高興，然於後始發覺所求得之勝利品為對方所毀，故號咷，如本易得大牛而又失去，一無所有，故凶。勝利雖為勝利，然仍可無實得。此戰事往往所有虛妄，其「取災」在此。戰事中之勝敗，終究言，只表面而已，鮮為真實之勝敗。好鬥故只為心態，往往如自「取災」地幼稚。《易》之「小亨」、「取災」、「焚其次」、「喪其童僕」、「心不快」、「後號咷」，莫不勾勒其所有真實。

巽　憂戚

巽，小亨，利有攸往，利見大人。
初六：進退，利武人之貞。
九二：巽在床下，用史巫紛若，吉，无咎。
九三：頻巽，吝，悔亡。①
六四：田獲三品，貞吉，悔亡，无不利。
九五：无初有終。先庚三日，後庚三日，吉。
上九：巽在床下，喪其資斧，貞凶。

① 今本為：「九三：頻巽，吝。六四：悔亡，田獲三品。九五：貞吉，悔亡，无不利，无初有終。先庚三日，後庚三日，吉。」

憂戚，少有所通達，宜有所作為，宜得大人協助。

初六：日常事之憂戚，宜勇毅地面對。

九二：憂慮若至如夢中干擾，若有眾多人（史巫）之關懷安慰甚至協助，吉，无咎。

九三：憂戚若頻繁地出現，必由於人自身心態之狹吝，慎悔失去一切。

六四：於田獵有意想不到之大收獲，因患得患失而憂，能自守則吉，慎悔失去一切，然如是得獲无不利。

九五：一切事縱使本初不好，仍必有終結之一日，故無須過於擔憂，應事前丁寧、事後揆度便是，如是始吉。

上九：因憂慮喪失一切財物至於睡夢中仍有所憂，如是之執持凶。

自〈巽〉卦始，《易》進入這總結性最後一部分，以對人其感受、作為、心懷及成就這四方面作討論。這四方面，非如〈夬〉與〈萃〉〈升〉特別針對個體之智與志，而是從人一般方面而總結，故有關感受為憂戚與喜悅、有關作為為耗盡與節制、有關心為心懷與其過失、最後有關成就則為有成與未有成（〈既濟〉〈未濟〉）。像這後者，再非如〈晉〉〈升〉這得位或求上進其歷程之討論。對《易》而言，撇開一切，如人生命與處境之吉凶好壞、或現實存在所有之種種面相，人其自身最終也只是否喜悅抑憂戚、其作為歸根究柢怎樣①、其心懷與其是否有過②、其生命有成抑無成這幾方面而已。確實只如此。

【巽，小亨，利有攸往，利見大人。】

有關〈巽〉，一如〈旅〉，為「小亨」，即少有通達（無通達）。在這樣情況，故宜有所作為，亦宜見到大人，從得幫助而求改變。《易》對憂戚之分析，都是其基本方面，如下：

【初六：進退，利武人之貞。】

「進退」所指，明白為指平素進退之事，人之憂戚首先在此。「利武人之貞」是說，應如武者之有勇而自守，換言之，面對憂戚之事，應能勇毅而自守，此其道。若為憂戚所困擾，非其

① 《易》從耗盡與節制而不從如德行或其他方面言作為，因二者既涉及人、亦可引申至物，為作為基本之態。

② 以心懷對應過，因過除構成客觀傷害外，最與心之事實真實有關。從外而觀如有過，然從心本身觀則未必然。人多不見心，只見過而已。過與改，最終亦由於心，此過與心之本然關係。

正，自守故從不過於為憂戚所困言。

【九二：巽在床下，用史巫紛若，吉，无咎。】

若為憂戚所困，至連休息睡眠亦不能、憂戚於夢中干擾：「巽在床下」，此時若有眾多史巫為其祈福，吉，无咎；史巫所喻，為有多人關懷安慰甚至協助，如此始能對憂戚有所解。

【九三：頻巽，吝，悔亡。】

若憂戚頻繁地出現，如此狀態，其憂戚必由於人自身性情、必與人自身心態心情之狹隘有關，非由外事。如此憂戚心態若持續不去，一切也將失去，故「悔亡」。

【六四：田獲三品，貞吉，悔亡，无不利。】

相反，憂戚若非自內性情而持續，反而由幸運所致，如忽然有意外之得獲，《易》甚至說：「田獲三品」，三種獵獸而非只一，對這樣意外得獲，除極度興奮外，必亦患得患失地憂戚。對這樣憂戚，《易》之訓誨有三：「貞吉」，即仍能自守始吉，不能因此而妄作；「悔亡」，亦必須慎悔失去一切；「无不利」，能這樣得獲，始終无不利，故不需過於憂慮。

【九五：无初有終。先庚三日，後庚三日，吉。】

在對憂戚其基本道理說明後，《易》於九五與上九對憂戚作一總結。九五先從正面言，上九始從負面言。所謂「先庚三日，後庚三日」，《康熙字典》說：「庚，更也。事之變也。先庚三日，丁也。後庚三日，癸也。丁所以丁寧於其變之前，癸所以揆度於其變之後。」這解釋清楚。「无初有終」是對憂戚之安慰語，言事若無其本初應有之美善，因而致於憂戚，然始終，一切終會有結束之一日，是無須對任何事過於憂戚。對一切事情，於其發生前能丁寧、及於其發生後能揆度，如是便已是吉，故實無須過於憂戚。此為對憂戚最好之訓誨，勿致「頻巽」地步。事必有終，又於事能丁寧揆度，如此已足夠，無需為事而過於擔憂。

【上九：巽在床下，喪其資斧，貞凶。】

相對前一教誨，「喪其資斧」言喪失一切財物所有，句言人擔憂喪失一切而致睡夢中亦有所憂戚、有如是夢魘，《易》說，如是執持則凶。憂戚雖為憂戚，然不應執着執持，視如「有終」始正。以上為《易》對憂戚之訓示。

兌　喜悅

兌，亨，利貞。

初九：和兌，吉。

九二：孚兌，吉。悔亡。

六三：來兌，凶。

九四：商兌未寧，介疾有喜。

九五：孚于剝，有厲。

上六：引兌。

喜悅，通達，宜自守。
初九：因和諧而喜悅，吉。
九二：喜悅應發自心、心懷喜悅，吉。然慎悔失去一切。
六三：喜悅若只來自外物、由外在造成，凶。
九四：若所求為商賈得獲之喜悅，始終不會有所安寧，能限制（介）這樣疾病始真有所喜悅。
九五：（在位者）心為悅樂所腐蝕，將艱厲。
上六：（人只）刻求悅樂。

【兌，亨，利貞。】

〈兌〉言喜悅。喜悅明顯通達，然仍應自守，不能太過。因喜悅明白，故卦辭只「兌，亨，利貞」，不多說其他。有關喜悅，《易》從三方面說：其正確者、其不正者、及其終極究竟。

【初九：和兌，吉。】

首先是喜悅之正確者，有二：一在「和兌，吉」，即喜悅應由和諧而至，這道理根本。一切真正喜悅，都本於人與人之和諧而已，沒有快樂能較和諧更安心而真實。

【九二：孚兌，吉。悔亡。】

其二是：「孚兌，吉。悔亡」，即真正喜悅必由心發出，非外來。若非心之喜悅，其喜悅無以真確，也不值得追求。雖然如此，由心發出之喜悅雖自然，然仍應慎悔失去一切，心之狀態不代表外在客觀情況、不能因心而忘卻客觀真實。《易》這兩爻於喜悅問題實極根本，也簡明地總結了快樂之真實：或由於人、或由於心自身，二者都屬人性之事，故其為喜悅真確。

【六三：來兌，凶。】

至於不正確之喜悅，《易》亦簡明地歸結為二：一在「來兌，凶」，即喜悅只來自外、只由外在造成。《易》之斷語為「凶」，因縱使這時確有所喜悅，然如是喜悅始終會扭曲人心，致人於不善，故其為喜悅不能助長，外來之快樂易喪心而使心偽，人與人不和而爭、人喪其心，二者都多因沉迷於外在快樂上。「來兌」故是「和兌」與「孚兌」之正反。

【九四：商兌未寧，介疾有喜。】

另一亦不正確之喜悅，《易》說為：「商兌未寧，介疾有喜」，意為：若所求為商賈得獲之喜悅，始終不會有所安寧，若能除去這樣貪婪之疾、或對之作限制（介），心始能真有所喜悅。確實，絲毫計量計較之心，既不心安、亦無真正喜悅，時刻只在算計而已。無論是外物抑所得，都非人內心能持續之喜悅，其強烈一時反使心不寧，此所以為《易》視為喜悅之偽者。

【九五：孚于剝，有厲。】

【上六：引兌。】

最後，若不從真偽言喜悅，喜悅於人有兩根本而又終極道理，二者均重要。一在「孚于剝，有厲」。因九五多從上位者言，故這一道理更應針對居上者，無論是權位抑富貴。其道理說：人心若為快樂所腐敗腐蝕，將有所艱厲。這確實是快樂明顯造成之最大惡，使人（特別上位者）腐敗。喜悅本似好事，亦人人所求，然其對人心之腐敗帶來嚴厲後果。

此外，亦順承這腐敗人心之道理，《易》對喜悅以「引兌」二字總結，「引」字另見於〈萃〉

六二「引吉」，意為不得志時得人引介則吉。用在〈兌〉上，引介之意即為有所刻求，因刻求始有求人引介故。《易》意應為：喜悅其過分過度①，即在刻求而已。確然，人實不應處處以求樂為根本，以為人生之終極即在快樂，因而盲目地以快樂為唯一指引（「引」），忘卻生命更高真實、忘卻生命之其他意義，甚至忘卻人之為人所在。《易》以「引兌」二字終，不作斷語，必對人類事事盲目地以快樂、以求幸福為導向甚至為價值多麼默然地否定。而這是值得我們深思的。人存在不應只為快樂，不應只為求幸福，在此之外，實有更多責任與道義、有更真實的存在意義與努力。《易》能不忘以「引兌」警惕，其對悅樂一事之明白深邃。無論多似善，悅樂始終不應腐蝕人心、或為人無條件地視為重要。以上為《易》對悅樂或喜悅之分析。

① 過度從置於上六言。

渙　耗盡

渙，亨。王假有廟，利涉大川，利貞。
初六：用拯馬壯，吉。
九二：渙奔其机，悔亡。
六三：渙其躬，无悔。
六四：渙其羣，元吉。渙有丘，匪夷所思。
九五：渙汗其大號，渙王居，无咎。
上九：渙其血，去逖出，无咎。

耗盡，通達。王若真仍有宮廟後繼之人與力，其耗盡宜作大事，然仍宜自守。
初六：耗盡而仍有強大救援力量，吉。
九二：連身邊依靠與承托者亦耗盡，慎悔失去一切。

六三：耗盡自身能力為人，无悔。

六四：耗盡若為動員羣眾全部力量，大吉。因耗盡而有大建立，實匪夷所思。

九五：王若為民而心與力（大號與汗）甚至生活所有（居）均耗盡，如是耗盡无咎。

上九：為趕離逖人、保衛國民，以生命付出地耗盡，无咎。

【渙，亨。王假有廟，利涉大川，利貞。】

〈渙〉與〈節〉為對人作為之最終總結。有關耗盡與節制，從我們今日角度，多針對人之欲望言，故耗盡負面而節制正面，西方自柏拉圖起便以節制為四德之一。然《易》非如此，反而見耗盡有所正面，而節制亦可有其過度而負面，此中國思想之平實。耗盡之所以能為正面，因若耗盡是為他人，非為己或浪費，如此耗盡極光明正面，故卦辭斷為「亨」，為他人而耗盡明顯通達故。此時，「王假有廟，利涉大川，利貞」是說，王若真仍有宮廟後繼之人與力，其耗盡宜作大事，無須再有所顧慮，然仍宜自守，不能因耗盡而太過。從王之為人民國家而耗盡，其耗盡自身力量至為光明肯定，亦一切作為應有之本心。有關耗盡，《易》從三方面言：一其基本、二其至善、三則有關上位者之耗盡。

【初六：用拯馬壯，吉。】

【九二：渙奔其机，悔亡。】

首先有關其基本道理有二：一為「用拯馬壯，吉」，意明白，即耗盡若仍有強壯救援之力量，吉。這當然，亦卦辭之所以說「王假有廟」，有強大後繼後援故。

二則為「渙奔其机，悔亡」。「机」意即几，承物者。若連身邊承托者亦因耗盡而失去，這樣再無所依靠情形，明顯為「悔亡」，慎悔失去一切。耗盡雖可正面，然不應致無所依靠或後援地步，此其基本。

【六三：渙其躬，无悔。】

【六四：渙其羣，元吉。渙有丘，匪夷所思。】

有關耗盡其善用，《易》以兩方面說明：一「渙其躬，无悔」。「躬」指身。若人耗盡自身能力為人，如此耗盡无悔。《論語・學而》亦說：「事父母能竭其力，事君能致其身」。

其二是：「渙其羣，元吉。渙有丘，匪夷所思」。這裏「渙其羣」雖似用盡他人，然意明白為號召動員羣眾全部力量以有所作為，如是之耗盡大吉，非只一己之為人，亦是所有人之為他人，其所能達成之事更大、更不可思議。大概正因如此力量之不可思議，故《易》更說：「渙有丘，匪夷所思」，即這樣耗盡而能終成大丘，實「匪夷所思」，「夷」、平，指平素不可能想像如此。確然，能動員所有人力、齊心合力地，所能完成的實匪夷所思。此為耗盡之極致，故「元吉」。

【九五：渙汗其大號，渙王居，无咎。】

最後，若從上位者言耗盡，應為：「渙汗其大號，渙王居，无咎」。九五因為上位，故這裏指王。王若為民而大呼號及汗出，換言之，耗盡其心與力，甚至「渙王居」，即用盡一切所有，再無自身生活之安定與財物，如是王為民之耗盡，「无咎」，實其為王之最高德行。對其自身為王言雖似耗盡至一無所有，然仍「无咎」。此王者之心與德。

【上九：渙其血，去逖出，无咎。】

甚至，上九說：「渙其血，去逖出，无咎」。「血」指生命，王為保衛國民，使逖人離去，以生命犧牲性地耗盡，如此付出，亦「无咎」。作為上位者其全部所是應為人民，故無論耗盡自身心力與所有、甚至必須時付出生命也應如此。前引《論語》句甚至以「致其身」為臣、為士之道義。能為人而耗盡，如此作為必然真實。以上為耗盡之道理。

節　節制

節，亨。苦節不可貞。
初九：不出戶庭，无咎。
九二：不出門庭，凶。
六三：不節若，則嗟若，无咎。
六四：安節，亨。
九五：甘節，吉，往有尚。
上六：苦節，貞凶，悔亡。

節制，通達。節制至於苦痛地步不應只求自守。
初九：內在事（如家事）不出戶庭，无咎。
九二：外在事而不出門庭則凶。

六三：若不節制便有所嗟歎，其為節制无咎。
六四：節制而致人安，如此節制通達。
九五：節制使人更體會其美而甘悅，吉，其作為必有所崇尚向往。
上六：節制若致人於痛苦，自守或執持於此則凶，慎悔失去一切。

【節，亨。苦節不可貞。】

節制雖表面似限制，然若明白事必有其客觀制限、明白節制之能安人、甚至更能作為價值之體現，如是之節制，非只限制而已，更有所通達。此卦辭「亨」之意。然作為限制，節制亦易有所過度而不正，故在「亨」後，卦辭即補充說：「苦節不可貞」，即節制若帶來痛苦，如此節制不可自守、不可持續如此地步。有關節制，《易》分三方面討論：一其分寸或其客觀方面、二為人接納之心或節制之主觀方面、而三其極致。

【初九：不出戶庭，无咎。】

【九二：不出門庭，凶。】

有關節制之分寸，一為「不出戶庭，无咎」、二為「不出門庭，凶」。「戶庭」與「門庭」之差別，一指內在、另一指外在。《易》意為：對如家事等內在事其「不出戶庭」而有所節限，无咎。但對如本然外在事而「不出門庭」則凶。換言之，節制非先從一事之限制言，而更先是從區分事情內外情況之不同言，如其事在內時可、在外時則不可；節制故是針對此內外而分。無節制往往只是無視於事情這樣的分限，其分限或內外、或上下、或其他。若把節制只視為一事本身單純之節制，忘卻其更客觀自然情況之差別，此時節制將似只為禁限、對其事本身之禁限。然若有內外上下等情況之區分，在內可而在外不可，那這樣節制始不會造成禁限，因在內仍可以故。從《易》之指出「不出戶庭，无咎」及「不出門庭，凶」更可見，對本「不出戶庭」之事「不出戶庭」可，然對門庭外之事而「不出門庭」則不可。這是說，節制非一種限制，若只困囿（限制）在一處，不能亦達另一處，如是之限制非為真正節制。節制只因不同情況而不同，其為節制客觀而自然；若轉變為禁限，只能限於一者而不能准許於另一者，無視於兩者不同模式而有所區別，使無戶庭與門庭之區別，如是之節制只為禁制，非真正節制。中國古代對節制之討論，故非如西方只針對一事本身言，而是從更客觀之情況定奪，節制其分寸在此，在其事本身客觀情況之區別上，非在一事本身上。

【六三：不節若，則嗟若，无咎。】

【六四：安節，亨。】

縱使如此，然仍有人是否能接受這樣的主觀方面問題。《易》以二爻說明。對節制之接受，實有兩種程度上之判準，其一是：「不節若，則嗟若，无咎」，即若不節制、若無所節制，人能接受而仍無所嗟歎？若能，這已代表其節制有所過度，因非人所不能承受其事。相反，若不有所節制而人必會嗟歎，如是之節制則為正。節制其正與否，首先取決於人之感受。能如此地節制、即若不節制而人有所嗟歎，其節制即「无咎」。這應是節制最基本判準。

相反，若從最高狀態言，換言之，非從其事而從節制本身言，人若能對這樣節制感到安心，能安於或因有如此節制而安，如是之節制至為通達：「安節，亨」，人人因之而安故。「不節若，則嗟若」及「安節」故一從反面、另一從正面言；一針對所節制之事、另一針對節制本身。二者為節制之判準，從中亦見節制之人性基礎：是否為節制、是否應節制、其節制本身是否有過度、又作為節制是否但求節制而不改善其樣態而致人於節制中仍能安，如此種種問題，均為節制之接受問題，其亦對人主觀感受之關注。節制故必須考慮其事客觀之區別性，亦必須考慮人之主觀感受，如此節制始為真正節制而无咎。

【九五：甘節，吉，往有尚。】

最後，若從節制之極致言，亦有一正一反兩面，二者為極端。九五之「甘節，吉，往有尚」為節制之至善者。能使人體會節制之美或愉悅，如人對禮儀節度而感其美善，如是之節制故明顯為「吉」。《易》亦明白說：「往有尚」，即其作為必有所崇尚、有所向往或甚至必為高尚，其為節制是為達成此更高之美善而有，故為人視為甘美，亦衷心承受接受。如詩之格律便明顯如此；禮文居後之節度亦必然如此。如這樣的節制，雖表面為對人作為之限定，然必是對人性更高之體現，明白其所以然者，故更感甘美，有所提昇故。如是節制之極致，故置於九五。

【上六：苦節，貞凶，悔亡。】

節制其另一極端、其至為負面時，《易》形容為：「苦節，貞凶，悔亡」。無論「苦節」為致人痛苦之節制、抑其承受使人感到苦澀，都必非正確，必無視人性但求事之執行而已。對如此「苦節」，《易》甚至教誨說：「貞凶，悔亡」，即若仍自守或執持於此，則凶，甚至慎悔失去一切。節制非只但求目的，不擇手段而罔顧人之感受，如是非為節制之正，亦其所以過度。「悔亡」於此亦含無以成就之意，謂其目的終無以達。

從這樣討論可見，有關節制，及連帶一切具有禁限意味之事，所仍必須關注者，為其事之客觀真實區別性，在不同情況行不同正道，此節制之首先；其次即為人接受、感受之程度，能致人安而不嗟之節制，始能為真正節制；而最後，以節制成就更高人性真實，使人感到甘美、又有所崇尚向往，如此節制至為美善，為節制之理想極致。以上為《易》對節制之討論。

中孚　心懷

中孚，豚魚，吉。利涉大川，利貞。
初九：虞吉，有它不燕。
九二：鳴鶴在陰，其子和之。我有好爵，吾與爾靡之。
六三：得敵，或鼓或罷，或泣或歌。
六四：月幾望，馬匹亡，无咎。
九五：有孚攣如，无咎。
上九：翰音登于天，貞凶。

心懷，心一般所懷雖為利益得獲（豚魚），然吉。有心懷者，宜作大事，亦宜自守。
初九：心常懷着憂與吉，心有它者（所不知者）不安。
九二：心求與人應和，亦求與人一體分享。
六三：心患（如對敵）得以解決，心痛快如或鼓或罷、或泣或歌。

六四：心失去其所愛者，如月圓前懷着逝去馬匹，无咎。
九五：心有所牽繫，无咎。
上九：祭祀之雞飛往天，心其盼望不達而絕望，執持此則凶。

【中孚，豚魚，吉。利涉大川，利貞。】

〈中孚〉為對心、心懷之討論，亦中國古代唯一對心明白而集中之討論，其重要性不言而喻。特別當今在西方物化思想下，對心能有所明白及肯定，此對中國思想言至為重要。《易》本身對心給予極高位置，因事情其真偽，多只以心之誠摯為本，《易》故常見「有孚」一詞。有關心，卦辭首先說：「中孚，豚魚，吉。利涉大川，利貞」①。《易》巧妙地以「豚魚」之物質收穫反顯心之存在，即從人人有所求處見人心甚至心懷之真實。人一般心所懷所向，也只如豚魚等得益而已。《易》對此絲毫沒有否定，因人確然本只一般百姓而已，其心當然首先在豚魚

① 「中孚，豚魚，吉」亦可讀為「中孚，豚魚吉」，此時即解作：心一般所懷者為利益收穫與好處。「吉」此時如〈益〉之「勿問元吉」之「吉」。

上，亦從這點言為「吉」，對存在仍有所繫故。用「豚魚」而不用其他珍貴物品，表明此時心之非貪圖，亦百姓心之平凡，縱使為如「豚魚」之得益，仍無需否定，此《易》言「吉」之用意。此外，作為更高心志心懷，對如是心，《易》故說：「利涉大川，利貞」，即宜作大事，宜有所自守。心平凡亦真、心有所崇尚向往亦真，然均應宜自守，不能貪圖、亦不能虛妄，此心之真實所在。有關心，《易》分三方面：心本身狀態、心對外之感受反應、及心之內在真實。

【初九：虞吉，有它不燕。】

【九二：鳴鶴在陰，其子和之。我有好爵，吾與爾靡之。】

首先關於心本身狀態，《易》從兩方面言：一「虞吉，有它不燕」。「虞」同於〈屯〉「即鹿无虞，惟入于林中」之「虞」，指憂患，「虞吉」為憂患與幸福美好。「虞吉，有它不燕」指出兩事：一為心常懷着好與壞，如人常懷着吉與凶那樣，既憂患着不幸（「虞」）、又切望着幸福美好（「吉」），此心之第一種事實。其二是：心若遇有不知者（「它」）、如遇有意外或突發事情，不會安逸、不會如平素般安閑自在。《易》以此首先說明心之狀態，其懷着好壞、及其求安與自在這根本性向。

心另一本然狀態則在：「鳴鶴在陰，其子和之。我有好爵，吾與爾靡之」。《易》以如此簡明詩句表達：心有求與人和應、有求與人一體而分享。無論是懷着自身親人、抑有求與他人一體，心都始終對向着人而為心，人性亦從這樣心懷而言，此心之本然事實。若未能與他人一體，必也只因「有它不燕」而已，心非本然對立人的。

【六三：得敵，或鼓或罷，或泣或歌。】

【六四：月幾望，馬匹亡，无咎。】

除心這本然狀態外，心對外在亦有所感受與反應，《易》歸納為二：一是「得敵，或鼓或罷，或泣或歌」。如在戰事中而有所勝、或喻一切困難得以解決，此時心必感痛快，故或鼓或罷（休），或泣或歌。《易》以此同時指出心之喜悅所在，均在有所克服後，而這表示，心之承受着困難，是心外在時之處境，故能脫離此處境，返回心之本然，即喜悅所在。

相反，若心其所懷者逝去或離去，如親近常伴隨自己之「馬匹亡」，心必然哀傷並懷念着，此「月幾望」一意象所言。「望」為月圓時之十五日，「幾望」即其近於圓滿未圓滿之時，反映着心對失去及圓滿之渴望。「无咎」為《易》之安慰語，言如是失去非人自身造成，故「无咎」

而不宜自傷。《易》此「得敵，或鼓或罷，或泣或歌」及「月幾望，馬匹亡，无咎」，除說明心有喜悅與哀傷這樣事實外，亦似同時指出心對外必有所承擔，無論是敵抑是心懷着之人物，都使心不能單純自己，此其喜悅與哀傷之真正原因。故無論在何處境或地位，心都因承受而必然在喜悅與哀傷間，無一能免。此心對外時之真實、其感受與反應。

【九五：有孚攣如，无咎。】

【上九：翰音登于天，貞凶。】

最後，有關心之內在真實，《易》從兩方面言：一「有孚攣如，无咎」；二「翰音登于天，貞凶」。「有孚攣如」是說，心必有所牽繫掛繫而不能斷絕、必有所眷念。「有孚攣如」亦見於〈小畜〉，言心對貧窮境況有所牽繫，以貧窮言，因富有時心較不為處境所困，故似無所牽繫。然心必有所牽繫，非只貧窮而已，而牽繫又為心內在真實，心非自身存有、非能以自身存在而足夠。非因如身體需靠物資支承，而是，縱使毫無物質性，心仍有所牽繫，非能自足自是，此心之內在真實。對這樣事實真實，《易》說「无咎」。無論好與壞，心之有所牽繫始終為心之真實，故无咎。

此外，「翰音登于天，貞凶」更指出心有所期盼盼望、甚至有其切願，《易》故以祭祀表達，「翰音」為祭祀用之雞（見《禮記・曲禮下》）。「翰音登于天」是說，若連祭祀之雞也飛走，這代表心願必無以達成，亦為心絕望之形容。《易》對此之斷語故為「貞凶」，即執持如此失望為凶。若然為失望，便應改變或放棄，執持失望無濟於事。心之內在真實，故一在有所牽繫、另一在有所盼望與失望，二者為心之有求。縱使為內在，心其存在實非純然內在，始終仍與外或有所牽繫、或有所期盼；牽繫在目前、期盼在未然。無論所對是有抑是未有，仍有心之存在，此心之內在真實。

從上述討論可見，《易》對心之分析，分三方面：其作為自身之時、其對外之感受反應、及其內裏真實。從內裏真實言，心實有所牽繫與盼望而非能單純自己自足地存在；能完全自足自在之心，非心。從《易》以此牽繫事實置於九五言，《易》必以心之牽繫為心最高真實，由牽繫見心之懿美故。① 雖然如此，心仍有其自在之需求與狀態，或在求心安而自己、或在對好壞有所在乎，其與人又求一體、或更求和應，如是心始能自己而安，此心之基本。在兩者外，

---

① 如是而見心之期盼多造成過度，故置於上九。

因外來者或為敵或親近，故無論怎樣，都造成喜悅與哀傷：失去親近者哀傷、得近親愛者喜悅；失敗於敵前哀傷、於敵前勝利則喜悅。世間所有之困難與吸引，故形成心感受之兩極動盪。心之自己、心之在世（不能自己）、及心之內在：與世一體一起（牽繫），此心其存有之三面。以上為《易》對心之分析。

小過　過失

小過，亨，利貞。可小事，不可大事。飛鳥遺之音。不宜上，宜下，大吉。
初六：飛鳥以凶。
六二：過其祖，遇其妣；不及其君，遇其臣，无咎。
九三：弗過防之。從或戕之，凶，无咎。①
九四：弗過遇之，往厲，必戒勿用，永貞。
六五：密雲不雨，自我西郊，公弋取彼在穴。
上六：弗遇過之，飛鳥離之，凶，是謂災眚。

① 今本為：「九三：弗過防之，從或戕之，凶。九四：无咎，弗過遇之，往厲必戒，勿用，永貞。」

過失，若改變可通達，宜自守。可見於小事，不可見於大事（大事不能有絲毫過失）。顯見在上之過失，縱使如飛鳥遠去，仍有遺音留於世，為人所聞見。故過失不宜在上位而宜在下位，如此始大吉。

初六：過失在上顯著，如飛鳥在上易為人射殺，凶。

六二：對如祖與君之過失，若仍有輔助者（妣與臣）之修正與勸諫而未為過，如此仍可无咎。

九三：一切過失應預先防範。若縱之而事後始絕滅，仍凶，然此无咎。

九四：過失若非由於己而只為遇有，這樣作為之前往仍將艱厲，必深戒勿用，應永保持自守。

六五：在上位而有過失，處境如密雲不雨，自高壓下。縱使有防躲之穴，仍為王公所射殺。

上六：沒有作為甚麼而仍有所過失，連飛鳥亦離棄而去，凶，這即災禍。

【小過，亨，利貞。可小事，不可大事。飛鳥遺之音。不宜上，宜下，大吉。】

與心直接關連者為過失。過失雖為事情客觀之事實，然其因為人所引致，故人對其事怎樣感見、承認過錯抑不承認，此見心自身之真偽。心之所是雖由〈中孚〉分析，然其真與偽，直見於過失前，此所以〈小過〉與〈中孚〉成對。〈大過〉只言太過，非指過失；〈小過〉亦非只言小過，所言實為一切過失。有關過失，卦辭首先言「亨，利貞」，此時「亨」所指非單純正面之通達，而是過失若能改過始通達。「利貞」仍明顯，於過失前必宜自守，不應有所太過或虛妄。「可小事，不可大事」者，過失若為小事仍可，若為大事，其傷害必大，故不可。「飛鳥遺之音。不宜上，宜下，大吉」所言，為顯見在上之過失，縱使如飛鳥遠去，仍有遺音留於世，為人所聞見；故過失不宜在上位而宜在下位，其影響越少，其吉越大。「大吉」只是相對之言，畢竟過失非有所是，而爻辭中亦再無與吉有關之說。有關過失，《易》分三方面：一其基本、二其防範、三其極致情況。

【初六：飛鳥以凶。】

【六二：過其祖，遇其妣；不及其君，遇其臣，无咎。】

有關基本，「飛鳥以凶」是說，過失如飛鳥在上地顯著，易為人射殺，故凶。凶非只因在上而顯見，亦因在上顯見而產生較大影響，此所以過失多為凶，可引發更多倣效故。

「過其祖，遇其妣；不及其君，遇其臣，无咎」則是說，若過失在祖與君[①]，此時若仍有輔助者（妣與臣）在旁修正或勸諫，使過失不致太過、不造成傷害，如此仍无咎。舉祖與君，前者喻先祖傳統、後者言上位之君，二者作為都持續地影響，其若為過失深遠，故言後代或臣下應有所修正勸諫。有關過失，故或不應過於顯著而有大影響、或若確然大而嚴重仍應有輔助者之修正與勸諫，使過失較為輕微，如是可「无咎」。卦名為「小過」，故明顯教誨人，若不得不有過，應盡量使其為小，非為大，此小過為吉之意。

【九三：弗過防之。從或戕之，凶，无咎。】

【九四：弗過遇之，往厲，必戒勿用，永貞。】

有關過失之防範，首先在：「弗過防之。從或戕之，凶，无咎」。縱使非自身之過失而仍有所防範，較縱之而致戕害為好，後者「凶」。一切過失，縱使本與己無關，然能防範使不發生，實較發生後能改正更為善。「戕之」於此可解為對過失本身之絕滅，縱使能如此，仍不善而凶，

① 句法為：「過（…），不及（…）」，故明白指過與不及所產生之過失。

不如事先防範使不致發生。不過，若對過失事後仍能「戕之」，如此仍「无咎」。

其二是：「弗過遇之，往厲，必戒勿用，永貞」，意為：若過失只為前往時遇着之事、非自身之事（非自身所犯），對這樣作為或前往，仍應盡可能避開，因其繼續將會帶來艱厲，必須深戒勿用，盡保持自守。以上兩點清楚表示，無論怎樣，仍應盡力避免及避開過失之可能，或預先防範其發生、或避免遇見其事本身，後者始終有「厲」。

【六五：密雲不雨，自我西郊，公弋取彼在穴。】

【上六：弗遇過之，飛鳥離之，凶，是謂災眚。】

最後，有關過失之極致情況有二：一「密雲不雨，自我西郊，公弋取彼在穴」。作為六五之位，爻辭針對上位者言。意思是說：作為上位者而有所過失，其處境將如密雲不雨，自高處壓下；縱使有防躲之穴，仍為王公所射殺。此明顯針對上位者言。上位者多因其權勢，以為犯錯仍有能自身保護或躲藏處，然《易》指出非如此。無論「公」此時解為王公抑人民百姓之公共，始終，縱使為上位者，其若有過仍可被射殺，非因為上位而能豁免。此言過失之一種極致狀態：上位者之過失。

其二是：「弗遇過之，飛鳥離之，凶，是謂災眚」，意思是：沒有作為甚麼（錯誤）而仍被人視為有所過失，換言之，過失為人所誣陷，致連飛鳥亦離棄而去，無法翻正其非，如是過失之情況為凶，《易》故說，這樣過失，即災禍：「是謂災眚」。這是過失之另一種極致：無過而如有大過。也正可因這樣情況，故九四始誨人遠離一切過失之可能，其繼續前往可能有所艱厲故。以上為《易》對過失之分析：過失應轉大為小、應盡力修正改過、應避免避開、不應以為能靠權力躲藏。

既濟　有成

既濟，亨小，利貞。初吉，終亂。

初九：曳其輪，濡其尾，无咎。

六二：婦喪其茀，勿逐，七日得。

九三：高宗伐鬼方，三年克之，小人勿用。

六四：繻有衣袽，終日戒。

九五：東鄰殺牛，不如西鄰之禴祭，實受其福。

上六：濡其首，厲。

有成，通達小，宜自守。一切本初似吉祥，然結果多亂。
初九：拖拉着車輪，又霑濕了尾巴，如是處境，因仍知辛勞努力，故无咎。
六二：富而有所失，如婦人之失去首飾，不應太在乎而逐欲。富有者之失去，不需多久便可復得，無須過於執着。
九三：如殷高宗那樣有能力者，仍需多年始能成功討伐鬼方，如此大事，故非小人能致。
六四：無論多珍貴之物品都有殘破之一日，縱使富貴，仍應有所戒惕。
九五：富有仍應盡節儉。縱使祭祀，殺牛而祭已去其耕種之本，不如以收穫而祭，如是兩得而實受其福：既得其所穫（穀物），亦不失其本（牛）。
上六：有成而仍盡一切努力力量，能如是艱厲。

【既濟，亨小，利貞。初吉，終亂。】

最後，《易》以人之有成無成結束。如我們所說，人其自身最終也只是否喜悅抑憂戚、其作為歸根究柢怎樣、其心懷與其是否有過、及其生命有成抑無成這幾方面而已。有成無成故是人生命存在最終者。有關二者，我們多以有成為吉、無成為凶，然對《易》言非必如是：《易》

於二者所見為其潛能與未來，故有成者可轉敗、未有成者可因努力而更光明。縱使非如此，於無道之世無成多為事實，可能更為真實，非必以有成始為善、為應崇尚。置〈未濟〉於最後，更見《易》之真實無妄，非如世俗以有成必為是。有關〈既濟〉，卦辭故首先說：「既濟，亨小，利貞。初吉，終亂」。〈既濟〉如〈賁〉〈遯〉，均「亨小」，即其通達非無①，只小而已。之所以小，因已為成，再無以發展前進故。對已有成，故宜自守，不宜因成就而妄作。「初吉，終亂」者，為對成之描繪，以成為一種達致，故其再往將只遠去既濟狀態，亂是從此而言，如抵達最高點者只能往下，再無往上之可能，此〈既濟〉之現實、亦其限制所在。故若本初為吉祥，結果只為亂。從這點故可清楚看到，《易》之世界或價值觀，是朝向未來而言者；越是有未來之可能，越善；越無未來，無論目前怎樣，均非善。《易》之稱為「易」(變易)，應從這樣價值向度言，故與一般世俗看法相違，亦異於西方存有之思想。有關〈既濟〉，《易》從三方面言：一其處境與態度、二其事實、三其真實極致。

① 「小亨」，〈旅〉〈巽〉如是。

【初九：曳其輪，濡其尾，无咎。】

【六二：婦喪其茀，勿逐，七日得。】

首先有關有成者之處境與態度。「曳其輪，濡其尾，无咎」：縱使已有成，然若仍拖拉着車輪、又霑濕了尾巴，如是仍知辛努[1]之處境與態度，故无咎。有成者故不應自恃其成而不再努力，否則仍只失敗而已。

其次是：「婦喪其茀，勿逐，七日得」：婦人有其茀（鬒：首飾或髮飾）喻其富；富者而有所失，如婦人之失去首飾髮飾，不應太在乎而追索。此富有者應有之態度，不應再斤斤計較。對富有者而言，其失去將不久便可復得，故無須執着。

【九三：高宗伐鬼方，三年克之，小人勿用。】

【六四：繻有衣袽，終日戒。】

---

① 辛為「濡其尾」，努為「曳其輪」。

至於有成者之事實，一在「高宗伐鬼方，三年克之，小人勿用」：高宗指殷高宗武丁，鬼方為殷西北邊疆強敵。句意思是：如殷高宗那樣有能力與成就者，仍需多年始能成功討伐鬼方，故如討伐般大事，非小人能為。這是說，很多事情需要真正能力之人，若非確有能力者，是不應作這樣嘗試。這是為事之事實，亦有成者之事實，應正視每人之能力與限制，不應白費其努力。

另一事實相反在：「繻有衣袽，終日戒」，繻，彩色絲物；袽，破衣。意思明白：無論多珍貴之物，都有殘破之一日，所有富貴與成就都會如此，故應時刻自我戒惕，不應以為有成必能長久如是。以上兩點明白，一對未有成者言、另一對有成者自身言，前者誡人不應輕視成就者之能力，以為其作為人人必能；後者則誡有成者不應以為成就為當然，不知持續努力之必要，而終有失去能力之一日。二者均相關能力與成就之事實，為有關成就與能力不可不察者。無成往往由於此。

【九五：東鄰殺牛，不如西鄰之禴祭，實受其福。】

【上六：濡其首，厲。】

最後，有關有成之真實極致有二，一為「東鄰殺牛，不如西鄰之禴祭，實受其福」。禴為春祭，一種薄祭，然從《易》本句可推想，其祭應以穀物為祭品，以對反殺牛一事；前者順承其收穫，後者反毀其耕作之可能。句意是說：有成者縱使大有成，仍應盡其節儉不耗費；縱使為祭，亦不應殺牛而耗盡其本，使耕種不再可能，應以收穫本身為祭，如是兩得：既實得其所有（穀物）、亦不失其本（牛）；如是已實受其福①，非以祭而只能求待未來之福。換言之，縱使有成，仍應對所有視如珍貴難得，故無絲毫耗費之舉。始終切實於其所有，非因有而浮誇，此其極致時之真實。

其二是：「濡其首，厲」，即有成者仍能盡其努力，至「濡其首」地步，能如是盡力，實極艱厲，其極致在此。二者均指明，真正成就者之所以難及，非在一般努力而已，更在極艱厲之努力上，及在其對成就之切實珍視上，非因有成而無視所有、亦非因有而不再盡力，二者均非一般努力及成就者所能及，此所以其成就能為極致。又需補充：「東鄰殺牛，不如西鄰之禴祭，實受其福」與「婦喪其茀，勿逐，七日得」並無矛盾，一者言不耗費而切實，另一者言不過於計較，為心態問題，故只從失去言，非自身刻意之作為。

① 「實受其福」，因以收穫而祭，必於已有收穫之後始能，故能祭已代表，實已有所收穫，故「實受其福」。

未濟　未有成

未濟，亨。小狐汔濟，濡其尾，无攸利。

初六：濡其尾，吝。

九二：曳其輪，貞吉。

六三：未濟，征凶。利涉大川，貞吉，悔亡。①

九四：震用伐鬼方三年，有賞于大國。貞吉，无悔。

六五：君子之光有孚，吉。

上九：有孚于飲酒，无咎。濡其首，有孚失是。

---

① 今本為：「六三：未濟，征凶，利涉大川。九四：貞吉，悔亡。震用伐鬼方，三年有賞于大國。六五：貞吉，无悔，君子之光有孚，吉。」

未有成，可通達而改變。若只仍狐疑地於乾涸必求濟時只承受辛苦而仍不付出勞力，如是之未有成无攸利。

初六：未有成而仍只甘處於微薄辛苦，狹吝。

九二：未有成而願付出勞力，能自守則吉。

六三：未具備能力力量而求作如征伐大事，凶。若真有志（征事），宜先求大作為，然仍應自守始吉，亦慎悔失去一切。

九四：若能作如伐鬼方震撼人之舉，縱使多年始有成，然必有賞於大國，其成就一鳴驚人故。仍需自守始吉，然一切无悔。

六五：雖未濟，然君子之光明可從心懷言，如是仍吉。

上九：未濟者仍可以酒解懷，如是无咎。若無能有成而仍執持盲目努力，縱使有心，然已失其所是。

【未濟，亨。小狐汔濟，濡其尾，无攸利。】

有關〈未濟〉，卦辭說：「亨。小狐汔濟，濡其尾，无攸利」。未成而「亨」，其通達必只從繼續有所努力這方面言，否則不可能為「亨」。故若只是抱着狐疑地①、如小狐般於乾涸必求濟時只有辛（濡其尾）而無勞②，如是未有成之情狀，无攸利。這是對未有成者最好之形容，既抱着懷疑、雖有辛苦然又不付出努力，其無成在此。有關〈未濟〉，《易》分三方面說：一其基本、二其事實與可能極致、三其現實終極。

【初六：濡其尾，吝。】

【九二：曳其輪，貞吉。】

有關其基本，有二，一為「濡其尾，吝」，另一為「曳其輪，貞吉」，二者均明白。若未有成者仍只甘處於微薄辛苦而不改變其處境境況，如此實狹吝而已，無足以有成就。故九二明白

---

① 參考〈解〉之「田獲三狐」。

② 見前〈既濟〉及見後「濡其尾」與「曳其輪」之對比。

說，能「曳其輪」地付出勞力，又自守而不妄，如此對未有成者言為吉。二道理均明白。

【六三：未濟，征凶。利涉大川，貞吉，悔亡。】

【九四：震用伐鬼方三年，有賞于大國。貞吉，无悔。】

至於未成者之事實與可能極致，前者在「未濟，征凶。利涉大川，貞吉，悔亡」。「征」與「涉大川」我們已多次指出，為指認作為之兩種程度與形態：「征」既為意欲之事、甚至有破壞力量，其為事大於「涉大川」而為極致。相反，「涉大川」雖亦為大事①，然仍單純正面，指遠大作為而已，與一時意欲、意氣無關，亦非破壞性。《易》意為：於未濟階段、未具備足夠能力力量，是不應試圖求作如征伐大事，如此只凶。若真有如征伐之志，仍應先只從大事作起，非從征伐事作起，換言之，仍必須正面而踏實，不應冒險，此其基本事實。故仍必須自守始吉。又縱使如此，仍應慎悔失去一切。這是對未濟者言其作為應有之道。

然若相反從其極致時言，《易》說：「震用伐鬼方三年，有賞于大國。貞吉，无悔」，即若能

① 「往」與「有攸往」始為較小之作為。

作震撼人之舉，如伐鬼方般巨事，縱使多年始有成，然必終有賞於大國，終必得大賞，其成就一鳴驚人故，此所以為震撼。對如此作為，仍自守始吉，然一切无悔。這明顯是作為上震撼性般極致。本爻與前爻非矛盾，只反映未濟之兩種事實：一在能力上之未濟，故此時仍須踏實切實地努力；另一為處境之未濟，對已具備能力者言，故可嘗試驚人而震撼之舉，以突破其未濟處境，故言用震（「震用」）。其一切本於「无悔」，非「悔亡」。「无悔」言雖可能致於有悔之事實，然心對此仍无悔，其所求已超越現實利益心故，此所以為未濟者之極致作為。

【六五：君子之光有孚，吉。】

【上九：有孚于飲酒，无咎。濡其首，有孚失是。】

最後，若未濟者突破其未濟而致極致成就已在前九四說，那六五所言，反而非如此極致，而更是未濟作為未濟本身時之極致，非從既濟後言。這未濟者之真正極致，不離其現實真實，故始終仍只為未濟，唯雖未濟而仍極致而已。有關此，《易》說：「君子之光有孚，吉」，換言之，未濟或無成就非必人自身能力之事，而可是現實處境之偶然，如於無道之世，君子因守其高潔品格而不隨波逐流，以致似無成。然雖無成，君子之光明始終本於心懷，既如無愧於心、亦如孔子那樣：「富（…）如不可求，從吾所好」及「不義而富且貴，於我如浮雲」（《論語・述而》）般豁達，如是未濟而心仍能光明，故吉。① 這是未濟者之終極極致，既仍未濟、又已光明地極致。

其次是，若未能如此、未能如心地光明，仍可「有孚于飲酒，无咎。濡其首，有孚失是」，即未有成者心仍可以酒解懷，如是仍无咎。以酒解懷，如陶潛，這只是比喻，人仍可有種種解懷之道，問題只在不過執而已，未濟無成實非如是不是，既濟亦可能只「亨小」而「終亂」，實無須羨慕。可憐的唯是，明知現實不能仍盲目執持其不該有努力，至「濡其首」，縱使有心，然已失其所是，此始為未濟之悲哀。未濟若可，仍應踏實地努力；甚至若本有大能，則可以震撼之努力突破其處境；然若現實不能，仍應知心之光明始是生命終極所在，而如是光明，實不下於一般所謂成就；最低限度，心於未濟仍可解懷；若不自知而盲目努力終至悲哀，此非未濟之真實。從〈未濟〉之討論始終可見《易》其豁達與光明，亦見其不盲目執持，此《易》所有智慧而為道。《易》卦終於此。

① 「君子之光有孚」亦可解為：君子之光明始終為人所懷着，故雖現實無成，然始終有其極致、光明地極致。

全書終